国家社会科学基金（教育学）重大项目（VDA200004）阶段性研究成果

北京外国语大学"双一流"建设标志性项目（BW202018）阶段性研究成果

"一带一路"国家文化教育大系   总主编　王定华

塔吉克斯坦
文化教育研究

Тадқиқоти фарҳанг ва маорифи Тоҷикистон

黄雅婷　著

外语教学与研究出版社
FOREIGN LANGUAGE TEACHING AND RESEARCH PRESS
北京 BEIJING

图书在版编目（CIP）数据

塔吉克斯坦文化教育研究 / 黄雅婷著． — 北京：外语教学与研究出版社，
2021.5
（"一带一路"国家文化教育大系 / 王定华总主编）
ISBN 978-7-5213-2621-5

Ⅰ．①塔… Ⅱ．①黄… Ⅲ．①教育研究-塔吉克斯坦 Ⅳ．①G536.5

中国版本图书馆 CIP 数据核字 (2021) 第 090593 号

出 版 人　徐建忠
项目负责　孙凤兰　巢小倩
责任编辑　巢小倩
责任校对　蔡　喆
装帧设计　李　高
出版发行　外语教学与研究出版社
社　　址　北京市西三环北路 19 号（100089）
网　　址　http://www.fltrp.com
印　　刷　北京盛通印刷股份有限公司
开　　本　787×1092　1/16
印　　张　25
版　　次　2021 年 5 月第 1 版 2021 年 5 月第 1 次印刷
书　　号　ISBN 978-7-5213-2621-5
定　　价　180.00 元

购书咨询：（010）88819926　电子邮箱：club@fltrp.com
外研书店：https://waiyants.tmall.com
凡印刷、装订质量问题，请联系我社印制部
联系电话：（010）61207896　电子邮箱：zhijian@fltrp.com
凡侵权、盗版书籍线索，请联系我社法律事务部
举报电话：（010）88817519　电子邮箱：banquan@fltrp.com
物料号：326210001

记载人类文明
沟通世界文化
www.fltrp.com

"一带一路"国家文化教育大系编写委员会

"一带一路"国家文化教育大系编审委员会

索莫尼广场

鲁达基雕像

塔吉克斯坦菲尔多西国家图书馆

塔吉克斯坦国家博物馆

纳乌鲁兹宫

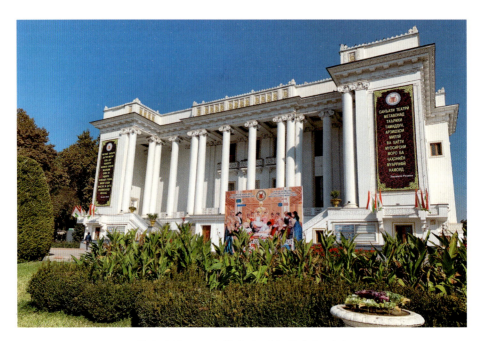

塔吉克艾尼国家模范歌剧和芭蕾舞剧院

吉萨尔古城

抓饭

塔吉克斯坦节日美食

恰坎

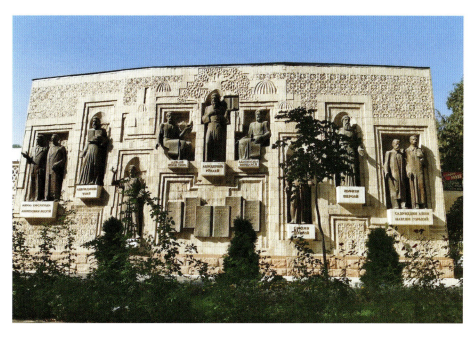

塔吉克斯坦作家协会

幼儿园迎新年活动

第 94 学校

卡夫拉特学校

塔吉克斯坦民族大学

俄罗斯-塔吉克（斯拉夫）大学

塔吉克斯坦民族大学孔子学院

塔吉克斯坦民族大学孔子学院中文课堂

出版说明

2013 年 9 月 7 日，国家主席习近平提出共建"丝绸之路经济带"重大倡议。2013 年 10 月 3 日，习近平主席提出共建"21 世纪海上丝绸之路"重大倡议。两者合称"一带一路"倡议。以 2013 年金秋为起点，"一带一路"倡议作为构建人类命运共同体的伟大设想，在开拓和平、繁荣、开放、绿色、创新、文明之路的非凡征程中，孕育生机和活力，汇聚信心和期待，在世界范围内广受欢迎和响应。

文化交流、文明互鉴是构建人类命运共同体的人文基础。文化发展，教育先行。作为"共和国外交官的摇篮"、文化教育的主动践行者、"一带一路"倡议的踊跃响应者和构建人类命运共同体的积极参与者，北京外国语大学在党委书记王定华教授的带领下，放眼世界，找准坐标，勇于担当，主动作为，深耕文化教育相关领域，研究、策划并组织编写了"一带一路"国家文化教育大系（以下简称大系）。国内相关高校和研究机构的众多专家学者献计献策，踊跃参加，形成了一个范围广泛、交流互动、共同进步的"一带一路"国家文化教育学术研究共同体。大系旨在填补国内相关研究领域的学术空白，实现"一带一路"国家教育研究全覆盖，为中国教育"走出去"和相关国家先进教育理念"请进来"提供科学理论和实践指导，具有重要的学术价值。同时，大系服务国家重大战略，通过分期分批出版，形成规模和品牌，向中国共产党建党一百周年和"一带一路"倡议提出十周年献礼，具有深远的意义。

作为国家社会科学基金（教育学）重大项目"新时代提升中国参与全球教育治理的能力及策略研究"、北京外国语大学"双一流"建设标志性项目"'一带一路'国家文化教育研究"的课题研究成果和北京外国语大学党委的"奋进之举"，大系秉承学术性与可读性兼顾的原则，对"一带一路"国家文化教育理论与实践问题展开深入研究，从国情概览、文化传统、教育历史、学前教育、基础教育、高等教育、职业教育、成人教育、教师教育、教育政策、教育行政、教育交流等方面，全景擘画"一带一路"国家的教育风貌，帮助读者了解"一带一路"国家教育的历史与现状、经验与特点，为我国教育的发展和对外交流合作提供有益的借鉴、思考与启迪。

肆虐全球的新冠肺炎疫情严重影响了各国人民的生产生活，带来了二战以来人类面临的最严重的全球性危机，同时也再次阐述了人类命运共同体深刻内涵的世界性意义。在疫情防控常态化背景下，大系所有专家学者不畏困难，齐心协力，直面挑战，守望相助，化危为机，切实履行了响应和支持"一带一路"倡议的承诺。在此，特别感谢大系总策划、总主编王定华教授，以及所有顾问、编委和作者的心血倾注、智慧贡献和努力付出。

外语教学与研究出版社对大系的编写和出版工作给予了高度重视。自2019年项目启动以来，外研社抽调精锐力量成立大系工作组，多次组织相关部门和人员召开选题论证会，商建编委会，召开全体作者大会，制订周密、科学的出版计划，以保证项目的顺利开展和图书的优质出版。目前，大系的出版工作已取得阶段性成果，预计在2023年"一带一路"倡议提出十周年之前，将分期分批推出数量和规模可观的、具有相当科研价值和学术价值的系列专著。期望大系的编写和出版能为"一带一路"建设、中外教育交流及我国文化教育发展发挥基础性、服务性、广远性的作用。

外语教学与研究出版社

2021 年 4 月

总　序

王定华

改革开放以来，中国各项事业取得了巨大成就。中国经济和世界经济高度关联，中国一以贯之地坚持对外开放的基本国策，构建全方位开放新格局，深度融入世界经济体系。2013 年 9 月和 10 月，习近平主席在出访中亚和东南亚国家期间，先后提出共建"丝绸之路经济带"和"21 世纪海上丝绸之路"的重大倡议（以下简称"一带一路"倡议），得到国际社会的高度关注。其中，"丝绸之路经济带"东边牵着亚太经济圈，西边系着发达的欧洲经济圈，是世界上最长、最具发展潜力的经济大走廊；"21 世纪海上丝绸之路"串起连通东盟、南亚、西亚、北非、欧洲等各大经济板块的市场链，发展面向南海、太平洋和印度洋的战略合作经济带，以亚欧非经济贸易一体化为发展的长期目标。

一、精准把握"一带一路"倡议的时代意蕴

"经济带"概念是对地区经济合作模式的创新。其中经济走廊涵盖中蒙

俄经济走廊、新亚欧大陆桥、中国−中亚−西亚经济走廊、孟中印缅经济走廊、中国−中南半岛经济走廊等，以经济增长极辐射周边，超越了传统发展经济学理论。"丝绸之路经济带"概念不同于历史上所出现的各类"经济区"与"经济联盟"，同后两者相比，经济带具有灵活性高、适用性广以及可操作性强的特点，各国都是平等的参与者，本着自愿参与、协同推进的原则，发扬古丝绸之路兼容并包的精神。

"一带一路"倡议是我国在新时代推进全方位对外开放的重要举措，为当今世界提供了一个充满东方智慧、实现共同发展的中国方案，也是对历史文化传统的高度尊重，凝聚了世界各国利益的最大公约数。丝绸之路是起始于古代中国，连接亚洲、非洲和欧洲的古代陆上商业贸易路线，最初的作用是运输古代中国出产的丝绸、瓷器等商品，后来成为东方与西方之间在经济、政治、文化等方面进行交流的主要通道。1877 年，德国地质、地理学家李希霍芬（F. P. W. Richthofen）在其著作《中国》一书中，把公元前 114 年至公元 127 年，中国与中亚、中国与印度间以丝绸贸易为媒介的这条西域交通道路命名为"丝绸之路"，这一名词很快为学术界和大众所接受，并正式运用。其后，德国历史学家赫尔曼（A. Herrmann）在 20 世纪初出版的《中国与叙利亚之间的古代丝绸之路》一书中，根据新发现的文物考古资料，进一步把丝绸之路延伸到地中海西岸和小亚细亚，并确定了丝绸之路的基本内涵，即它是中国古代与中亚、南亚、西亚以及欧洲、北非的陆上贸易交往通道。进入 21 世纪，海上丝绸之路也被纳入丝绸之路的涵盖范围，即从中国沿海港口过南海到印度洋并延伸至欧洲，从中国沿海港口过南海到南太平洋。随着时代的发展，"丝绸之路"成为古代中国与西方所有政治经济文化往来通道的统称。

推进"一带一路"建设既是中国扩大和深化对外开放的需要，也是加强和世界各国互利合作的需要，中国愿意承担更多责任和义务，为人类和平发展做出更大的贡献。文明交流互鉴是构建人类命运共同体的重要途径，是推动人类文明共同进步、实现世界和平发展的重要动力。共建"一带一路"要顺应世界多极化、经济全球化、文化多样化、社会信息化的潮流，秉持开放的区域合作精神，致力于推动"一带一路"各国实现经济政策协调，开展更大范围、更高水平、更深层次的区域合作，共同打造开放、包容、均衡、普惠的区域经济合作架构，维护全球自由贸易体系和开放型世界经济格局。

"一带一路"贯穿亚欧非大陆，一头是活跃的东亚经济圈，一头是发达的欧洲经济圈，中间广大腹地国家经济发展潜力巨大。根据"一带一路"走向，陆上依托国际大通道，以中心城市为支撑，以重点经贸产业园区为合作平台，共同打造新亚欧大陆桥以及中蒙俄、中国-中亚-西亚、中国-中南半岛等国际经济合作走廊；海上以重点港口为基点，共同建设通畅安全高效的运输大通道。

"一带一路"建设是有关国家开放合作的宏大经济愿景，需要各国携手努力，朝着互利互惠、共同安全的目标相向而行：努力实现区域基础设施更加完善，安全高效的陆海空通道网络基本形成，互联互通达到新水平；投资贸易便利化水平进一步提升，高标准自由贸易区网络基本形成，经济联系更加紧密，政治互信更加深入；人文交流更加广泛深入，不同文明互鉴共荣，各国人民相知相交、和平友好。

"一带一路"倡议是具有开放性和包容性的友好建议。当今世界是一个开放的世界，开放带来进步，封闭导致落后。中国认为，只有开放才能发现机遇、抓住并用好机遇、主动创造机遇，才能实现国家的奋斗目标。"一带一路"倡议就是要把世界的机遇转变为中国的机遇，把中国的机遇转变为世界的机遇。正是基于这种认知与愿景，"一带一路"倡议以开放为导向，冀望通过加强交通、能源和网络等基础设施的互联互通建设，促进经济要素有序自由流动、资源高效配置和市场深度融合，开展更大范围、更高水平、更深层次的区域合作，打造开放、包容、均衡、普惠的区域经济合作架构，以此来解决经济增长和平衡问题。"一带一路"倡议的开放包容性是区别于其他区域性经济倡议的一个突出特点。

"一带一路"倡议是超越地缘政治的务实合作的广阔平台。"和平合作、开放包容、互学互鉴、互利共赢"的丝路精神是人类共有的历史财富，"一带一路"倡议就是秉承这一精神与原则提出的新时代重要倡议，通过加强相关国家间的全方位多层面交流合作，充分发掘与发挥各国的发展潜力与比较优势，形成互利共赢的区域利益共同体、命运共同体和责任共同体。在这一机制中，各国是平等的参与者、贡献者、受益者。因此，"一带一路"倡议从一开始就具有平等性、和平性特征。平等是中国坚持的重要国际准则，也是"一带一路"建设的关键基础。只有建立在平等基础上的合作才能是持久的合作，也才会是互利的合作。"一带一路"倡议平等包容的合作特征为其推进减轻了阻力，提升了共建效率，有助于国际合作真正"落地生根"。同时，"一带一路"建设离不开和平安宁的国际环境和地区环境，和平是"一带一路"建设的本质属性，也是保障其顺利推进所不可或缺的重要因素。这些就决定了"一带一路"倡议不应该也不可能沦为大国政治较量的工具，更不会重复地缘博弈的老路。

"一带一路"倡议是政府、企业、团体共同发力的项目载体。"一带一路"建设是在双边或多边联动基础上通过具体项目加以推进的，是在进行充分政策沟通、战略对接以及市场运作后形成的发展倡议与规划。2017年5月发布的《"一带一路"国际合作高峰论坛圆桌峰会联合公报》强调了建设"一带一路"的合作原则，其中就包括市场运作原则，即充分认识市场作用和企业主体地位，确保政府发挥适当作用，政府采购程序应开放、透明、非歧视。可见，"一带一路"建设的核心主体与支撑力量并不是政府，而是企业，根本方法是遵循市场规律，并通过市场化运作模式来实现参与各方的利益诉求，政府在其中发挥构建平台、创立机制、政策引导等指向性、服务性功能。

"一带一路"倡议是与现有相关机制对接互补的有益渠道。参与"一带一路"建设的国家要素禀赋各异，比较优势差异明显，互补性很强。有的国家能源资源富集但开发力度不够，有的国家劳动力充裕但就业岗位不足，有的国家市场空间广阔但产业基础薄弱，有的国家基础设施建设需求旺盛但资金紧缺。我国目前经济总量居全球第二，外汇储备居全球第一，优势产业越来越多，基础设施建设经验丰富，装备制造能力强、质量好、性价比高，具备资金、技术、人才、管理等综合优势。这就为我国与其他"一带一路"建设参与方实现产业对接与优势互补提供了现实可能与重大机遇。因而，"一带一路"倡议的核心内容就是要加强基础设施建设和促进互联互通，对接各国政策和发展战略，以便深化务实合作，促进协调联动发展，实现共同繁荣。由此可见，"一带一路"倡议不是对现有地区合作机制的替代，而是与现有机制互为助力、相互补充。实际上，"一带一路"建设已经与俄罗斯主导的欧亚经济联盟、印尼全球海洋支点发展规划、哈萨克斯坦光明之路经济发展战略、蒙古国草原之路倡议、欧盟欧洲投资计划、埃及苏伊士运河走廊开发计划等实现了对接与合作，并形成了一批标志性项目，如中哈（连云港）物流合作基地。作为新亚欧大陆桥经济走廊建设成果之一，中哈（连云港）物流合作基地初步实现了深水大港、远洋干线、中欧班列、物流场站的无缝对接。该项目与哈萨克斯坦光明之路经济发展战略高度契合。

"一带一路"倡议是促进人文交流的沟通桥梁。"一带一路"倡议跨越不同区域、不同文化、不同宗教信仰，但它带来的不是文明冲突，而是各文明间的交流互鉴。"一带一路"倡议在推进基础设施建设、加强产能合作与发展战略对接的同时，也将"民心相通"作为工作重心之一。民心相通是"一带一路"建设的社会根基。民心相通就是要传承和弘扬丝绸之路友好合作精神，广泛进行文化交流、学术交流、人才交流往来、媒体合作、青年和妇女交往、志愿者服务等，为深化双边和多边合作奠定坚实的民意基础。一是扩大相互间留学生规模，开展合作办学；国家间互办文化年、艺术节、电影节、电视周和图书展等活动，深化国家间人才交流合作。二是加强旅游合作，扩大旅游规模，联合打造具有丝绸之路特色的国际精品旅游线路和旅游产品。三是强化与周边国家在传染病疫情信息沟通、防治技术交流、专业人才培养等方面的合作，提高合作处理突发公共卫生事件的能力。四是加强科技合作，共建联合实验室（研究中心）、国际技术转移中心、海上合作中心，促进科技人员交流，合作开展重大科技攻关，共同提升科技创新能力。五是整合现有资源，开拓和推进参与国家在青年就业、创业培训、职业技能开发、社会保障管理服务、公共行政管理等共同关心领域的务实合作。六是充分发挥政党、议会交往的桥梁作用，加强国家之间立法机构、主要党派和政治组织的友好往来，互结友好城市。七是加强各国民间组织的交流合作，重点面向基层民众，广泛开展教育、医疗、减贫开发、生物多样性和生态环保等主题的各类公益慈善活动，改善贫困地区生产生活条件；加强文化传媒领域的国际交流合作，积极利用网络平台，运用新媒体工具，塑造和谐友好的文化生态和舆论环境；通过强化民心相通，弘扬丝绸之路精神，开展智力丝绸之路、健康丝绸之路等建设，在科学、教育、文化、卫生、民间交往等领域广泛合作，使"一带一路"建设的民意基础更为坚实，社会根基更加牢固。"一带一路"建设就是要以文明交流超越文明隔阂，以文明互鉴超越文明冲突，以文明共存超越文明优越，为相关国家人民加强交流、增进理解搭起新的桥梁，为不同文化和文明加强对话、交流互鉴织就新的纽带，推动各国相互理解、相互尊重、相互信任。

"一带一路"是促进共同发展、实现共同繁荣的友谊之路。共建"一带一路"旨在促进各国发展战略的对接和耦合，有利于发掘区域市场的潜力，推动经济要素有序自由流动、资源高效配置和市场深度融合，促进投资和消费，创造需求和就业，增进各国人民的人文交流与文明互鉴，从而让各国人民相逢相知、互信互敬，共享和谐、安宁、富裕的生活。共建"一带一路"符合国际社会的根本利益，彰显了人类社会的共同理想和美好追求，是国际合作及全球治理新模式的积极探索，将为世界和平发展增添新的正能量。中国政府倡议秉持和平合作、开放包容、互学互鉴、互利共赢的理念，全方位推进务实合作，打造政治互信、经济融合、文化包容的利益共同体、命运共同体和责任共同体。

"一带一路"倡议已经得到世界上众多国家和地区的积极响应，成为维护全球自由贸易体系和开放型世界经济的重要支撑。截至 2021 年 1 月 30 日，中国已经同 171 个国家和国际组织签署 205 份共建"一带一路"合作文件。[1]特别是 2017 年 5 月第一届"一带一路"国际合作高峰论坛、2019 年 4 月第二届"一带一路"国际合作高峰论坛和 2019 年 5 月亚洲文明对话大会的成功举办，充分彰显了我国开放、包容的大国外交风范。在此背景下，我们一方面应致力于向世界介绍中国，推动中国文化"走出去"，讲好中国故事；另一方面也应加强对"一带一路"国家的历史、文化、语言、教育、艺术等方面的介绍和研究，让中国人民更多地了解"一带一路"国家的具体国情，特别是文化传统和教育体系。

"一带一路"倡议合作范围不断扩大，合作领域愈加广阔。它不仅给参与各方带来了实实在在的合作红利，也为世界贡献了应对挑战、创造机遇、强化信心的智慧与力量。

当今世界，新冠肺炎疫情带来诸多挑战，局部战争风险依然存在，经济增长动能不足，"逆全球化"思潮涌动，地区动荡持续，恐怖主义蔓延。和平赤字、发展赤字、治理赤字带来的严峻问题，已摆在全人类面前。这充分说明现有的全球治理体系面临结构性问题，亟须找到新的破解之策与应对方略。作为一个新兴大国，中国有能力、有意愿同时也有责任为完善全球治理体系贡献智慧与力量。面对新挑战、新问题、新情况，中国给出

---

[1] 中国一带一路网. 我国已签署共建"一带一路"合作文件 205 份 [EB/OL]. （2021-01-30）[2021-02-23]. https://www.yidaiyilu.gov.cn/xwzx/gnxw/163241.htm.

的全球治理方案是：构建人类命运共同体，实现共赢共享。"一带一路"倡议正是朝着这个目标努力的具体实践。"一带一路"倡议强调各国的平等参与、包容普惠，主张携手应对世界经济面临的挑战，开创发展新机遇，谋求发展新动力，拓展发展新空间，共同朝着人类命运共同体方向迈进。正是本着这样的原则与理念，"一带一路"倡议针对各国发展的现实问题和治理体系的短板，创立了亚洲基础设施投资银行、丝路基金等新型国际机制，构建了多形式、多渠道的交流合作平台。这既能缓解当今全球治理机制代表性、有效性、及时性难以适应现实需求的困境，在一定程度上扭转公共产品供应不足的局面，提振国际社会参与全球治理的士气与信心，又能满足发展中国家尤其是新兴市场国家变革全球治理机制的现实要求，大大增强了新兴国家和发展中国家的话语权，是推进全球治理体系朝着更加公正合理方向发展的重大突破。

"一带一路"倡议涵盖了发展中国家与发达国家，实现了"南南合作"与"南北合作"的统一，有助于推动全球均衡可持续发展。"一带一路"建设以基础设施建设为着眼点，促进经济要素有序自由流动，推动中国与相关国家的宏观政策的对接与协调。对于参与"一带一路"建设的发展中国家来说，这是一次搭中国经济发展"快车""便车"，实现自身工业化、现代化的历史性机遇，有利于推动"南南合作"的广泛展开，同时也有助于增进"南北对话"，促进"南北合作"的深度发展。不仅如此，"一带一路"倡议的理念和方向同联合国《2030 年可持续发展议程》也高度契合，完全能够加强对接，实现相互促进。联合国秘书长古特雷斯表示，"一带一路"倡议与《2030 年可持续发展议程》都以可持续发展为目标，都试图提供机会、全球公共产品和双赢合作，都致力于深化国家和区域间的联系。

二、深入推动"一带一路"国家的教育交流

2020 年 6 月印发的《教育部等八部门关于加快和扩大新时代教育对外开放的意见》指出，教育对外开放是教育现代化的鲜明特征和重要推动力，要以习近平新时代中国特色社会主义思想为指导，坚持教育对外开放不动摇，主动加强同世界各国的互鉴、互容、互通，形成更全方位、更宽领域、更多层次、更加主动的教育对外开放局面。

教育为国家富强、民族繁荣、人民幸福之本，在共建"一带一路"中具有基础性和先导性作用。教育交流为各国民心相通架设桥梁，人才培养为各国政策沟通、设施联通、贸易畅通、资金融通提供支撑。各国间教育交流源远流长，教育合作前景广阔，大家携手发展教育，合力共建"一带一路"，是造福各国人民的伟大事业。推进"一带一路"国家教育共同繁荣，既是加强与各国教育互利合作的需要，也是推进中国教育改革发展的需要，中国愿意在力所能及的范围内承担更多责任和义务，为区域教育大发展做出更大的贡献。

（一）教育合作的原则

"一带一路"国家教育合作应遵循四个重要原则。

一是育人为本，人文先行。加强合作育人，提高区域人口素质，为共建"一带一路"提供人才支撑。坚持人文交流先行，建立区域人文交流机制，搭建民心相通桥梁。

二是政府引导，民间主体。政府加强沟通协调，整合多种资源，引导教育融合发展。发挥学校、企业及其他社会力量的主体作用，活跃教育合作局面，丰富教育交流内涵。

三是共商共建，开放合作。坚持共商、共建、共享，推进各国教育发

展规划相互衔接，实现各国教育融通发展、互动发展。

四是和谐包容，互利共赢。加强不同文明之间的对话，寻求教育发展最佳契合点和教育合作最大公约数，促进各国在教育领域互利互惠。

（二）教育合作的重点

"一带一路"各国教育特色鲜明、资源丰富、互补性强、合作空间巨大。中国将以基础性、支撑性、引领性三方面举措为建议框架，开展三方面重点合作，对接各国意愿，互鉴先进教育经验，共享优质教育资源，全面推动各国教育提速发展。

1. 开展教育互联互通合作

一是加强教育政策沟通。开展"一带一路"国家教育法律、政策协同研究，构建各国教育政策信息交流通报机制，为各国政府推进教育政策互通提供决策建议，为各国学校和社会力量开展教育合作交流提供政策咨询。积极签署双边、多边和次区域教育合作框架协议，制定各国教育合作交流国际公约，逐步疏通教育合作交流政策性瓶颈，实现学分互认、学位互授联授，协力推进教育共同体建设。

二是助力教育合作渠道畅通。推进"一带一路"国家间签证便利化，扩大教育领域合作交流，形成往来频繁、合作众多、交流活跃、关系密切的携手发展局面。鼓励有合作基础、相同研究课题和发展目标的学校缔结姊妹关系，逐步深化和拓展教育合作交流。举办校长论坛，推进学校间开展多层次、多领域的务实合作。支持高等学校依托优势学科和专业，建立"产学研用"相结合的国际合作联合实验室（研究中心）、国际技术转移中心，共同应对各国在经济发展、资源利用、生态保护等方面面临的重大挑战与机遇。打造"一带一路"国家学术交流平台，吸引各国专家学者、青年学生开展研究和学术交流。推进"一带一路"国家优质教育资源共享。

三是促进语言互通。研究构建语言互通协调机制，共同开发语言互通开放课程，逐步将国家语言课程纳入各国的学校教育课程体系。拓展政府间语言学习交换项目，联合培养、相互培养高层次语言人才。发挥外国语院校人才培养优势，推进基础教育多语种师资队伍建设和外语教育教学工作。扩大语言学习国家公派留学人员规模，倡导各国与中国院校合作在华开办本国语言专业。支持更多社会力量助力孔子学院和孔子课堂建设，加强汉语教师和汉语教学志愿者队伍建设，全力满足不同国家的汉语学习需求。

四是推进民心相通。鼓励学者开展或合作开展中国课题研究，增进各国对中国发展模式、国家政策、教育文化等各方面的理解。建设国别和区域研究基地，与对象国合作开展经济、政治、教育、文化等领域研究。逐步将理解教育课程、丝路文化遗产保护纳入各国中小学教育课程体系，加强青少年对不同国家文化的理解。加强"丝绸之路"青少年交流，注重通过志愿服务、文化体验、体育竞赛、创新创业活动和新媒体社交等途径，增进不同国家青少年对其他国家文化的理解。

五是推动学历学位认证标准联通。推动落实联合国教科文组织《亚太地区承认高等教育资历公约》，支持联合国教科文组织建立世界范围学历互认机制，实现区域内双边、多边学历学位关联互认。呼吁各国完善教育质量保障体系和认证机制，加快推进本国教育资历框架开发，助力各国学习者在不同种类和不同阶段教育之间进行转换，促进终身学习社会的建设。共商、共建区域性职业教育资历框架，逐步实现就业市场的从业标准一体化。探索建立各国教师专业发展标准，促进教师流动。

2．开展人才培养培训合作

一是实施"丝绸之路"留学推进计划。设立"丝绸之路"中国政府奖学金，为各国专项培养行业领军人才和优秀技能人才。全面提升来华留学人才培养质量，把中国打造成为深受各国学子欢迎的留学目的地。以国家公派留学为引领，推动更多中国学生到"一带一路"其他国家留学。坚持"出国留学和来华留学并重、公费留学和自费留学并重、扩大规模和提高质量并重、依法管理和完善服务并重、人才培养和发挥作用并重"，完善全链条的留学人员管理服务体系，保障平安留学、健康留学、成功留学。

二是实施"丝绸之路"合作办学推进计划。有条件的中国高等学校开展境外办学要集中优势学科，选好合作契合点，做好前期论证工作，构建科学的人才培养模式、运行管理模式、服务当地模式、公共关系模式，使学校顺利落地生根、开花结果。发挥政府引领、行业主导作用，促进高等学校、职业院校与行业企业深度产教融合。鼓励中国优质职业教育配合高铁、电信运营等行业企业"走出去"，探索开展多种形式的境外合作办学，合作设立职业院校、培训中心，合作开发教学资源和项目，开展多层次职业教育和培训，培养当地急需的各类"一带一路"建设者。整合资源，积极推进与各国在青年就业培训等共同关心领域的务实合作。倡议国家之间开展高水平合作办学。

三是实施"丝绸之路"师资培训推进计划。开展"丝绸之路"教师培训，加强先进教育经验交流，提升区域教育质量。加强"丝绸之路"教师交流，推动各国校长交流访问、教师及管理人员交流研修，推进优质教育模式在各国的互学互鉴。大力推进各国优质教学仪器设备、教材课件和整体教学解决方案的输出，跟进教师培训工作，促进各国教育资源和教学水平均衡发展。

四是实施"丝绸之路"人才联合培养推进计划。推进国家间的研修访学活动。鼓励各国高等院校在语言、交通运输、建筑、医学、能源、环境

工程、水利工程、生物科学、海洋科学、生态保护、文化遗产保护等国家
发展急需的专业领域联合培养学生，推动联盟内或校际教育资源共享。

3．共建丝路合作机制

一是加强"丝绸之路"人文交流高层磋商。开展国家间的双边、多边
人文交流高层磋商，商定"一带一路"教育合作交流总体布局，协调推动
各国建立教育双边和多边合作机制、教育质量保障协作机制和跨境教育市
场监管协作机制，统筹推进"一带一路"教育共同行动。

二是充分发挥国际合作平台作用。发挥上海合作组织、东亚峰会、亚
太经合组织、亚欧会议、亚洲相互协作与信任措施会议、中阿合作论坛、
东南亚教育部长组织、中非合作论坛、中巴经济走廊、孟中印缅经济走
廊、中蒙俄经济走廊等现有双边、多边合作机制的作用，增加教育合作的
新内涵。借助联合国教科文组织等国际组织力量，推动各国围绕实现世界
教育发展目标形成协作机制。充分利用中国–东盟教育交流周、中日韩大学
交流合作促进委员会、中阿大学校长论坛、中非高校20+20合作计划、中日
大学校长论坛、中韩大学校长论坛、中俄综合性大学联盟等已有平台，开
展务实的教育合作交流。支持在共同区域、有合作基础、具备相同专业背
景的学校组建联盟，不断延展教育务实合作平台。

三是实施"丝绸之路"教育援助计划。发挥教育援助在"一带一路"
教育共同行动中的重要作用，逐步加大教育援助力度，重点投资于人、援
助于人、惠及于人。发挥教育援助在"南南合作"中的重要作用，加大对
相关国家尤其是最不发达国家的支持力度。统筹利用国家、教育系统和民
间资源，为相关国家培养培训教师、学者和各类技能人才。积极开展优质
教学仪器设备、整体教学方案、配套师资培训一体化援助。加强中国教育
培训中心和教育援外基地建设。倡议各国建立政府引导、社会参与的多元

15

化经费筹措机制，通过国家资助、社会融资、民间捐赠等渠道，拓宽教育经费来源，做大教育援助格局，实现教育共同发展。

三、精心组织"一带一路"国家文化教育大系的编著出版

在编写"一带一路"国家文化教育大系过程中，应当全面了解国内外对"一带一路"倡议的响应情况，关注进展，总结做法；应当在新冠肺炎疫情得到控制后到对象国去走一走，看一看，实地感受其教育情况和发展变化；应当广泛收集对象国一手资料，认真阅读，消化分析，吐故纳新；应当多方检索专家学者已经开展的相关研究，虚心参阅已有的研究成果。肆虐全球的新冠肺炎疫情，给人类身体健康和生命安全带来了巨大威胁，对世界格局和世界治理体系产生了重大影响，给全球各行各业带来了巨大挑战。教育置身其间，影响十分明显。因而，对"一带一路"国家文化教育进行研究时，必须观察分析疫情对相关国家文化教育和全球教育治理的深刻影响。

"一带一路"倡议提出后，中外已形成多个"一带一路"多边大学联盟。2015 年 5 月 22 日，由西安交通大学发起的新丝绸之路大学联盟成立，迄今已吸引 38 个国家和地区的 150 余所大学加盟。该联盟是海内外大学结成的非政府、非营利性的开放性、国际化高等教育合作平台，以"共建教育合作平台，推进区域开放发展"为主题，推动"新丝绸之路经济带"国家和地区大学之间在校际交流、人才培养、科研合作、文化沟通、政策研究、医疗服务等方面的交流与合作，增进青少年之间的了解和友谊，培养具有国际视野的高素质、复合型人才，服务"新丝绸之路经济带"及欧亚地区的发展建设。

2015 年 10 月 17 日，丝绸之路（敦煌）国际文化博览会筹委会文化传承创新高端学术研讨会在敦煌举行。中国的复旦大学、北京师范大学、兰州大

学和俄罗斯乌拉尔国立经济大学、韩国釜庆大学等 46 所中外高校在甘肃敦煌成立了"一带一路"高校战略联盟，以探索跨国培养与跨境流动的人才培养新机制，培养具有国际视野的高素质人才。46 所高校当日达成《敦煌共识》，联合建设"一带一路"高校国际联盟智库。联盟将共同打造"一带一路"高等教育共同体，推动"一带一路"国家和地区大学之间在教育、科技、文化等领域的全面交流与合作，服务"一带一路"国家和地区的经济社会发展。

2016 年 9 月，中国、中亚及丝绸之路经济带沿线 7 个国家的 51 所高校共同发起成立了中国-中亚国家大学联盟，旨在打造开放性、国际化互动平台，深化"一带一路"科教合作。

此外，高等教育合作研讨会也日渐增多，既有官方推动形成的研讨会，也有民间自发举办的研讨会。比如，中外大学校长论坛、新加坡-中国-印度高等教育论坛、"一带一路"教育对话论坛，以及北京师范大学举办的"一带一路"国家教育交流与合作高端研讨会，北京外国语大学举办的"一带一路"与行业国际化人才培养高峰论坛，北京理工大学主办的"一带一路"高等教育研究国际会议，浙江大学举办的"一带一路"背景下的工程科技人才培养国际研讨会等。这些多边研讨会的召开，不仅吸引了大量"一带一路"沿线国家的教育研究者与实践者参会，推动了研究与实践合作，而且创新了教育合作模式，促进了国际化高端人才培养，为"一带一路"建设奠定了民意基础。

"一带一路"倡议提出之后，中国学术界迅速开展了关于"一带一路"的研究活动，有关"一带一路"主题的图书主要有以下五类。第一类是倡议解读类图书，一般是梳理"一带一路"倡议的提出、发展及其理论内涵与外延。第二类是经济贸易类图书，专业性较强，主要为理论研究型图书。第三类是国情文史类图书，多为介绍"一带一路"国家国情概览、历史情况、发展概况的工具书，语言平实，部分图书学术性较强。第四类是丝路历史类图书，一般回顾古代丝绸之路的形成与发展、丝绸之路上的人物和大事记等，追古溯源，以便更好地开启"一带一路"新篇章。第五类是法律税收类图书，多为法律指引、税务规范手册等。

可以看出，国内对"一带一路"国家的研究已有一定基础，但是囿于语言翻译的障碍，已经出版的"一带一路"图书，大多是政策解读、数据报告、概况介绍等，对对象国的研究广度和深度还很不够，尤其是针对"一带一路"国家文化教育的系统研究还比较少。

在"一带一路"国家中，遴选具有代表性的对象，对其文化、教育进行系统性的研究，并在此基础上编写"一带一路"国家文化教育大系，分期分批出版，对于帮助中国普通读者和研究人员了解"一带一路"国家的文化教育情况，以及对于拓展我国比较教育研究领域、丰富比较教育研究文献，乃至对于促进中外文明互通、更好地参与推进"一带一路"建设，都具有重要意义。基于对选题背景与意义、相关出版产品调研和北京外国语大学比较优势的分析，"一带一路"国家文化教育大系坚持学术性、可读性兼顾原则，分批次推出，不断积累，以形成规模和品牌。

大系在内容上，一方面呈现"一带一路"国家的文化概貌，展示"一带一路"国家教育发展的文化背景和社会依托。大系采用专题形式，力求用简洁平实的语言生动活泼地介绍"一带一路"国家的自然地理、人文景观、历史发展、风土人情、文化遗产等内容，重点呈现对象国独有的文化现象和独特风貌，集中揭示其民族文化内涵、民族精神、人文意蕴。另一方面，大系重点研究、评价、介绍"一带一路"国家教育的基本情况、发展历史、发展战略、政策法规、现存体系、治理模式与师资队伍等，这方面内容占较大篇幅，是全书的重点和主要内容。

"一带一路"倡议正在成为我国参与全球开放合作、改善全球治理体系、促进全球共同发展繁荣、推动构建人类命运共同体的中国方案。作为国家社会科学基金（教育学）重大项目"新时代提升中国参与全球教育治理的能力及策略研究"的部分研究成果和北京外国语大学"双一流"建设重大标志性成果，"一带一路"国家文化教育大系计划在 2021 年中国共产党建党 100 周年和北京外国语大学建校 80 周年之际，推出首批图书。2023 年"一带一路"倡议提出 10 周年时，推出该项目二期成果。同时积极参与党和国家相关主题纪念活动，以及国家重大图书项目的申报评选工作。

北京外国语大学以外语见长，国际交往活跃，被誉为"共和国外交官的摇篮"，先后培养了 400 多位大使、2 000 多位参赞，以及更多的外交外事外贸工作者。凡是有五星红旗飘扬的地方，都能看到北外人的身影。北外不仅承担着培养各类国际化人才的任务，更担负着向中国介绍世界、向世界介绍中国的历史使命。迄今为止，北外已获批开设 101 种外国语言，成立了 37 个区域与国别研究中心，丰富的涉外资源正在助力"一带一路"国家的研究。

大系由外研社具体组织实施。外研社隶属北外，多年来致力于"一带一路"国家的合作交流，服务讲好"中国故事"，在中华思想文化传播、打造中外出版联盟、推动中外学术互译等方面积累了丰富经验，对于协助研究、编著、出版"一带一路"国家文化教育大系具有良好的工作基础。这也是北外及外研社的使命和担当之所在。

大系编著者以北外教师为主。服务国家重大战略，北外人责无旁贷。同时，国内有研究专长和研究意愿的专家学者也踊跃参与，他们或独自撰著一书，或与北外同仁合作。大系还邀请了驻外使领馆的同志和对象国的学者参加撰写或审稿，他们运用一手资料，开展实地调研，力图提升大系的准确性。

四、结语

"一带一路"倡议植根历史，更面向未来；源于中国，更属于世界。"一带一路"作为文明互鉴的桥梁，从亚欧大陆延伸到非洲、美洲、大洋洲，与世界各国发展战略及众多国际和地区组织的发展实现对接联通，在通路、通航的基础上更好地通商，进而开展文化教育交流与沟通，加强商品、资金、技术、文化、教育流通，达成互学互鉴的文明愿景。"一带一路"倡议的目标是中国与"一带一路"国家在互联互通基础上分享优质产能，共商项目投资，共建基础设施，共享合作成果，内容包括政策沟通、设施联通、贸易畅通、资金融通、民心相通"五通"。"一带一路"倡议肩负重大使命，它要探寻经济增长之道，将中国自身的产能优势、技术与资金优势、经验与模式优势转化为市场与合作优势，实行全方位开放，共享中国改革发展红利；它要实现全球化再平衡，鼓励向西开放，带动西部开发以及中亚、蒙古等内陆国家和地区的开发，在国际社会推行全球化的包容性发展理念，主动向西推广中国优质产能和比较优势产业，惠及沿途、沿岸国家，避免西方国家所开创的全球化造成的贫富差距和地区发展不平衡情况，推动建立持久和平、普遍安全、共同繁荣的和谐世界；它要开创地区新型合作，强调共商、共建、共享原则，超越了马歇尔计划和传统的对外援助活动，给 21 世纪的国际合作带来了新的理念。所以，新时代中国的教育学者应当将"一带一路"国家文化教育研究作为比较教育新的增长点，全面深入开展研究，以自己的聪明才智丰富学术，为国出力，服务国家重大发展战略；在加强与"一带一路"国家的交流合作中，推动"一带一路"建设高质量发展，努力建设高质量的中国教育体系，并积极参与全球教育治理体系改革，加快构建以国内大循环为主体、国际国内双循环相互促进的新发展格局。

2021 年春
于北京外国语大学

（王定华，北京外国语大学党委书记、博士、教授、博士生导师，国家督学。历任河南大学教师、中国驻纽约总领事馆教育领事、教育部基础教育一司司长、教育部教师工作司司长等。）

本书前言

塔吉克斯坦共和国位于中亚东南部，与中国、阿富汗、乌兹别克斯坦、吉尔吉斯斯坦交界，国土面积 14.31 万平方公里。首都杜尚别是全国的政治、经济、文化、科学、教育中心和最重要的交通枢纽。人口 931.38 万（截至 2020 年 1 月 1 日）。塔吉克语为其国语，俄语为其族际交流语言。

塔吉克斯坦的文化教育拥有悠久的历史，文化教育在推动国家经济和社会发展方面发挥着重要的作用。近年来，塔吉克斯坦大力传承优秀传统文化，文化产业取得了长足的进步，文化投入力度持续加大，文化基础设施不断完善，对外文化交流愈加活跃。教育领域呈现出各类教育机构数量逐年增加、教育机构类型多样化、教育覆盖率不断提高、教育质量逐步提升、师资结构不断优化、教育投入逐年增加、教育国际化程度逐渐加深等一系列发展态势。

本书首先从自然地理、国家制度和社会生活三个视角勾勒塔吉克斯坦的国情概貌，展示塔吉克斯坦文化教育所处的社会背景和重要依托，然后通过对文化传统的历史沿革、风土人情和文化名人的介绍，梳理塔吉克斯坦文化历史发展阶段，呈现其文化生态和文化传统。

本书聚焦塔吉克斯坦的教育情况，系统地梳理塔吉克斯坦的教育历史发展阶段，并结合重大的教育事件及政治、经济和文化对教育发展的影响，对教育发展的历史阶段进行划分，针对不同阶段的特点进行分析总结，介绍塔吉克斯坦的知名教育家及其重要教育活动和教育观点，继而根据塔吉克斯坦现行的教育体系系统地介绍学前教育、普通教育、高等教育、职业教育、成人教育、教师教育的基本情况。教育发展情况与社会环境的变化紧密相关，因此每一部分教育历史的分期基本与教育通史所采用的分期一致，即以 1991 年塔吉克斯坦独立为时间节点。本书立足塔吉克斯坦教育的现实情况和教育国际化大背景，分析塔吉克斯坦教育发展中遇到的困难和挑战，描述其应对策略，继而介绍塔吉克斯坦的教育政策、教育行政的基本情况，最后在叙述中塔两国教育交流历史、现状、模式与原则的基础上，结合中塔两国教育交流合作中的典型事例，分析成功的案例和经验，并对未来两国在"一带一路"框架内的教育合作交流愿景进行勾画。

本书综合运用文献研究法、案例分析法、比较研究法等方法，坚持学术性、可读性兼顾的原则，坚持理论研究与实证分析相结合，对塔吉克斯坦文化教育进行全方位介绍。本书主要有以下三个特点。第一，研究范围有所突破。目前，我国出版的有关中亚研究的著作主要集中在历史社会文化、政治经济、国际关系等视角，对塔吉克斯坦做国别研究的著作并不多，对文化教育做专门研究的著作更是罕见。本书以塔吉克斯坦文化和教育为主线，系统介绍塔吉克斯坦文化教育的基本概貌，重点聚焦教育领域，呈现塔吉克斯坦教育的概况和特征，并对塔吉克斯坦教育领域遇到的困难和挑战及其应对策略进行详细分析，这是学界以往不曾关注或鲜有涉足的领域。第二，使用材料具有丰富性。本书参考和借鉴了国内中亚研究方面的主要专著、译著和核心刊物，大量参考了塔吉克斯坦、俄罗斯等国学者的著作和资料。此外，文化和教育是密切联系的，在研究教育问题时，本书参考了文化史、文学史方面的著作和资料，还参考了一些涉及教育的文学作品，特别是在教育史中阐明其教育观点的作家的作品。第三，把握时代性和权威性原则。本书使用了塔吉克斯坦共和国外交部、塔吉克斯坦共和国总统统计署、塔吉克斯坦共和国教育与科学部等机构发布的最新的、权威的一手数据信息，力求准确翔实地介绍塔吉克斯坦的文化教育情况。

中国和塔吉克斯坦自建交以来，双边关系快速发展，各领域合作成果丰硕。近年来，中塔两国深入推进共建"一带一路"倡议同塔吉克斯坦国家发展战略对接，签署了一系列双边合作文件，在政治、经贸、文化、科学、教育、旅游等领域深化合作。加强中塔两国文化教育合作既是两国互利合作的现实需要，又是提升中塔两国文化教育内生动力和国际竞争力的必然要求。2021 年是塔吉克斯坦独立 30 周年和上海合作组织成立 20 周年。值此重要里程碑时刻，中塔两国的文化教育合作必将创造新机遇，注入新动力。本书的推出不仅可以填补相关学术空白，同时也契合时代发展，对深化中塔两国文化教育合作与交流具有重要参考价值和实践指导意义。

本书系国家社会科学基金（教育学）重大项目"新时代提升中国参与全球教育治理的能力及策略研究"（VDA200004）、北京外国语大学"双一流"建设标志性项目"'一带一路'国家文化教育研究"（BW202018）及北京外国语大学青年教师科研项目"认知语义学视角下的语言与翻译研究"（2018QD003）的阶段性研究成果。笔者在写作过程中得到了北京外国语大学党委书记、"一带一路"国家文化教育大系总主编王定华教授及俄语学院院长戴桂菊教授等多位专家学者的悉心指导，外语教学与研究出版社有关编审人员给予了得力的专业支持，众多同仁朋友在搜集整理资料方面提供了大力帮助，在此一并表示衷心的感谢！

黄雅婷

2021 年 4 月于北京外国语大学

目　录

第一章 国情概览

塔吉克斯坦共和国（塔吉克语：Ҷумхурии Тоҷикистон，俄语：Республика Таджикистан），简称塔吉克斯坦（塔吉克语：Тоҷикистон，俄语：Таджикистан），位于中亚东南部，国土面积 14.31 万平方公里 [1]，是中亚五国中国土面积最小的国家。全国划分为两个州、一个自治州、一个中央直属区和杜尚别市。杜尚别是塔吉克斯坦的首都，它既是全国的政治中心，又是经济、文化、科学、教育中心和最重要的交通枢纽。人口 931.38 万（截至 2020 年 1 月 1 日）。塔吉克斯坦是一个多民族国家，共有 86 个民族，其中塔吉克族占 80%，乌兹别克族占 15.3%，俄罗斯族占 1%。[2] 此外还有鞑靼、吉尔吉斯、乌克兰、土库曼、哈萨克、白俄罗斯、亚美尼亚等民族 [3]。塔吉克语为国语，俄语为族际交流语言。塔吉克斯坦属典型的大陆性气候，冬、春两季雨雪较多，夏、秋两季干燥少雨。塔吉克斯坦拥有丰富的水资源、矿产资源和动植物资源。

目前，塔吉克斯坦实行立法、行政和司法三权分立的总统制。总统是

---

[1] 中华人民共和国外交部. 塔吉克斯坦国家概况 [EB/OL]. （2021-03）[2021-04-02]. https://www.fmprc.gov.cn/web/gjhdq_676201/gj_676203/yz_676205/1206_676908/1206x0_676910/.

[2] 中华人民共和国外交部. 塔吉克斯坦国家概况 [EB/OL]. （2021-03）[2021-04-02]. https://www.fmprc.gov.cn/web/gjhdq_676201/gj_676203/yz_676205/1206_676908/1206x0_676910/.

[3] 中华人民共和国外交部. 塔吉克斯坦国家概况 [EB/OL]. （2021-03）[2021-04-02]. https://www.fmprc.gov.cn/web/gjhdq_676201/gj_676203/yz_676205/1206_676908/1206x0_676910/.

国家元首和执行权力机关（政府）的首脑。议会实行上、下两院职业议会制，是塔吉克斯坦最高代表机关和立法机构。政府是国家权力的执行机关。最高法院是国家最高司法机关，总检察院为国家最高检察机关。

目前，塔吉克斯坦采取措施积极推动科学技术的发展。从事科研工作的机构主要有高等教育机构、科学院等。近年来，塔吉克斯坦政府大力发展体育运动，积极举办和参与国际体育赛事。据塔吉克斯坦共和国文化部的统计数据显示，截至 2019 年 1 月，塔吉克斯坦共有 11 家新闻通讯社、3 家国有电视台和 5 家独立电视台，全国各类正式登记注册的报纸 376 种、杂志 245 种、印刷厂 319 家和出版社 71 家。

塔吉克斯坦素有"高山国"之称，登山、生态旅游等旅游项目享誉世界。作为古丝绸之路上的一颗璀璨明珠，这里拥有丰富的历史和文化遗产，杜尚别、苦盏、彭吉肯特、吉萨尔、库利亚布、博赫塔尔 [1]、伊斯塔拉夫尚 [2] 等历史文化名城吸引着世界各地的游客。

农业在塔吉克斯坦国民经济中占据着十分重要的地位，农业部门以种植业和畜牧业为主，植棉业在农业部门中占据主导地位。塔吉克斯坦重点和特色的工业部门有冶金工业、电力工业、食品加工业、机械制造业等。近年来，塔吉克斯坦的经济形势发展良好，国内生产总值、就业人员月平均工资等各项经济指标基本呈现增长态势。医疗卫生事业加快发展，服务体系不断完善，各类医疗机构、医务工作者等数量逐年增加，但现有的医疗资源仍然难以满足人民的需要，医疗卫生事业在发展过程中存在很多亟待解决的问题。

---

[1] 博赫塔尔，塔吉克斯坦哈特隆州首府，原名"库尔干秋别"，2018 年更名为"博赫塔尔"。本书中对于 2018 年以前的相关事件描述使用"库尔干秋别"，2018 年以后的相关事件描述使用"博赫塔尔"。

[2] 伊斯塔拉夫尚，塔吉克斯坦历史文化名城，位于索格特州。原名"乌拉秋别"，2000 年更名为"伊斯塔拉夫尚"。本书在各个时期的相关事件描述中使用相应的城市名称。

第一节　自然地理

一、地理位置

　　塔吉克斯坦是位于中亚东南部的内陆高山国家。地理位置在北纬 36°40′ 至 41°05′，东经 67°31′ 至 75°14′ 之间。东西总长度 700 公里，南北总长度 350 公里。北邻吉尔吉斯斯坦，西邻乌兹别克斯坦，南与阿富汗接壤，东接中国。[1] 国土面积 14.31 万平方公里，是中亚五国中国土面积最小的国家。

　　塔吉克斯坦位于帕米尔山脉山麓，境内多山，山地和高原占国土面积的 93%，绝对海拔介于 300—7 495 米，有一半以上的国土位于海拔 3 000 米以上，素有"高山国"之称。北部山脉属天山山系，中部属吉萨尔-阿尔泰山系，东南部为帕米尔高原。全国最高点是帕米尔高原上的索莫尼峰，海拔 7 495 米。

　　塔吉克斯坦属于东 5 时区，当地时间比格林尼治时间早 5 小时，比北京时间晚 3 小时，无夏令时。

二、行政区划

　　塔吉克斯坦共有两个州、一个自治州、一个中央直属区和杜尚别市，它们是索格特州、哈特隆州、戈尔诺-巴达赫尚自治州、中央直属区和杜尚别市。

---

　　[1] 中华人民共和国外交部. 塔吉克斯坦国家概况 [EB/OL].（2021-03）[2021-04-02]. https://www.fmprc.gov.cn/web/gjhdq_676201/gj_676203/yz_676205/1206_676908/1206x0_676910/.

（一）杜尚别

杜尚别是塔吉克斯坦首都，位于塔吉克斯坦西部瓦尔佐布河及卡菲尔尼甘河之间的吉萨尔盆地。面积 127.4 平方公里，海拔 706 米，人口 86.34 万（截至 2020 年 1 月 1 日），夏季最高气温可达 40℃，冬季最低气温 –20℃。杜尚别是塔吉克斯坦的政治、经济、科学、文化和教育中心以及重要的交通枢纽。

关于杜尚别最早的文字记载是在 1676 年。杜尚别在塔吉克语中的意思是"星期一"，很早之前这里每周一都会举办集市，杜尚别也因此得名。杜尚别于 1925 年正式建市。1929 年 10 月 16 日，更名为斯大林纳巴德[1]，意为"斯大林城"，成为塔吉克苏维埃社会主义共和国的首都。1961 年 11 月 10 日，恢复旧称杜尚别。1991 年 9 月，成为塔吉克斯坦共和国首都。杜尚别市共辖 4 个区，分别是伊斯梅尔·索莫尼区、沙赫曼苏尔区、菲尔多西区、西纳区。行政和文教科研机构主要集中在市中心，市区南部和西部为工业区和住宅区。鲁达基大街是主要的交通主干道，横贯南北，很多行政、商业、教育机构都集中在鲁达基大街两旁。

杜尚别是塔吉克斯坦的工业中心，工业总产值占全国的 1/3。工业以纺织业、食品加工业、机械制造业和建材工业为主。现有 230 多家工业企业，提供了 1.9 万个就业岗位，可生产 300 多种产品，包括纺织品、电缆产品、配件、农产品、机械设备等。

杜尚别是塔吉克斯坦的教育中心。2019—2020 学年，杜尚别共有学前教育机构 134 所，在校学生人数 29 647 人；普通教育机构 145 所，在校学生人数 20.51 万人；中等职业教育机构 14 所，在校学生人数 23 410 人；高

---

[1] 1929 年 10 月 16 日至 1961 年 11 月 10 日，杜尚别称"斯大林纳巴德"。本书在此期间的事件描述中使用"斯大林纳巴德"。

等教育机构 24 所，在校学生人数 13.04 万人。[1] 杜尚别的普通教育机构实行就近入学的政策，高等教育机构入学率在 50% 以上。

杜尚别高等教育机构集中，占全国一半以上。主要高等教育机构有塔吉克斯坦民族大学、塔吉克艾尼国立师范大学、奥西米国立技术大学、塔吉克阿布阿里·伊本·西纳国立医科大学、绍赫捷穆尔国立农业大学、俄罗斯-塔吉克（斯拉夫）大学、塔吉克斯坦理工大学、塔吉克图尔松扎德国立艺术学院、塔吉克拉希莫夫国立体育学院等。塔吉克斯坦国家科学院也坐落在杜尚别。

杜尚别是塔吉克斯坦的文化中心和历史文化名城，它以其源远流长的历史和种类繁多的历史文物古迹在塔吉克斯坦历史文化名城中占据重要地位。截至 2020 年，杜尚别共有 17 个文化公园、1 个动物园、14 个街心花园、4 个文化宫、7 家专业剧院、10 家博物馆、16 家图书馆、6 个半圆形剧场、23 座纪念碑和 109 家旅游公司。主要的博物馆包括塔吉克斯坦国家博物馆、塔吉克斯坦国家古史博物馆、地方志历史博物馆、地质博物馆、造型艺术博物馆、民族学博物馆、乐器博物馆、艾尼文学馆、图尔松扎德文学馆等。主要的剧院包括塔吉克拉胡季模范话剧院、塔吉克艾尼国家模范歌剧和芭蕾舞剧院、马雅可夫斯基俄罗斯话剧院、塔吉克国立瓦西多夫青年剧院、杜尚别木偶剧院等。主要的广场有索莫尼广场、艾尼广场、伊本·西纳广场、莫斯科 800 周年广场、卡拉巴耶夫广场。主要的雕像有索莫尼雕像、伊本·西纳雕像、鲁达基雕像、萨德理金·艾尼雕像、图尔松扎德雕像等。杜尚别的绿化程度很高，大街小巷绿树环抱，苍翠欲滴。2021 年，杜尚别获授 2021 年"独联体文化之都"称号。

杜尚别是塔吉克斯坦重要的交通枢纽。1929 年，杜尚别建设了第一条铁路，可通往塔什干和莫斯科。目前，塔吉克斯坦的铁路运输可通往国内

---

[1] 资料来源于塔吉克斯坦共和国总统统计署官网。

各大州首府和独联体国家。公路干线北通苦盏，东至霍罗格，可到达全塔各大小城镇。杜尚别也是塔吉克斯坦的航空枢纽，建有杜尚别国际机场，有通往莫斯科、叶卡捷琳堡、新西伯利亚、阿拉木图、比什凯克、阿什哈巴德、乌鲁木齐等城市的国际航班。

杜尚别与中国乌鲁木齐、厦门、青岛和俄罗斯莫斯科、赞比亚鲁萨卡、美国博尔德、也门萨那、奥地利克拉根福、巴基斯坦拉合尔等城市互为友好城市。杜尚别分别于 2008 年和 2014 年举办了上海合作组织峰会。

（二）索格特州

索格特州位于塔吉克斯坦北部。面积 2.54 万平方公里，人口 270.73 万（截至 2020 年 1 月 1 日），人口密度每平方公里 107.4 人。主要民族有塔吉克族、乌兹别克族、俄罗斯族、吉尔吉斯族等。索格特州下辖 8 个市、14 个区、22 个镇、93 个村，州首府为苦盏。

索格特州多为山区，北部有库拉马山和莫戈尔套山脉，南部有突厥斯坦山脉、泽拉夫尚山脉和吉萨尔山脉北坡。主要河流有锡尔河及其支流、大费尔干纳运河、北费尔干纳运河等。较大的湖泊有伊斯坎得尔库利湖。

索格特州主要矿产有煤、石油、地蜡、萤石、铁、钼、锑、汞等。主要工业部门有机械制造业、冶金工业、金属加工业、轻工业（包括丝绸、棉纺、地毯、服装等）、食品加工业（罐头、肉制品、奶制品、食盐等）。索格特州灌溉条件较好，有大费尔干纳运河、北费尔干纳运河和水库。充沛的水源、强烈的日光为农业发展创造了有利的条件。主要农业部门有植棉业、粮食种植业、葡萄种植业。2014 年，该州棉花生产量达 10.02 万吨，谷物生产量达 23.28 万吨，葡萄生产量 5.15 万吨。索格特州的马铃薯产量居塔吉克斯坦第一位，2014 年，马铃薯产量为 32.56 万吨。畜牧业主要是平原地区的养牛业和山区的养羊业。

2019—2020 学年，索格特州共有学前教育机构 272 所，在校学生人数 44 507 人；普通教育机构 929 所，在校学生人数 54.79 万人；中等职业教育机构 22 所，在校学生人数 21 903 人；高等教育机构 7 所，在校学生人数 47 528 人。[1] 文化设施有 422 个公共图书馆（图书和杂志藏量约为 349 万册）、342 家俱乐部、6 家剧院和 11 家博物馆。

苦盏是索格特州首府，人口 18.36 万（截至 2020 年 1 月 1 日），是塔吉克斯坦第二大城市，塔吉克斯坦北部最大的经济、文化中心和交通枢纽。索格特州主要城市还有舒拉布、卡尼巴达姆、伊斯法拉、加富罗夫、伊斯塔拉夫尚、彭吉肯特等。

（三）哈特隆州

哈特隆州位于塔吉克斯坦西南部。哈特隆州由库利亚布州和库尔干秋别州于 1992 年 11 月合并建成。面积 2.46 万平方公里，人口 334.83 万（截至 2020 年 1 月 1 日），人口密度每平方公里 135.6 人。主要民族有塔吉克族、乌兹别克族、俄罗斯族、土库曼族、哈萨克族和鞑靼族等。哈特隆州下辖 4 个市、21 个区，州首府为博赫塔尔。

哈特隆州的矿产资源有石油、天然气、油页岩、盐和建筑材料。农业部门主要有植棉业、养蚕业、谷物种植业、蔬菜种植业、葡萄种植业、畜牧业等。工业部门主要有纺织业、粮食加工业、油脂加工业等轻工业。

2019—2020 学年，哈特隆州共有学前教育机构 152 所，在校学生人数 16 622 人；普通教育机构 1 345 所，在校学生人数 75.27 万人；中等职业教育机构 21 所，在校学生人数 26 247 人；高等教育机构 6 所，在校学生人数 43 944 人。[2]

---

[1] 资料来源于塔吉克斯坦共和国总统统计署官网。

[2] 资料来源于塔吉克斯坦共和国总统统计署官网。

博赫塔尔是哈特隆州首府，原名库尔干秋别，位于瓦赫什河谷地，人口 11.18 万人（截至 2020 年 1 月 1 日），是塔吉克斯坦的历史文化名城。有历史学家认为，博赫塔尔的历史可追溯到公元 7 世纪。1944—1992 年，库尔干秋别是库尔干秋别州的首府，1993 年起为哈特隆州首府，2018 年更名为博赫塔尔。这里有历史方志学博物馆，里面藏有珍贵的历史文物。

在博赫塔尔以东 12 公里处有一座阿吉纳捷帕佛教寺庙，寺庙建于公元 7—8 世纪。1966 年，在寺庙考古发现了一尊长达 12.5 米的卧佛，卧佛右胁而卧，神态安详，现收藏于塔吉克斯坦国家古史博物馆，2001 年 9 月 9 日正式对外展出。博赫塔尔郊区坐落着塔赫提·桑金古遗址，遗址考古过程中发现有刀剑、刀鞘等大量文物。博赫塔尔近郊还坐落着拉格曼古城遗址，考古发现有水管残片、城墙等。此外，博赫塔尔郊区还有齐鲁乔尔恰什马地下泉水，是塔吉克斯坦著名的疗养胜地。

（四）戈尔诺-巴达赫尚自治州

戈尔诺-巴达赫尚自治州位于塔吉克斯坦东部的帕米尔高原地区。面积 6.41 万平方公里，占塔吉克斯坦整个领土面积的 45%。人口 22.89 万（截至 2020 年 1 月 1 日），人口密度每平方公里 3.6 人。自治州下辖 1 个市（霍罗格市）、7 个区、43 个村社，州首府为霍罗格。

戈尔诺-巴达赫尚自治州矿产资源丰富，主要有水晶、滑石、锡、铅、钨、钼等。该州主要的经济部门是农业，以畜牧业为主。工业部门主要有食品加工业和建材业，现有 12 家企业。

2019—2020 学年，戈尔诺-巴达赫尚自治州共有学前教育机构 26 所，在校学生人数 2 079 人；普通教育机构 312 所，在校学生人数 3.81 万人；中等职业教育机构 1 所，在校学生人数 290 人；高等教育机构 2 所，在校学生人数 4 226 人。[1] 文化设施有 191 个公共图书馆（书籍藏量 130 万册）、183 个俱乐部、2 家电影院、1 家剧院和 1 家博物馆。

霍罗格是戈尔诺-巴达赫尚自治州的首府，坐落在自治州西南部，位于古恩特河和喷赤河交汇处，海拔 2 200 米，人口 3.05 万人（截至 2020 年 1 月 1 日）。霍罗格于 1932 年建市，城市建筑以帕米尔中亚民居和苏联时期建筑为主，具有典型的中亚特色。霍罗格植物园是世界海拔第二高的植物园。

（五）中央直属区

中央直属区位于塔吉克斯坦中部和西南部。面积 2.86 万平方公里，人口 216.59 万（截至 2020 年 1 月 1 日），人口密度每平方公里 76 人。中央直属区下辖 13 个区，它们是：瓦赫达特区、拉什特区、吉萨尔区、图尔松扎德区、吉尔加塔利区、努罗博德区、鲁达基区、法伊兹阿巴德区、罗贡区、瓦尔佐布区、塔维达林区、塔吉卡巴德区、沙赫里纳夫区。

该地区河流众多，农业较为发达。农业部门主要有植棉业、葡萄种植业、蔬菜种植业、畜牧业。工业部门主要有轧棉业、铝业、机械制造业、食品加工业等。该地区水力资源发达，建有塔吉克斯坦最大的水电站——努列克水电站。

2019—2020 学年，中央直属区共有学前教育机构 78 所，在校学生人数 9 320 人；普通教育机构 1 153 所，在校学生人数 49.01 万人；中等职业教育机构 16 所，在校学生人数 18 592 人；高等教育机构 1 所，在校学生人数 3 547 人。[2]

该区旅游资源比较丰富，瓦赫达特区有著名的罗米特国家级自然保护

---

[1] 资料来源于塔吉克斯坦共和国总统统计署官网。

[2] 资料来源于塔吉克斯坦共和国总统统计署官网。

区；拉什特区的卡马罗布峡谷、亚斯曼峡谷和哈伊特峡谷都是著名的旅游度假地。

三、自然资源

（一）水资源

塔吉克斯坦拥有丰富的水资源，水资源居世界第八位，人均拥有量居世界第一位。塔吉克斯坦境内河道纵横，其水源主要来自冰川融水。塔吉克斯坦境内共有冰川 9 550 处，最大的冰川是费德琴科冰川，长 77 公里。国内长度在 10 公里以上的河流有 947 条，总长 2.8 万公里，河网密度达 0.6 公里／平方公里。境内主要有三大水系，分别属阿姆河流域、泽拉夫尚河流域和锡尔河流域。主要的河流有阿姆河、喷赤河、泽拉夫尚河、瓦赫什河、锡尔河、瓦尔佐布河等。

塔吉克斯坦境内河流水量充沛，由高原奔腾而下，形成巨大的落差，为塔吉克斯坦提供了丰富的水力资源。总蕴藏量 5 270 亿千瓦／年，年发电能力近 6 000 亿千瓦时。[1] 依托丰富的水力资源，塔吉克斯坦政府把发展水能作为国民经济的优先发展方向。塔吉克斯坦的电力供应也主要依靠水电，98% 的电力来自水力发电。

塔吉克斯坦湖泊有 1 300 多个，湖水面积共计 1 005 平方公里，约占该国面积的 1%。[2] 湖泊主要位于帕米尔高原和塔吉克斯坦中部山区。主要湖泊有喀拉库利湖、萨列兹湖、亚希利库利湖、伊斯坎得尔库利湖、恰普达

---

[1] 中华人民共和国商务部. 中华人民共和国驻塔吉克斯坦共和国大使馆经济商务处. 塔吉克斯坦水电站分布现状和近期规划 [EB/OL]. (2005-08-27) [2020-09-11]. http://tj.mofcom.gov.cn/aarticle/ztdy/200508/20050800317611.html.

[2] 刘启芸. 塔吉克斯坦 [M]. 北京：社会科学文献出版社，2018：4.

拉湖等。

喀拉库利湖，也称喀拉湖，位于帕米尔高原，为高山湖泊，属于构造湖，是塔吉克斯坦最大的湖泊，面积 380 平方公里，最大深度 236 米。萨列兹湖、亚希利库利湖和伊斯坎得尔库利湖属于堰塞湖。萨列兹湖位于帕米尔高原，海拔 3 255 米，面积 79.7 平方公里，是塔吉克斯坦最深的湖泊之一，最大深度 505 米。亚希利库利湖位于帕米尔高原南部，海拔 3 734 米，面积 35.6 平方公里，最大深度 52 米。伊斯坎得尔库利湖位于吉萨尔山脉北坡，面积 3.4 平方公里，最大深度 72 米。恰普达拉湖位于吉萨尔山脉西坡，由 3 个大湖和若干个小湖组成，是塔吉克斯坦海拔最高的湖，海拔 4 529 米。

（二）矿产资源

塔吉克斯坦矿产资源丰富，已探明有煤、石油、天然气等能源资源，有金、银、铅、锌、锑、锡、钨等金属矿藏资源，还有萤石、地蜡、大理石、花岗石、磷灰石等多种非金属矿藏资源。从整体上看，塔吉克斯坦能源资源中煤炭资源较为丰富，油气资源相对匮乏，油气主要依赖进口；金属矿藏储量丰富，但开发利用程度不高；非金属矿藏资源种类繁多。

1．能源资源

塔吉克斯坦煤炭资源较为丰富，已发现有褐煤、岩煤、焦炭和无烟煤等，探明储量共计约 43 亿吨。主要的煤田有塔吉克斯坦北部的舒拉布煤田和泽拉夫尚谷地的丰-亚格诺布煤田，两个煤田年产量可达 80 万—85 万吨。舒拉布煤田位于突厥斯坦山脉北部山麓，是塔吉克斯坦最大的褐煤产地；丰-亚格诺布煤田位于艾尼市以南 40 公里处，是塔吉克斯坦最大的煤田。此外，位于拉什特区、距离杜尚别 280 公里处的纳扎尔-艾洛克斯科耶煤田和位于泽拉夫尚山脉北坡的克什图特–扎乌兰斯科耶煤田都是具有开采价值的煤田。

塔吉克斯坦有储量为 1.131 亿吨的石油和 8 630 亿立方米的天然气，全国 80.8% 的石油和天然气集中在东南部地区，其余近 20% 位于北部地区。塔吉克斯坦的油气储量与其他中亚国家相比比较匮乏，主要依赖进口。

2．金属矿藏资源

塔吉克斯坦金属矿藏资源丰富，种类繁多，目前已发现 70 多种矿产，查明 400 多个矿床。主要的金属矿藏有金、银、铅、锌、锑、锡、钨、铝、汞、铋等。

塔吉克斯坦的黄金储量丰富，拥有大量的原生金与砂金储备，总储量估计有 675 吨。主要的黄金矿床集中在北部的卡拉马扎尔、中部的泽拉夫尚谷地和帕米尔南部。目前，塔吉克斯坦的黄金开采大量集中在泽拉夫尚谷地，这里发现了 118 个黄金矿床。较大的矿床是塔罗拉矿床和吉拉乌矿床。塔罗拉矿床位于距离彭吉肯特 44 公里处，矿床中除了金还发现有银、铜、铋等金属。吉拉乌矿床距离塔罗拉矿床 10 公里，该地区周围还发现了几十处金矿，目前处于勘探预开发阶段。此外，位于塔吉克斯坦北部卡拉马扎尔矿区内的阿普列夫卡、布尔贡达和伊基热隆矿床；位于塔吉克斯坦中部的乔列和东杜奥巴矿床都是黄金储量较大且具有工业开发前景的矿床。

塔吉克斯坦的银储量十分丰富，突出特点是几乎所有的多金属矿石中都含有银，已探明的储量近 10 万吨，居中亚国家首位。位于塔吉克斯坦北部索格特州的大卡尼曼苏尔银矿区是世界上第二大银矿区，银的预测储量在 5 万吨以上。

塔吉克斯坦铅、锌储量丰富，在中亚地区占据主导地位。塔吉克斯坦约 90% 的铅、锌矿藏集中在卡拉马扎尔矿区，在大卡尼曼苏尔矿区中除铅、锌外，还伴生有银、铋、镉等许多其他矿产。

塔吉克斯坦拥有丰富的锑矿，已探明的锑矿储量约 30 万吨，居独联体国家首位，居亚洲第三位，仅次于中国和泰国。锑矿主要集中在塔吉克斯坦中部的泽拉夫尚-吉萨尔锑矿带，以此为基础开发的吉日克鲁特矿床和孔乔奇矿床是塔吉克斯坦目前最主要的锑矿床。

塔吉克斯坦锡矿初步探明储量共 2 万吨，矿藏主要分布在泽拉夫尚谷地和帕米尔南部。最大的锡矿床是位于彭吉肯特以东 40 公里、泽拉夫尚山脉北麓的姆什基斯通矿床，目前该矿床正处于勘探预开发阶段。

塔吉克斯坦钨矿主要分布在北部、中部和东南部。最大的钨矿是位于吉萨尔山脉南坡、杜尚别以北 80 公里处的迈胡林矿床，该矿床已查明有 19 个工业矿体，主要矿石为白钨矿。

3．非金属矿藏资源

塔吉克斯坦境内的非金属矿藏资源主要有萤石、地蜡、大理石、花岗石、磷灰石、石棉以及建筑石材、水泥原料、石膏、普通石灰材料、砂石材料、砖材料等建筑材料。

（三）动植物资源

塔吉克斯坦动植物种类较为丰富，据统计，塔吉克斯坦现有 81 种哺乳动物、365 种鸟类、49 种爬行动物、近 52 种鱼类、1 万多种昆虫和上万种的无脊椎动物。塔吉克斯坦的珍稀物种有悬羊、布哈拉鹿、角山羊、豪猪、雪豹、鹅喉羚等。塔吉克斯坦植物资源种类丰富，共有 5 000 多种。

近年来，塔吉克斯坦政府不断加强动植物资源的管理与保护。国家现有老虎沟自然保护区、罗米特自然保护区、达什提朱姆自然保护区、佐尔古利自然保护区等 13 个国家级自然保护区。2019 年,塔吉克斯坦公布了《塔吉克斯坦濒危动物红皮书》(1988 年第一版,2019 年第二版)。新版红皮书共收录了 222 种动物,其中有 43 种鸟类、44 种哺乳动物、31 种爬行动物、14 种鱼类、81 种昆虫和 9 种软体动物。

四、气候

塔吉克斯坦位于欧亚大陆腹地,属典型的大陆性气候,气候具有强大陆性和干燥的特点。塔吉克斯坦境内多山地,地形变化剧烈,气温和降水随着海拔高度变化,因此,塔吉克斯坦气候条件多种多样,不同地区气候特点有所差异。

西南部谷地和山麓地区 1 月平均气温为 –2℃—2℃,北部地区为 –20℃,帕米尔高原最低温度可达到 –63℃。西南部谷地和山麓地区 7 月平均气温为 30℃,中部山区平均气温 10℃,帕米尔高原则为 0℃或以下。

塔吉克斯坦春、冬两季雨雪较多,夏、秋两季干燥少雨,年均降水量为 150—250 毫米。谷地和平原地区年降水量较少,为 150—200 毫米。西南部低山地区和一些地势较高的谷地年降水量较多,为 350—700 毫米。中部山区和帕米尔高原西部地区为温带气候,夏季温和,冬季寒冷。海拔在 3 000 米以上的帕米尔高原地区冬季漫长,长达 8 个月,年降水量仅为 60—80 毫米。塔吉克斯坦年均日照时间为 2 500—3 000 小时,山区较少。

五、人口与民族

截至 2020 年 1 月 1 日,塔吉克斯坦人口总数为 931.38 万,其中男性人口 472.41 万，占总人口的 50.72%，女性人口达 458.97 万，占总人口 49.28%，人口密度每平方公里 65.9 人。塔吉克斯坦的人口分布不均衡，全国人口密度最高的是杜尚别，人口密度为每平方公里 8 634 人。全国人口密度最低的地区是戈尔诺-巴达赫尚自治州，人口密度为每平方公里 3.6 人。

塔吉克斯坦是传统的农业大国，城市化水平较低。1913 年，农村人口占总人口 91%，城市人口占总人口 9%。随着工业化的发展，城市人口所占比重不断上升。1959 年，农村人口占总人口 67.6%，城市人口占总人口 32.4%。截至 2020 年 1 月 1 日，塔吉克斯坦人口总数为 931.38 万，其中城市人口 243.89 万，占总人口 26.19%，农村人口 687.49 万，占总人口 73.81%（见表 1.1）。

表 1.1 2016—2020 年塔吉克斯坦人口情况（单位：万人）[1]

年份	2016	2017	2018	2019	2020
城市人口数	226.03	231.15	235.42	239.68	243.89
农村人口数	629.09	643.13	657.70	672.98	687.49
总人口数	855.12	874.28	893.12	912.66	931.38

塔吉克斯坦的年龄结构较轻。根据 2020 年 1 月 1 日人口普查数据，劳动年龄以下的人口 319.10 万，占总人口数的 34.26%，劳动人口 556.74 万，占总人口数的 59.78%，劳动年龄以上的人口 55.54 万人，占总人口数的 5.96%。

---

[1] 资料来源于塔吉克斯坦共和国总统统计署官网。

第二节 国家制度

一、国家象征

《塔吉克斯坦共和国宪法》第1章第6条规定："塔吉克斯坦共和国的国家象征是国旗、国徽和国歌。"[1]

塔吉克斯坦国旗呈横长方形，长与宽之比为2：1。自上而下由红、白、绿三个平行的条纹组成。红色象征国家的胜利，白色代表宗教信仰，绿色象征繁荣和希望。国旗白色条纹的中间有一顶王冠，王冠上方均匀分布着七颗五角星，王冠和五角星图案象征国家的独立和主权。

塔吉克斯坦国徽呈圆形。中间是旭日初升于帕米尔高原的形象，太阳上方为五垛王冠和七颗五角星，下方为放在托架上展开的一本书。外围左侧是棉花图案，右侧为麦穗图案，棉花和麦穗与红、白、绿三色绶带交织在一起。国徽在配色上基本与国旗是一致的，基本色调为红色、白色、绿色和金色。

塔吉克斯坦国歌为《塔吉克斯坦共和国国歌》。由古尔纳扎·凯尔迪作词，苏莱蒙·尤达科夫作曲。1994年9月7日，塔吉克斯坦共和国最高委员会第十九届会议上通过了《塔吉克斯坦共和国国歌》。

二、政体

1991年9月9日，塔吉克斯坦最高苏维埃发表了《塔吉克斯坦共和国

---

[1] 资料来源于塔吉克斯坦共和外交部官网。

独立声明》，塔吉克斯坦共和国成为独立的主权国家。

1994 年 11 月 6 日，塔吉克斯坦以全民公决的方式正式通过《塔吉克斯坦共和国宪法》，这是塔吉克斯坦独立后的第一部宪法。宪法由 10 章 100 条组成，10 章包括宪法制度基础，人和公民的权利、自由和基本义务，最高议会，总统，政府，国家权利和自治地方机构，戈尔诺-巴达赫尚自治州，法院，检察院，宪法修改程序。塔吉克斯坦分别于 1999 年 9 月 26 日、2003 年 6 月 22 日和 2016 年 5 月 22 日对《塔吉克斯坦共和国宪法》进行了三次修订。

现行《塔吉克斯坦共和国宪法》第 1 章第 1 条规定："塔吉克斯坦共和国是主权的、民主的、法制的、非宗教的单一制国家。塔吉克斯坦共和国实行总统制。塔吉克斯坦是社会性国家，国家创造条件保障每个人的应有生活和自由发展。"[1] 第 1 章第 9 条规定："塔吉克斯坦实行立法、行政和司法三权分立。"[2]

三、总统

《塔吉克斯坦共和国宪法》第 4 章第 64 条规定："塔吉克斯坦共和国总统是国家元首和执行权力机关（政府）首脑。总统是宪法和法律、公民权利和自由、民族独立、国家统一和领土完整、国家的继续发展和长治久安、国家机构协调一致运作和配合、遵守塔吉克斯坦国际条约的保证人。"[3]

"塔吉克斯坦共和国总统由公民在普遍、平等和直接选举的基础上以无记名投票的形式产生，总统每届任期 7 年。凡年满 30 周岁、拥有高等教

---

[1] 资料来源于塔吉克斯坦共和国外交部官网。

[2] 资料来源于塔吉克斯坦共和国外交部官网。

[3] 资料来源于塔吉克斯坦共和国外交部官网。

育学历、通晓国语、在塔吉克斯坦共和国境内近期居住不少于 10 年的塔吉克斯坦共和国公民均可被提名为总统候选人。凡征集到不少于 5% 的选民签字同意的候选人均可登记作为总统候选人。同一人连续担任总统不得超过两届。总统任期次数的限制不适用于'和平与国家统一的缔造者、民族领袖'。"[1]

塔吉克斯坦共和国现任总统是埃莫马利·拉赫蒙[2]。1992 年 11 月，当选为塔吉克斯坦共和国最高苏维埃主席。1994 年 11 月 6 日，当选为塔吉克斯坦共和国总统。1999 年 11 月 6 日，获得连任。2006 年 11 月 6 日，再次获得连任。2013 年 11 月 16 日，第四次就任总统职位。2020 年 10 月 11 日，埃莫马利·拉赫蒙获得 90.92% 的选票，再次当选总统，本届任期至 2027 年。1999 年 12 月，塔吉克斯坦议会授予其"国家英雄"称号。2015 年 12 月，塔吉克斯坦议会授予其"和平与国家统一的缔造者、民族领袖"称号。

四、议会

议会是塔吉克斯坦最高代表机关和立法机构，塔吉克语为"马吉利西·奥利"（Маджлиси Оли），意为最高议会；议会实行上、下两院职业议会制，议会上院称"马吉利西·米利"（Маджлиси Милли），意为民族院；议会下院称"马吉利西·纳莫扬达贡"（Маджлиси Намояндагон），意为代表会议。[3]

《塔吉克斯坦共和国宪法》规定："3/4 的上院议员由戈尔诺-巴达赫尚自

---

[1] 资料来源于塔吉克斯坦共和国外交部官网。

[2] 埃莫马利·拉赫蒙，原名埃莫马利·沙里波维奇·拉赫莫诺夫，2007 年 3 月改姓"拉赫蒙"。本书在 2007 年 3 月以前的事件描述中使用"拉赫莫诺夫"，在 2007 年 3 月以后的事件描述中使用"拉赫蒙"。

[3] 中华人民共和国驻塔吉克斯坦共和国大使馆. 塔吉克斯坦国家概况 [EB/OL]. （2019-01-17）[2020-10-29]. http://tj.chineseembassy.org/chn/tjkstgk/t1347562.htm.

治州及其下辖的市、区，索格特州和哈特隆州及其下辖的市、区，杜尚别市及其下辖的各区，中央直属市、区人民代表联席会议以不记名投票的形式选举产生。戈尔诺-巴达赫尚自治州、索格特州、哈特隆州、杜尚别市和中央直属区在议会上院拥有数量相同的席位。1/4 的上院议员由塔吉克斯坦共和国总统任命。议会上院工作采取召集制。凡年满 30 岁，拥有高等教育学历的塔吉克斯坦共和国公民均可当选为上院议员。"[1]

"下院议员在普遍、平等和直接选举的基础上以无记名投票的形式产生。凡年满 30 岁，拥有高等教育学历的塔吉克斯坦共和国公民均可当选为下院议员。任期 5 年。"[2]

议会上院的主要职权是：设置、撤销和变更国家行政单位，根据总统提议选举和免除宪法法院、最高法院、最高经济法院院长、副院长和审判员，决定剥夺宪法法院、最高法院、最高经济法院院长、副院长和审判员的豁免权，批准任命和免除总检察长和副总检察长，履行宪法和法律规定的其他职权。[3]

议会下院的主要职权是：组建塔吉克斯坦共和国中央选举和全民公决委员会，根据总统提议选举和免除委员会主席、副主席和委员，就法律草案和其他重要的国家和社会问题提请全民讨论，批准社会经济发展规划，批准发放和获取国家贷款，批准和废止国际条约，确定全民公决，组建法院，批准国家象征，批准国家奖，批准关于任命和免除国家银行行长和副行长的总统令，规定军衔、外交人员的衔级及其他专门的衔级和称号，确定总统工资；履行宪法和法律规定的其他职权。[4]

议会上院和议会下院的会议分别召开，出席会议的人数不少于总数 2/3 则会议有效。议会上院和议会下院联席会议主要行政以下职能：批准总统任

---

[1] 资料来源于塔吉克斯坦共和国外交部官网。

[2] 资料来源于塔吉克斯坦共和国外交部官网。

[3] 资料来源于塔吉克斯坦共和国外交部官网。

[4] 资料来源于塔吉克斯坦共和国外交部官网。

命和撤销总理及其他政府成员的命令，批准总统关于进入军事和紧急状态的命令，批准在境外使用塔吉克斯坦共和国武装力量来履行塔吉克斯坦国际义务，确定总统选举，接受总统辞呈，向总统颁授国家奖和最高军衔等。[1]

五、政府

塔吉克斯坦政府是国家权力的执行机关，负责保障国家经济、社会和精神等领域的有效运转，负责履行国家法律及议会上院和议会下院的联合决议、议会上院的决议、议会下院的决议、塔吉克斯坦共和国总统令和指示。政府由总理、副总理、各部部长和国家委员会主席组成。政府总理由总统任命，提请议会审议批准。总理组建政府机构，政府各机构负责人由总统任命。政府还下设若干直属机构，归总理直接领导。

2013 年 11 月 19 日，塔吉克斯坦总统埃莫马利·拉赫蒙签署第 12 号《塔吉克斯坦共和国关于完善国家权力执行机构体系的总统令》，根据总统令，国家权力执行机构进行调整和设置，从而完善制度机制，提高行政效能，保障国家战略规划有效实施和社会经济的可持续发展。这次国家权力执行机构体系改革，重点围绕转变部和政府直属机构的职能和理顺其职责关系，具体表现在改组能源与工业部、教育部、劳动和居民社会保障部、卫生部，组建塔吉克斯坦共和国政府林业局、塔吉克斯坦共和国政府土壤改良和灌溉局。

---

[1] 资料来源于塔吉克斯坦共和国外交部官网。

（一）部

（1）改组能源与工业部，实行能源和工业分开，整合能源和水资源管理。塔吉克斯坦共和国能源与工业部改组为塔吉克斯坦共和国能源与水资源部，组建塔吉克斯坦共和国工业与新技术部。将工业领域相关职责从塔吉克斯坦共和国能源与工业部划入塔吉克斯坦共和国工业与新技术部，不再保留塔吉克斯坦共和国土壤改良和水资源部，将水资源相关职责从塔吉克斯坦共和国土壤改良和水资源部划入塔吉克斯坦共和国能源与工业部。

（2）改组教育部。塔吉克斯坦共和国教育部改组为塔吉克斯坦共和国教育与科学部，将研究拟订和执行科学政策的职责从塔吉克斯坦共和国科学院划入塔吉克斯坦共和国教育与科学部。

（3）改组劳动和居民社会保障部。塔吉克斯坦共和国劳动和居民社会保障部改组为塔吉克斯坦共和国劳动、移民和就业部，塔吉克斯坦共和国政府移民局由劳动、移民和就业部负责管理。将劳动和社会保障部原来下属的国家社会保险和退休局改组为政府直属机构，更名为塔吉克斯坦共和国政府国家社会保险和退休局。

（4）改组卫生部。塔吉克斯坦共和国卫生部改组为塔吉克斯坦共和国卫生和居民社会保障部。将居民社会保障职责从塔吉克斯坦共和国劳动和居民社会保障部划入塔吉克斯坦共和国卫生和居民社会保障部。

（二）政府直属机构

（1）组建塔吉克斯坦共和国政府林业局。林业局负责林业生态规划建设、森林资源保护和野生动植物保护等领域的监督管理。

（2）组建塔吉克斯坦共和国政府土壤改良和灌溉局。土壤改良和灌溉局职能是在土壤改良和灌溉领域制定统一的国家政策和法律法规。不再保留塔

吉克斯坦共和国土壤改良和水资源部，将土壤改良相关职责从塔吉克斯坦共
和国土壤改良和水资源部划入塔吉克斯坦共和国政府土壤改良和灌溉局。

（3）塔吉克斯坦共和国劳动和居民社会保障部社会保险和退休局改组为
塔吉克斯坦共和国政府社会保险和退休局。

（4）塔吉克斯坦共和国政府建设建筑署改组为塔吉克斯坦共和国政府建
设建筑委员会。

（5）塔吉克斯坦共和国国家土地规划和测量委员会更名为塔吉克斯坦共
和国国家土地管理和测量委员会。

（6）塔吉克斯坦共和国政府宗教事务委员会更名为塔吉克斯坦共和国政
府宗教事务、国家传统、仪式与礼仪调整委员会。

经过调整和设置，塔吉克斯坦共和国现政府组成机构包括 14 个部、
3 个国家委员会和 23 个政府直属机构。2020 年 10 月 30 日，塔吉克斯坦总
统埃莫马利·拉赫蒙宣誓就职后，组建了新政府，任命了新一届政府成员。

政府颁布根据塔吉克斯坦宪法和法律必须执行的决议和指示。政府应
向新当选的总统卸任。如果政府认为自己无法正常运作时，则可以向总统
提出辞职。每个政府成员都有辞职的权利。政府的组织、活动和职权范围
由塔吉克斯坦共和国宪法及法律决定。政府将国家社会经济发展规划、发
放和获取国家贷款、向其他国家提供经济援助、国家预算方案以及国家预
算赤字可能金额和抵补赤字的来源等提交给议会下院审议。

六、司法机关

塔吉克斯坦共和国司法独立。司法体系由宪法法律确定。《塔吉克斯坦
共和国宪法》规定："司法机关负责维护人和公民的权利和自由，维护国家、
团体和机关的利益、法制和公正。司法权由宪法法院，最高法院，最高经

济法院，军事法院，戈尔诺-巴达赫尚自治州、各州、杜尚别市、各市和区
法院，戈尔诺-巴达赫尚自治州、各州、杜尚别市经济法院负责行使。法院
的设立、组织和运作程序由《塔吉克斯坦共和国宪法》决定。法官任期 10
年。禁止设立特别法院。"[1] 最高法院是国家最高司法机关。

"最高法院、最高经济法院和戈尔诺-巴达赫尚自治州、各州、杜尚别
市法院法官的任职资格是年满 30 周岁、拥有法律高等教育学历、从事法律
工作不少于 5 年的塔吉克斯坦共和国公民。各市、区法院，军事法院，戈尔
诺-巴达赫尚自治州、各州、杜尚别市经济法院法官的任职资格是年满 25 周
岁、拥有法律高等教育学历、从事法律工作不少于 3 年的塔吉克斯坦共和国
公民。首次担任上述法院法官的人需要在公开场合进行宣誓。"[2]

"宪法法院由 7 名法官组成，其中 1 名为戈尔诺-巴达赫尚自治州的代
表。宪法法院法官的任职资格是年满 30 周岁、拥有法律高等教育学历、从
事法律工作不少于 7 年的塔吉克斯坦共和国公民。首次担任宪法法院法官的
人需要在议会上院会议上进行宣誓。"[3]

塔吉克斯坦检察院是司法监督机关。总检察院为国家最高检察机关。
司法监督由总检察长及其下属检察长进行。总检察长及其下属的检察长在
其职权范围内，监督在塔吉克斯坦领土上法律的准确和统一执行。总检察
长任期 5 年。总检察长任命和免除其下属的检察长。检察长任期 5 年。检察
院的设立、组织和运作程序由《塔吉克斯坦共和国宪法》决定。

---

[1] 资料来源于塔吉克斯坦共和国外交部官网。

[2] 资料来源于塔吉克斯坦共和国外交部官网。

[3] 资料来源于塔吉克斯坦共和国外交部官网。

第三节 社会生活

一、农业

农业是塔吉克斯坦[1]的重要经济部门之一，农业部门以种植业和畜牧业为主。主要的粮食作物有小麦、黑麦、大麦、玉米、水稻等，主要经济作物是棉花。塔吉克斯坦的植棉业具有悠久的历史和雄厚的基础，在农业部门中占据主导地位。棉花是塔吉克斯坦最主要的出口商品之一。塔吉克斯坦的棉花种植主要集中在国家西南部的哈特隆州，该州的棉花种植已有近三千年的历史，是世界著名的优质细纤维棉花产地。哈特隆州地处瓦赫什河平原，地势平坦开阔，土地肥沃，日照充足，全年无霜期长达 11 个月，十分适合种植棉花。此外，塔吉克斯坦还种植马铃薯等各类蔬菜以及葡萄、苹果、杏、樱桃、梨、西瓜等各类水果。畜牧业以养牛业和养羊业为主，主要提供肉、奶、皮等畜产品。

从各经济部门就业人员的比重来看，塔吉克斯坦农业生产经营人员在国民经济各部门中所占比重最大，该指标整体一直保持 60% 以上的水平。也就是说，塔吉克斯坦有近 2/3 的劳动力从事着农业生产经营。近年来，随着塔吉克斯坦经济社会的发展和经济结构性改革工作的推进，从事农业生产经营的人数呈现逐年下降的趋势。如图 1.1 所示，2015—2017 年，塔吉克斯坦农业部门从业人员占总就业人数的比重从 64.9% 降至 60.9%。

---

[1] 为方便叙述，在涉及时间概念时，本书在叙述塔吉克斯坦 1918 年之前的史实时使用"塔吉克地区"；在叙述 1918 年至 1991 年 8 月之间的史实时使用"塔吉克"；在叙述 1991 年 8 月之后的史实时使用"塔吉克斯坦"。

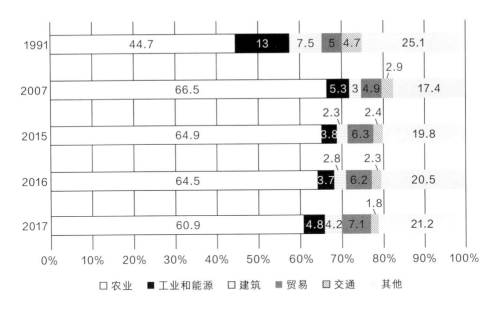

图 1.1 1991—2017 年塔吉克斯坦各经济部门从业人员占比 [1]

目前，塔吉克斯坦的经济正在进行结构性改革，即由传统农业向现代农业转变、由农业向工业和服务业转变。《塔吉克斯坦共和国至 2030 年前国家发展战略》指出："摆脱农业就业的主导地位是提高就业和劳动生产率工作的重要方向之一，并且该工作应与实体经济结构性改革相协调。2030 年前，服务业从业人员的比例将从 27.6% 增至 60%，工业从业人员比例将从 3.3% 增至 15%—20%。"[2]

二、工业

工业是塔吉克斯坦的重要经济部门之一，塔吉克斯坦重点和特色的工

---

[1] 资料来源于塔吉克斯坦共和国总统统计署官网。

[2] 资料来源于塔吉克斯坦共和国教育与科学部官网。

业部门有冶金工业、电力工业、食品加工业、机械制造业等。

冶金工业在塔吉克斯坦的现代工业结构中占主导地位，国内有铝、铅、锌、金、汞、锑和萤石加工厂。铝业是塔吉克斯坦国民经济的支柱行业。塔吉克铝业公司是塔吉克斯坦最大的工业企业，是独联体第三大铝业公司，也是中亚地区唯一的铝业公司。塔吉克铝业公司始建于 1965 年，位于图尔松扎德市，年生产能力为 51.7 万吨，可为塔吉克斯坦的预算提供多达 75% 的外汇收入，约占该国出口总额的三分之一。

塔吉克斯坦拥有丰富的水力资源。近年来，塔吉克斯坦政府把水力发电作为优先发展的工业门类。目前，在国家北部的泽拉夫尚河、中部的卡法尔尼冈河和瓦赫什河、南部的喷赤河等河流上共有大、中、小型水电站 26 座。2010 年，发电量约为 200 亿千瓦时。塔吉克斯坦的水电领域开发还有很大的潜力。主要的大型水电站有努列克水电站、拜帕津水电站、果洛夫水电站、凯拉库姆水电站、别列帕德水电站、霍罗格水电站、中央水电站、瓦尔佐布 1 号水电站、瓦尔佐布 2 号水电站、瓦尔佐布 3 号水电站等。其中位于瓦赫什河中游的努列克水电站是塔吉克斯坦最大的水电站，是发电、灌溉和航运等综合的水利枢纽工程。目前，塔吉克斯坦还有一些在建的水电站。2018 年，罗贡水电站首台临时机组投产运行。2019 年，罗贡水电站第二台机组建成投产。

食品加工业主要有制糖工业、肉类加工以及蔬菜、水果和坚果等食品的加工。近年来，塔吉克斯坦的食品加工业得到了较快发展，各类型食品加工企业的数量逐渐增多，包括盐业生产企业、糖类生产企业、葡萄酒生产企业等。

三、金融与贸易

近年来，塔吉克斯坦经济保持平稳的发展态势，国内生产总值、就业人数、月平均工资等各项经济指标均有所回升。据塔吉克斯坦共和国总统统计署的数据显示，2019 年塔吉克斯坦国内生产总值为 791.098 亿索莫尼，比 2018 年增长了 11.33%；农业在国内生产总值中占比 20.9%；工业在国内生产总值中占比 21.2%；服务业和贸易在国内生产总值中占比 48.2%；人均国内生产总值为 8 580.1 索莫尼，比 2018 年增长 9.02%；失业率为 2.1%；月平均工资 1 335.52 索莫尼，比 2018 年增长了 7.92%（见表 1.2）。

表 1.2　2018 年和 2019 年塔吉克斯坦主要经济指标 [1]

年份	2018	2019
国内生产总值（亿索莫尼）	710.592	791.098
农业在国内生产总值中占比（%）	19.8	20.9
工业在国内生产总值中占比（%）	21.2	21.2
服务业和贸易在国内生产总值中占比（%）	49.2	48.2
人均国内生产总值（索莫尼）	7 870.2	8 580.1
失业率（%）	2.0	2.1
月平均工资（索莫尼）	1 237.47	1 335.52

2019 年，塔吉克斯坦就业人数 246.34 万人，比 2018 年增长了 1.56%；国家预算收入 234.694 亿索莫尼，比 2018 年下降了 1.91%；2019 年税收收入 157.754 亿索莫尼，比 2018 年增长了 8.31%；2019 年对外贸易额 45.237 亿美

---

[1] 资料来源于塔吉克斯坦共和国总统统计署官网。

元，比 2018 年增长了 7.09%。[1] 目前，塔吉克斯坦在对外贸易中表现为贸易逆差，贸易逆差较大，进口额约为出口额的 2 倍。2019 年，塔吉克斯坦的贸易逆差为 21.749 亿美元。

2013 年 3 月 2 日，塔吉克斯坦正式加入世界贸易组织。塔吉克斯坦主要的贸易伙伴有俄罗斯、哈萨克斯坦、中国、瑞士、土耳其、阿富汗、乌兹别克斯坦等。塔吉克斯坦主要出口目的地国为瑞士、土耳其、哈萨克斯坦、阿富汗、乌兹别克斯坦，主要出口商品为粗铝、皮棉、干果和贵金属。[2] 进口商品主要来自俄罗斯、哈萨克斯坦和中国等。从俄罗斯进口的主要是燃滑油料、食品、建材、金属、木材和设备。[3]

为了积极参与国际经济合作、吸引外资并向外国投资者提供良好的投资环境及其他便利条件，2004 年 5 月 17 日，塔吉克斯坦颁布了《塔吉克斯坦共和国自由经济区法》，2005 年 12 月 5 日，塔吉克斯坦颁布了《塔吉克斯坦共和国自由经济区条例》。自由经济区旨在有效地促进塔吉克斯坦参与世界经济合作；引进外国资金、先进的技术和管理经验；建立现代化工业和社会基础设施；为塔吉克斯坦人民提供更多的就业机会，提高人民生活水平。截至 2020 年，塔吉克斯坦共建有 5 个自由经济区，它们是：索格特自由经济区、喷赤自由经济区、丹加拉自由经济区、伊什科希姆自由经济区和库利亚布自由经济区。

目前，塔吉克斯坦吸引外资的重点在水电站建设和改造、通信网改造、公路和隧道建设、矿产资源开采和加工等领域。从目前塔吉克斯坦吸引外资的总额来看，中国是塔吉克斯坦最大的投资来源国，之后依次是俄罗斯和瑞士。

---

[1] 资料来源于塔吉克斯坦共和国总统统计署官网。

[2] 中华人民共和国商务部. 中华人民共和国驻塔吉克斯坦共和国大使馆经济商务处. 2020 年塔外贸额小幅增长 [EB/OL]. (2021-02-02) [2021-02-03]. http://tj.mofcom.gov.cn/article/jmxw/202102/20210203036346.shtml.

[3] 中华人民共和国商务部. 中华人民共和国驻塔吉克斯坦共和国大使馆经济商务处. 2020 年塔外贸额小幅增长 [EB/OL]. (2021-02-02) [2021-02-03]. http://tj.mofcom.gov.cn/article/jmxw/202102/20210203036346.shtml.

四、医疗卫生

近年来，塔吉克斯坦政府重视医疗卫生事业的发展，各类医疗机构、医务工作者、医学专业学生的数量等指标都呈现逐年上升的趋势，但是塔吉克斯坦现有的医疗资源仍然难以满足人民的需要，医疗领域问题比较突出。

2014—2018 年，全塔各类医疗机构数量呈现缓慢上升的趋势。2014 年，塔吉克斯坦全国各类医疗机构共计 3 689 家，病床数量为 38 714 张，平均每万名居民中有病床 46.4 张；2018 年，塔吉克斯坦全国各类医疗机构共计 3 795 家，病床数量为 40 409 张，平均每万名居民中有病床 44.3 张。[1]

2014—2018 年，全塔医务工作者数量呈现缓慢上升的趋势。2014 年，全塔医务工作者数量为 9.4 万人；2018 年，全塔医务工作者数量达 11.61 万人。[2] 医务工作者的月平均工资逐年提高，2014 年，月平均工资为 675.21 索莫尼，2018 年，月平均工资为 831.13 索莫尼。[3] 然而，近年来塔吉克斯坦医务工作者的工资仍然要低于当年全塔的平均工资。

目前，塔吉克斯坦共 2 所专门培养医疗卫生人才的高等教育机构——塔吉克阿布阿里·伊本·西纳国立医科大学和哈特隆国立医科大学。此外，塔吉克斯坦民族大学也设有医药学系培养医疗卫生人才。2016 年之前，塔吉克斯坦医学人才的培养主要依靠塔吉克阿布阿里·伊本·西纳国立医科大学和塔吉克斯坦民族大学医药学系。2015—2016 学年，全塔高等教育机构中医学专业在校学生人数 9 905 人，招生人数 1 555 人，毕业人数 1 301 人。[4]2016 年，哈特隆国立医科大学成立，这为塔吉克斯坦医疗卫生人才的培养注入了力量，全塔高等教育机构中医学专业的学生人数也呈现出上

---

[1] 资料来源于塔吉克斯坦共和国总统统计署官网。
[2] 资料来源于塔吉克斯坦共和国总统统计署官网。
[3] 资料来源于塔吉克斯坦共和国总统统计署官网。
[4] 资料来源于塔吉克斯坦共和国总统统计署官网。

升的趋势。2018—2019 学年，全塔高等教育机构中医学专业在校学生人数
12 526 人，招生人数 2 136 人，毕业人数 2 026 人。[1]

近年来，塔吉克斯坦中等医学职业教育机构、学生人数也呈现逐年上
升的趋势。2018—2019 学年，全塔中等医学职业教育机构 25 所，其中戈尔
诺-巴达赫尚自治州 1 所、哈特隆州 9 所、索格特州 7 所、杜尚别 2 所、中
央直属区 6 所；在校学生人数 44 887 人，招生人数 15 054 人，毕业人数
10 885 人。[2] 每年，约 500 多名医学专业的学生通过"总统国际奖学金"赴
国外进修。

目前，塔吉克斯坦医疗卫生事业的财政支持主要来自国家预算以及国
际组织和机构的援助。2014—2018 年，国家预算对医疗卫生领域的投入呈
现逐年上升的趋势。2018 年，国家预算对医疗卫生领域的投入为 15.381 亿
索莫尼，比上年增长 11%，比 2014 年增长 57.8%。2014—2018 年，塔吉克
斯坦医疗卫生领域的投入占国家预算的比重呈现先降后升的趋势。2018 年，
医疗卫生领域的投入占国家预算的 6.4%，比上年上升了 0.2%，比 2014 年下
降了 1%。2014—2018 年，塔吉克斯坦医疗卫生领域的投入占国内生产总值
的比重趋于稳定，整体保持在 2.1%—2.3% 之间。由此可以看出，塔吉克斯
坦国家预算对医疗卫生事业的投入并不高，在国家预算和国内生产总值的
比重也相对较小，医疗卫生领域很大程度上依赖世界卫生组织、联合国儿
童基金会等国际组织和机构的援助。

近年来，随着塔吉克斯坦医疗卫生条件的改善、医学技术的进步和居
民生活水平的逐渐提高，人们的平均寿命在不断延长。2018 年，塔吉克斯
坦人均寿命 75 岁，比 2000 年提高了 6.8 岁。男性平均寿命 73.3 岁，女性平
均寿命 76.9 岁。

近年来，塔吉克斯坦政府十分重视医疗卫生事业的发展，陆续制定和

---

[1] 资料来源于塔吉克斯坦共和国总统统计署官网。

[2] 资料来源于塔吉克斯坦共和国总统统计署官网。

颁布了医疗卫生领域的法律法规和发展战略及发展规划。2008 年，塔吉克斯坦颁布了《塔吉克斯坦共和国医疗保险法》，文件对医疗保险的宗旨、原则、实施对象、实施机构等进行了规定。2017 年 5 月，塔吉克斯坦颁布了《塔吉克斯坦共和国医疗卫生法典》，文件涵盖了塔吉克斯坦的医疗法律制度、国家在医疗卫生领域的调控和管理、医疗卫生体系、医疗卫生财政制度等多项内容。此外，2010 年颁布的《塔吉克斯坦共和国 2011—2020 年构建健康生活方式国家规划》、2016 年颁布的《塔吉克斯坦共和国免疫预防国家规划》等都为规范和指导国家医疗卫生领域的发展提供了重要的政策依据。目前，塔吉克斯坦共有 12 项正在实施的国家医疗卫生规划。

从整体上看，近年来，塔吉克斯坦注重医疗卫生立法，医疗卫生基础设施不断完善，医学教学稳步发展，医疗卫生整体情况较独立初期有了很大的改善，但同时医疗卫生事业依然面临着各类医疗机构和医疗工作者短缺、医疗设备陈旧老化、医疗物资短缺、国家对医疗卫生投入较少等诸多挑战，医疗卫生改革任重而道远。

五、科学技术

中世纪时期塔吉克地区在科学技术领域取得了巨大的成就。公元 874 年，塔吉克人建立了自己的中央集权国家——萨曼王朝（874—999），塔吉克斯坦的民族文化、风俗习惯基本形成于这一历史时期。

苏联时期，塔吉克的科学技术得到了跨越式发展。现在塔吉克斯坦的科研机构大都是在苏联时期建立的。苏联时期，塔吉克境内建立了大量的科研机构，组建了一批高水平的科研团队。塔吉克系统化的科研工作也于此时正式起步。20 世纪 20 年代末至 30 年代初，苏联科学院组织专家组对塔吉克的自然资源、历史文化等方面进行考察，成立苏联科学院塔吉克科研基地，开展科研工作，培养科研人才。

独立后，由于内战和经济危机，科学领域遭遇了严重的危机，科研经费急剧减少，科研人员大量流失，科研潜力明显下降。

近年来，塔吉克斯坦政府高度重视科学技术的发展。《塔吉克斯坦共和国至 2030 年前国家发展战略》指出："塔吉克斯坦科学领域的未来发展方向是发展国家研发中心，增强国家的科学潜力。今后科研的重点是建立和支持科学教育一体化机构、大学和校际综合体以及科研中心，发展创新基础设施，发展科学领域的国际合作，支持科技和商业合作，促进科技创新成果转化。"[1]

目前，塔吉克斯坦科学技术领域有待改善的问题主要包括科技人才队伍年龄结构不合理、老龄化现象比较突出、国家对科研领域的投资和科研领域从业人员的工资仍有待提高。根据《塔吉克斯坦共和国至 2030 年前国家发展战略》，到 2030 年前塔吉克斯坦政府将保障科研领域的投资不低于国内生产总值的 1.5%，科学领域从业人员的工资与国家经济部门平均工资比例不低于 1.25：1。[2]

目前，为塔吉克斯坦科学技术发展做出贡献的主要有各类高等教育机构、科学院等。2019—2020 学年，全塔共有 40 所高等院校，共有 11 681 名教学科研人员，其中副博士 2 939 名、博士 630 名。[3] 目前，塔吉克斯坦主要的科学院包括塔吉克斯坦国家科学院、农业科学院、医学科学院、教育科学院等。

塔吉克斯坦国家科学院在塔吉克科学研究领域占据着重要的地位。塔吉克斯坦国家科学院前身是苏联科学院塔吉克科研基地。1941 年，苏联科学院塔吉克科研基地改组为苏联科学院塔吉克分院。虽然分院组建初期就

---

[1] 资料来源于塔吉克斯坦共和国教育与科学部官网。

[2] 资料来源于塔吉克斯坦共和国教育与科学部官网。

[3] 资料来源于塔吉克斯坦共和国总统统计署官网。

经历了苏联卫国战争和战后的经济恢复时期，但是它为塔吉克科研事业的发展做出了巨大贡献。1941—1951 年，塔吉克分院培养了 700 多位科研工作者，为塔吉克科研事业的发展奠定了坚实的基础。1951 年 4 月 14 日，在塔吉克分院基础上成立了塔吉克苏维埃社会主义共和国科学院，位于首都杜尚别，首任院长为塔吉克苏维埃文学的奠基人萨德理金·艾尼。

独立后，塔吉克苏维埃社会主义共和国科学院更名为塔吉克斯坦共和国科学院。2020 年 3 月 20 日，塔吉克斯坦总统埃莫马利·拉赫蒙签署《关于塔吉克斯坦共和国科学院的总统令》。根据该法令，塔吉克斯坦共和国科学院更名为塔吉克斯坦国家科学院，塔吉克斯坦共和国政府相关部门在未来 4 个月内提交相关法律草案，以执行该法令。[1] 塔吉克斯坦国家科学院是国家的核心科研机构，为国家培养了大量的科研人才，其科研成果广泛应用于农业、冶金、建筑、地质、医学等国民经济的各个领域，为国家的发展做出了巨大的贡献。

为了进一步优化科研工作，2010 年 9 月 16 日，科学院对内部机构进行调整，将一些研究所进行合并。目前，科学院下设 3 个学部，包括物理-数学、化学与地质学部，生物学与医学部和社会科学部。其中，物理-数学、化学与地质学部下设数学研究所，乌马洛夫物理技术研究所，天体物理研究所，尼基金化学研究所，地质学、抗震建筑与地震学研究所，水利与生态学研究所；生物学与医学部下设植物、植物生理和遗传学研究所，巴甫洛夫斯基动物与寄生物学研究所，胃肠病研究所，尤苏甫别科夫帕米尔生物研究所；社会科学部下设多尼什民族学与考古学研究所，鲁达基语言文学、东方学和文字遗产研究所，经济学和人口学研究所，哲学、政治学和法学研究所。此外，科学院设有人口研究中心、科研工作协调委员会、术语委员会、干部培训处等机构。科学院还下辖帕米尔分院、苦盏科学中心、哈特隆科学中心、

---

[1] 资料来源于塔吉克斯坦共和国总统网。

多尼什出版社、甘地中央图书馆和其他科研单位。截至 2020 年，科学院共有 2 000 多名科学工作者，其中院士 37 名、通信院士 62 名、外籍院士 14 名。

六、旅游

塔吉克斯坦拥有丰富的旅游资源。这里有丰富而独特的自然景观，可以进行山地运动、生态旅游、漂流、滑翔伞、高山滑雪等活动；这里还拥有丰富的人文景观和历史文化遗产，可以进行历史、文化和民族志旅游。

塔吉克斯坦的地理位置、地形地势和气候特征决定了其自然风光的独特性和丰富性。这里有着独特的自然景观：高山、冰川、湍急的河流、美丽的湖泊、独特的植被和稀有的动物。近年来，塔吉克斯坦的山地旅游发展迅速，登山、滑雪等运动备受游客的青睐。塔吉克斯坦境内海拔超过 7 000 米的山峰有位于帕米尔高原上的索莫尼峰（海拔 7 495 米）、伊本·西纳峰（海拔 7 134 米）、科尔热涅夫斯卡雅峰（海拔 7 105 米），它们被众多登山爱好者看作旅行胜地。

塔吉克斯坦是古丝绸之路上的一颗璀璨明珠，这里拥有丰富的历史和文化遗产。塔吉克斯坦还拥有杜尚别、苦盏、彭吉肯特、吉萨尔、库利亚布、博赫塔尔、伊斯塔拉夫尚、霍罗格、穆尔加布等众多历史文化名城。其中，苦盏、彭吉肯特、吉萨尔等城市作为古丝绸之路的重镇，见证着东西方贸易的发展和文明的交融互鉴。

（一）苦盏

苦盏（又译"胡占德"或"霍占德"），位于费尔干纳谷地，临近塔吉克斯坦和吉尔吉斯斯坦边境，锡尔河从市区穿流而过。面积 285 平方公里，海拔 300 多米。苦盏是索格特州首府，塔吉克斯坦第二大城市。苦盏是一座工业城市，以轻工业和机器制造为主。与塔吉克斯坦的其他城市相比，苦盏是一座传统与现代并存的城市。

苦盏是中亚著名的历史文化名城，始建于公元前 7—6 世纪。苦盏曾经是古丝绸之路上的重镇，地理位置优越。耶律楚材的《西游录》记载："苦盏多石榴，其大如拱，甘而差酸，凡三五枚，绞汁得盂许，渴中之尤物也。"[1] 公元 8 世纪，苦盏被阿拉伯人占领。1866 年，苦盏并入沙皇俄国。此后，苦盏经济快速发展，人口迅速增加，城市发展迎来新机遇。苦盏是沙皇俄国撒马尔罕州苦盏县的行政中心。1916 年 7 月，苦盏成为工人和民族解放运动的中心。1917 年 11 月，建立苏维埃政权。1929 年 10 月 2 日，正式隶属于塔吉克苏维埃社会主义自治共和国。1936 年 1 月 9 日，苏联中央选举委员会决定将苦盏更名为列宁纳巴德[2]，意为"列宁城"。1991 年 2 月 26 日，塔吉克苏维埃社会主义共和国最高苏维埃决定恢复其旧称"苦盏"。

苏联社会主义建设时期，苦盏的经济建设得到了跨越式发展。工业企业发展迅速，配备了当时国内外最先进的设备。丝纺织联合工厂是当时塔吉克最大的企业之一，产品销售到苏联的 450 多个城市以及其他国家。

苏联时期，该市的医疗和教育情况也得到了根本性改善。1991 年，该市共有 40 家医疗和防疫机构，约有 2.5 万名中高级医护人员，共有 30 所学校，约有 3 万名学生就读。这一时期，这里率先建立了塔吉克第一批高等教育机构。1931 年，中亚果蔬学院（今绍赫捷穆尔国立农业大学）在苦盏建校。学院隶属于苏联农业人民委员部，为苏联农业领域的发展培养了大量的专业人才。1932 年，苦盏国立高等师范学院（今苦盏加富罗夫国立大学）成立。

---

[1] 耶律楚材. 西游录 [M]. 北京：中华书局，1981: 2.

[2] 1936 年 1 月 9 日至 1991 年 2 月 26 日，苦盏称"列宁纳巴德"。本书在此期间的事件描述中使用"列宁纳巴德"。

苦盏是塔吉克斯坦文化教育最发达的城市之一，是塔吉克斯坦著名的历史文化名城。历史上这里曾孕育了众多塔吉克地区著名天文学家、数学家、医学家、历史学家、诗人、音乐家。19 世纪，这里云集了众多塔吉克地区启蒙思想家，积极地进行启蒙运动。

该市有中世纪的城堡、17—18 世纪穆斯里西丁谢赫陵墓等历史景观；有剧院、历史地方志博物馆、考古学博物馆和阿西里州立图书馆；有苦盏加富罗夫国立大学，塔吉克国立法律、商业和政治大学，塔吉克国立商业大学经贸学院和奥西米国立技术大学苦盏分校 4 所高等教育机构。

苦盏还拥有丰富的旅游资源，是塔吉克斯坦著名的高山旅游城市，这里的阿克苏区是绝佳的登山胜地。凯拉库姆水库是著名的休息疗养胜地，这里水质清澈、风光秀丽、气候宜人。

苦盏与中国太原、俄罗斯奥伦堡、哈萨克斯坦奇姆肯特、乌兹别克斯坦撒马尔罕、美国林肯和阿塞拜疆阿克斯塔法互为友好城市。2012 年 6 月 14 日，上海合作组织联合反恐军事演习"和平使命—2012"在苦盏市郊外的"乔鲁赫-代龙"靶场举行。

（二）彭吉肯特

彭吉肯特位于塔吉克斯坦西部边境，隶属于索格特州，地处泽拉夫尚河南岸，海拔 900 米。彭吉肯特在塔吉克语中是"五个镇"的意思。

彭吉肯特始建于公元 5 世纪，繁荣于公元 8 世纪，是中亚的一座古城。5—8 世纪，粟特人居住在此。粟特是历史上中亚地区的一个民族，居住在锡尔河、阿姆河和泽拉夫尚河之间，以长于经商闻名欧亚大陆，长期活跃在丝绸之路沿线。粟特人居住的区域不仅河流与绿洲密集，而且是古丝绸之路上的咽喉要道。粟特人利用这一地理优势，积极开展贸易活动，在丝绸之路沿线随处可见粟特人的身影。唐朝时期，粟特人与中国的往来十分密切。《新唐书》中记载，康国粟特"善商贾，好利，丈夫年二十，去旁国，利所在无不至"[1]。

20世纪30年代，彭吉肯特建立了酿酒厂等几家大型工业企业。彭吉肯特拥有较为发达的农产品加工工业，在城郊种植了大量的农作物，有水稻、苹果、杏、桃、桑葚、葡萄等。工业部门以采金业为主。彭吉肯特现在的城区布局是根据1972年城市规划建设的，建有新的住宅、宾馆等。

彭吉肯特是中亚的历史文化名城。彭吉肯特西部15公里处有一处古城遗址——萨拉兹姆，占地100公顷。萨拉兹姆遗址是1976年由著名考古学家伊萨科夫[2]发现并开始挖掘工作的。从考古学上看，萨拉兹姆遗址可以追溯到公元前3500年。在考古发掘过程中，考古学家发现了保存完好的宫殿、房屋、公共建筑、大量的铜、银、金和铅制品、珠宝和武器等。2000年，塔吉克斯坦共和国政府将其确定为历史文化保护区。2010年7月31日，萨拉兹姆遗址被联合国教科文组织列入世界物质文化遗产名录，这是塔吉克斯坦第一个世界物质文化遗产。2020年9月12日，塔吉克斯坦庆祝了萨拉兹姆建址5 500年。

彭吉肯特东60公里的潘支鲁德村中坐落着塔吉克著名诗人鲁达基的陵墓。1958年，鲁达基陵墓重修并正式对外开放。距离彭吉肯特37公里处的马佐里莎里夫村坐落着穆哈马达·巴绍罗陵墓，这是一座建于12—14世纪的古建筑。

鲁达基历史地方志博物馆是彭吉肯特最主要的博物馆，博物馆位于彭吉肯特市鲁达基大街。馆内珍藏有9.8万件珍贵文物。1958年，为了纪念塔吉克地区著名诗人鲁达基诞辰1 100年，博物馆正式对外开放。博物馆共7个展厅，各展厅内展示有丰富的馆藏珍品，诸如鲁达基陵墓和穆哈马

---

[1] 欧阳修，宋祁. 新唐书：卷二百二一，下 [M]. 北京：中华书局，1975：6244.

[2] 伊萨科夫（1935—1997），全名阿卜杜拉·伊萨科维奇·伊萨科夫，塔吉克历史学家，考古学家，社会活动家。

达·巴绍罗陵墓出土的文物、萨拉兹姆遗址考古发现、具有鲜明当地特色的手工艺品等，从彭吉肯特的历史、文化、艺术、民俗等方面展示出这里独具魅力的灿烂文化和悠久历史。

（三）吉萨尔

吉萨尔位于首都杜尚别以西的吉萨尔盆地。在吉萨尔坐落着一座古建筑群——吉萨尔古城。古城距今有 4 000 多年的历史，占地 86 公顷，坐落着吉萨尔要塞、要塞拱门、古驿站、宗教学校、清真寺、陵墓等历史遗迹。在考古过程中还发现了一座博物馆，里面藏有 3 200 件文物。1982 年，塔吉克斯坦政府颁布命令，将吉萨尔区的古建筑确定为历史文化遗产。

吉萨尔古城是古丝绸之路上的咽喉要道，是当时古丝绸之路上规模较大的货物中转站和集散地。四面八方的商贾云集于此，运输和交易中国的丝绸、瓷器、茶叶以及中亚和西亚的水果、宝石、牛羊，各种文化在这里相互交融碰撞。如今，吉萨尔古城成为塔吉克斯坦的著名旅游景点之一。

近年来，塔吉克斯坦十分重视发展旅游业，为了全面深入地宣传塔吉克斯坦旅游资源，进一步推动旅游业发展，2008 年，在杜尚别举办了"塔吉克斯坦——旅游的国度"展览会。2008 年起，塔吉克斯坦的旅游业从业者开始积极参加世界旅游展览会，旨在在国际舞台上展示塔吉克斯坦旅游资源和民族文化。2017 年 12 月，塔吉克斯坦总统埃莫马利·拉赫蒙宣布 2018 年为"旅游和民间工艺发展年"。据世界旅游组织统计，2018 年塔吉克斯坦入境游客人数增长位列全球第一，同比增长 190%。[1] 2019 年 1 月 2 日，塔吉克斯坦总统埃莫马利·拉赫蒙宣布 2019—2021 年为"村庄、旅游和民间工艺发展年"。

---

[1] 人民网. 彩云之乡塔吉克斯坦 [EB/OL].（2019-09-27）[2020-09-11]. http://world.people.com.cn/n1/2019/0927/c1002-31377543.html.

七、体育运动

体育运动是社会历史文化的重要组成部分。体育运动自古就有，塔吉克地区著名医学家伊本·西纳主张人们需要经常从事体育锻炼。苏联时期，塔吉克的体育事业得到了快速的发展。20 世纪 50 年代，塔吉克开设中等体育技术学校，同时在普通教育机构中开展体育运动的普及工作。1971 年，杜尚别国立舍甫琴科师范学院体育系改组为塔吉克加里宁体育学院（今塔吉克拉希莫夫国立体育学院），专门培养体育类人才。

独立后，塔吉克斯坦政府注重发展体育事业。1992 年，塔吉克斯坦成立国家体育委员会，同年成立塔吉克斯坦国家奥委会。2013 年，全塔共有7 564 个体育设施，包括 164 个体育场、1 893 个体育馆、64 个游泳池，体育文化工作者共计 8 698 人。目前，全塔开展的体育项目主要有攀岩、足球、链球、拳击、柔道、网球、排球、登山、滑雪、独木舟等。

塔吉克斯坦积极参与国际性体育比赛，在链球、拳击等项目中具有一定的优势。1996 年，塔吉克斯坦派出 8 名运动员参加亚特兰大奥运会，其中男子运动员 6 名、女子运动员 2 名，参赛项目 5 项。这是塔吉克斯坦第一次以独立国家的身份参加奥运会。

2000 年，塔吉克斯坦派出 4 名运动员参加悉尼奥运会，其中男子运动员 2 名、女子运动员 2 名，参赛项目 2 项。2004 年，塔吉克斯坦派出 8 名运动员参加雅典奥运会，其中男子运动员 5 名、女子运动员 3 名，参赛项目 5 项。2008 年，塔吉克斯坦派出 15 名运动员参加北京奥运会，其中男子运动员 12 名、女子运动员 3 名，参赛项目 8 项。在北京奥运会上塔吉克斯坦共获得一银一铜两枚奖牌，分别为男子自由式摔跤项目银牌和柔道项目铜牌。

2012 年，塔吉克斯坦派出 16 名运动员参加伦敦奥运会，其中男子运动员 13 名、女子运动员 3 名，参赛项目 7 项，共获得一枚奖牌。塔吉克斯坦选手乔里埃娃在女子拳击 60 公斤级比赛中获得一枚铜牌。2016 年，塔吉克斯坦派出 7 名运动员参加里约热内卢奥运会，其中男子运动员 5 名、女子运动员 2 名，参赛项目 4 项，共获得 1 枚奖牌。塔吉克斯坦运动员纳扎罗夫获得链球项目金牌，他也成为第一位获得奥运会金牌的塔吉克斯坦运动员。纳扎罗夫是塔吉克斯坦著名的运动员，他曾经代表塔吉克斯坦参加了三届奥运会，两次获得亚运会金牌，分别是 2010 年的广州亚运会和 2014 年的仁川亚运会。

截至 2020 年，塔吉克斯坦分别派出 1 名运动员参加过四届冬季奥运会，分别为 2002 年盐湖城冬奥运、2006 年都灵冬奥会、2010 年温哥华冬奥会和 2014 年索契冬奥会。

八、大众传媒

塔吉克地区原有的民族文字是用阿拉伯字母拼写的。1930 年，塔吉克开始使用以拉丁字母为基础创建的文字。1940 年，开始使用以基里尔字母为基础创建的文字。俄国十月革命以后，塔吉克的大众传媒事业从无到有，逐渐发展起来。1924 年 8 月，在杜尚别成立了塔吉克首家印刷厂。1925 年，成立了塔吉克第一家出版社——塔吉克国家出版社，出版各类书籍。1924—1930 年，塔吉克首家报纸《塔吉克之声》创刊。1929 年起，各州、市开始发行州立和市立报纸。1924 年，在杜尚别设立了塔吉克首家广播电台。1959 年 10 月 3 日，斯大林纳巴德电视台正式开播。

据塔吉克斯坦共和国文化部的统计数据显示，截至 2019 年 1 月，塔吉克斯坦共有 11 家新闻通讯社、3 家国有电视台和 5 家独立电视台，全国各类正式登记注册的报纸 376 种、杂志 245 种、印刷厂 319 家、出版社 71 家。

（一）通讯社

塔吉克斯坦共有 11 家新闻通讯社，包括塔吉克斯坦"霍瓦尔"国家新闻通讯社、"亚洲之声"通讯社、"阿维斯塔"通讯社、"瓦罗鲁德"新闻分析社、帕米尔媒体通讯社、哈特隆媒体通讯社等。

塔吉克斯坦"霍瓦尔"国家新闻通讯社在塔吉克斯坦媒体中占有特殊地位，它是塔吉克斯坦一家国家级新闻机构，位于首都杜尚别，其前身是成立于 1925 年 12 月 31 日的苏联塔斯社分社，后更名为塔吉克电报社。独立后，该社成为塔吉克斯坦政府管辖的国家通讯社。1992 年 4 月 10 日，塔吉克电报社更名为"霍瓦尔"塔吉克通讯社。2004 年 4 月 30 日，更名为塔吉克斯坦"霍瓦尔"国家新闻通讯社。目前，该通讯社在全塔所有州和地区以及俄罗斯莫斯科、土耳其安卡拉、德国柏林和美国纽约均设有办事处。2011 年，塔吉克斯坦"霍瓦尔"国家新闻通讯社开设"FM 霍瓦尔"广播，为听众提供有关塔吉克斯坦和世界的新闻，现已成为塔吉克斯坦听众最喜爱的广播之一。

（二）电视台

塔吉克斯坦最早的电视台是成立于 1959 年 10 月 3 日的斯大林纳巴德电视台，后更名为塔吉克电视台。目前，塔吉克斯坦共有 3 家国有电视台和 5 家独立电视台。国家电视台规模最大，设在首都杜尚别。每天使用塔吉克语和俄语播放节目。塔吉克斯坦目前主要有 7 个电视频道在全塔范围内播出，它们是塔吉克斯坦频道、萨菲纳频道、国际频道、儿童频道、电影频道、体育频道和音乐频道。最大的电视频道是塔吉克斯坦频道，每日用塔吉克语、俄语、英语进行播报。

（三）报纸

截至 2019 年 1 月，塔吉克斯坦各类报纸共 376 种，主要报纸有《人民报》《亚洲快讯报》《共和国报》《商业与政治》《杜尚别晚报》《塔吉克斯坦青年报》等。

《人民报》创办于 1925 年 11 月 25 日，是塔吉克斯坦政府官方出版物，报纸采用俄语出版发行，是塔吉克斯坦发行量和影响力最大的报纸之一。报纸每周出版一次，发行量超过五千份。2017 年 11 月，报纸开设了俄语官方网站。

（四）杂志与期刊

截至 2019 年 1 月，塔吉克斯坦各类杂志共 245 种，主要杂志有《塔吉克斯坦卫生》《塔吉克斯坦和现代世界》等。截至 2020 年 12 月，塔吉克斯坦共和国总统最高学位评定委员会 [1] 共收录了 42 种学术期刊，包括《文学》《历史学家》《塔吉克斯坦科学院院报》《塔吉克斯坦教育科学院院报》《塔吉克斯坦民族大学学报》《法制生活》《塔吉克斯坦经济》《科学和创新》《师范大学学报》《语言学院学报》《文化和艺术》等。[2]

（五）广播电台

目前塔吉克斯坦共有 20 余家广播电台，主要有塔吉克斯坦共和国广播、霍瓦尔（东方）、塔吉克之声、亚洲之声、杜尚别之声、文化、祖国等。

---

[1] 塔吉克斯坦共和国总统最高学位评定委员会是塔吉克斯坦学术研究系统的国家鉴定机构，最高学位评定委员会期刊目录是塔吉克斯坦权威的学术评价依据。

[2] 资料来源于塔吉克斯坦共和国总统最高学位评定委员会官网。

塔吉克斯坦共和国广播共有 3 个频道。第一频道于 1998 年成立，24 小时播报，属于综合性广播节目。第二频道为专题型节目，主要播报社会政治和文学音乐节目。第三频道主要播报文学艺术类节目，每天 8 小时以塔吉克语、俄语和乌兹别克语广播。首都广播电台"杜尚别之声"于 1999 年 1 月成立，主要播报社会政治、文化和音乐节目，每天播报 8 小时。亚洲之声广播电台于 1996 年成立，每天 24 小时用俄语广播。

第二章 文化传统

　　塔吉克斯坦具有历史悠久、丰富多彩的文化传统。早在旧石器时代，塔吉克地区就有人类活动。最早有关塔吉克人先祖的古代文献《阿维斯陀》是塔吉克人的先祖——东雅利安人的第一部百科全书。

　　公元 874 年，塔吉克地区建立了历史上第一个中央集权制国家——萨曼王朝，萨曼王朝统治时期是塔吉克地区文化的繁荣时期。这一时期，塔吉克地区在哲学、数学、医学、天文学、文学、史学等领域取得了辉煌的成就，涌现了以鲁达基、菲尔多西、伊本·西纳等为代表的一批著名学者。

　　萨曼王朝灭亡后的 900 多年，塔吉克地区先后被十几个外族王朝统治，但大多数王朝还以塔吉克语为国语。在这一时期塔吉克地区在诗歌、文学、艺术、哲学、天文学、史学等领域也一直有所建树。

　　苏联时期，政府开展了大规模的扫盲运动，不断加大对文化领域的投入，新建了剧院、博物馆、图书馆、音乐厅等一批文化设施。塔吉克文化基础设施不断健全，公共服务体系不断完善，切实满足了广大群众的文化需求，促进了塔吉克文化事业的发展。这一时期，塔吉克的电影、音乐、考古事业也取得了丰硕的成果。

　　独立初期，塔吉克斯坦历经了内战，这给文化事业的发展带来了巨大冲击。各类文化设施数量急剧减少，大量文化界人士流失海外。从 20 世纪 90 年代末起，塔吉克斯坦的文化事业逐渐得到恢复，文化基础设施不断完善。近年来，塔吉克斯坦各类博物馆、剧院、图书馆等文化设施数量逐渐增多，政府加大对文化领域的投入，文化领域取得长足的进步，对外文化交流活动也愈加活跃，文化事业发展欣欣向荣。

近年来，塔吉克斯坦高度重视文化遗产保护工作，把申遗工作作为遗产保护工作的重点方向。截至 2020 年，塔吉克斯坦共有 6 项世界文化和自然遗产被联合国教科文组织列入《世界遗产名录》，其中世界物质文化遗产 1 项、世界非物质文化遗产 4 项、世界自然遗产 1 项。近年来，政府采取各种措施发展传统文化产业，全面推动传承、创新与复兴塔吉克传统文化。

第一节 历史沿革

一、独立前的文化

（一）旧石器时代至 20 世纪初的文化

早在旧石器时代，塔吉克地区就有人类活动。经考古发现了东帕米尔沙赫塔石窟出土的岩画大约在公元前 8000—前 7000 年，说明这一时期这里就有人类居住和活动。

最早有关塔吉克人先祖的古代文献《阿维斯陀》成书于公元前 12 世纪至公元前 10 世纪，书中包含歌谣、史诗、圣歌、启示和颂歌。《阿维斯陀》是塔吉克人的先祖——东雅利安人的第一部百科全书和第一个文化智囊，记载了塔吉克民族文化形成初期的历史，书中记载了雅利安民族劳动生产、生活习俗、子女教育、对善恶的理解等许多方面。《阿维斯陀》是一直伴随着塔吉克先祖的著作。塔吉克斯坦总统埃莫马利·拉赫蒙曾写道："我国先辈在远古辛勤耕耘着土地、迎接丰收的时候，便吟唱《阿维斯陀》的圣歌；牧人们诵念《阿维斯陀》，祈求上苍赐予丰饶的牧场和肥美的羊群；工匠们将神明的肖像铭刻在工艺品上，相信神明会给他们带来庇佑；将士们高唱着《阿维斯陀》的颂歌，心中怀着《阿维斯陀》的金科玉律，奔向战场，走向胜利；君主统治者们将国家的命运交予阿拉胡·马兹达。祭祀智者在《阿维斯陀》中寻找启迪，开导人们净化心灵，日日行善。"[1]

萨曼王朝时期是塔吉克地区文化发展的黄金时期。这一时期，社会文化空前繁荣，科学技术快速发展，文学作品大量涌现。萨曼王朝统治者将塔吉克语定为官方语言，支持科学、教育、文学和艺术的发展。其首都布哈拉是当时的政治、经济、科学、文化和教育中心，首都有藏书丰富、规模宏大的图书馆。萨曼王朝在哲学、数学、医学、天文学、文学、史学领域成就卓越，处于世界前列，涌现出众多著名的诗人、哲学家、医学家、天文学家、史学家等。例如，波斯塔吉克诗人、学者、文学家、波斯古典文学的奠基人鲁达基，创作了不朽名作《列王纪》的菲尔多西，医学家、诗人、哲学家、自然科学家、被称为"世界医学之父"的伊本·西纳等。萨曼王朝地处东西方文明的十字路口，承载着传播文明的使命。

萨曼王朝灭亡后的900多年，塔吉克地区先后被十几个外族王朝统治，但大多数王朝还以塔吉克语为国语。外族王朝统治时期，虽然塔吉克人无法控制政权，但是他们在诗歌、文学、艺术、哲学、天文学、史学等领域也一直有所建树。

19世纪下半叶，沙皇俄国开始对中亚进行大规模军事征服。沙皇俄国占领中亚时，这里的文化发展水平并不高。沙皇俄国在塔吉克地区北部建立突厥斯坦总督区，这里的文化形态开始受到沙皇俄国的影响。塔吉克地区中部和南部属于布哈拉汗国。

---

[1] 拉赫蒙. 历史倒影中的塔吉克民族（一）[M]. 李英男，刘铮，译. 北京：人民出版社，2019: 47-48.

俄国十月革命前，突厥斯坦总督区对文化领域的资金投入很少，布哈拉汗国甚至不曾为文化发展投入资金。1911 年和 1916 年在乌拉秋别和苦盏相继开设了两个公共图书馆。在布哈拉汗国，没有印刷厂、公共图书馆、俱乐部、剧院和其他文化教育机构。

20 世纪初，俄国 1905 年革命和二月革命对塔吉克地区乃至整个中亚地区的文化进程产生了巨大影响。塔吉克地区的一些知识分子开始学习俄语，研究俄国的先进思想。塔吉克地区开始开设新式学校，"扎吉德"运动兴起。"扎吉德"一词源于阿拉伯语，意为"新方法"或"新的教学方式"。这一运动的支持者们宣传启蒙思想，主张建立新式学校。"扎吉德"运动对推动塔吉克地区社会的进步产生了深刻的影响。

（二）苏俄和苏联时期的文化（1918—1991 年）

俄国十月革命胜利后，在塔吉克北部建立起苏维埃政权。在苏维埃政权统治初期，捍卫塔吉克民族权利成为塔吉克社会各界的首要任务。1919 年，萨德理金·艾尼发表诗歌《自由进行曲》，标志着苏维埃塔吉克文学的开始，萨德理金·艾尼成为苏维埃塔吉克文学的奠基人。此时，萨德理金·艾尼、拉胡季、苏列伊马尼、拉西米等新一代诗人登上塔吉克文坛。特别是萨德理金·艾尼在捍卫塔吉克民族权利、推动塔吉克文化发展方面做出了巨大贡献。在自己的著作中，艾尼阐述了民族历史、社会、政治、文化的方方面面，用事实有力地证实了塔吉克人是历史悠久、文化繁荣的中亚地区的原住民。[1]20 世纪 20 年代，戏剧文学、文艺学和文学批评在塔吉克开始出现。"1924—1926 年，塔吉克报刊刊登了研究塔吉克民族历史、文化、语言、文学的一系列文章。这些文章凝聚着塔吉克优秀知识分子的

[1] 拉赫蒙. 历史倒影中的塔吉克民族（一）[M]. 李英男，刘铮，译. 北京：人民出版社，2019: 163.

忘我劳动。"[1]

20 世纪 30 年代，塔吉克文化界与俄罗斯和其他苏联加盟共和国文化界开始建立友好联系，萨德理金·艾尼的《多洪达》和《奴隶》被译成俄语发表。同时，塔吉克的国外文学作品译介工作也开展起来，普希金、莱蒙托夫、果戈理、托尔斯泰、契诃夫、高尔基、莎士比亚、雨果、安徒生等世界著名作家的作品都被译成塔吉克语，这大大丰富了塔吉克人的精神文化生活。

苏联时期，政府开展了大规模的扫盲运动，不断加大对文化领域的投入，塔吉克的文化事业得到了跨越式发展。这一时期，塔吉克不断完善文化基础设施，建立了剧院、图书馆、博物馆、电影院、出版社、俱乐部等大量的文化机构。它们是城市先进文化的标志和象征，是国家文化事业的重要组成部分，传承并发扬着优秀的塔吉克文化，对人类社会的进步起到积极的推进作用。

剧院作为文化重要的传播者和推动者，承担着引领艺术传承创新的文化使命。苏联时期，在杜尚别等大城市开设了一大批剧院，如塔吉克拉胡季模范话剧院、塔吉克艾尼国家模范歌剧和芭蕾舞剧院、马雅可夫斯基俄罗斯话剧院、塔吉克国立瓦西多夫青年剧院、杜尚别木偶剧院等。

塔吉克拉胡季模范话剧院成立于 1929 年 11 月 7 日，是塔吉克斯坦历史上第一家国家剧院。1933 年，剧院以塔吉克著名作家拉胡季[2]的名字命名。目前，剧院上演的剧目不仅包括塔吉克民族经典戏剧，还有索福克勒斯、莫里哀等人的经典戏剧作品。塔吉克艾尼国家模范歌剧和芭蕾舞剧院是塔吉克斯坦最著名的音乐剧院，成立于 1940 年。它以塔吉克著名作家萨

---

[1] 拉赫蒙. 历史倒影中的塔吉克民族（一）[M]. 李英男，刘铮，译. 北京：人民出版社，2019：163.

[2] 拉胡季（1887—1957），全名阿布利卡西姆·阿赫迈扎德·拉胡季，塔吉克著名诗人、政治活动家。他是塔吉克苏维埃社会主义共和国国歌的词作者，同时他为塔吉克戏剧的发展也做出了重要贡献，他将莎士比亚的作品翻译成塔吉克语，并将它们成功地用于戏剧表演。

德理金·艾尼的名字命名，用塔吉克语和俄语两种语言演出。马雅可夫斯基俄罗斯话剧院成立于 1937 年 11 月 7 日，是塔吉克斯坦规模最大的剧院。1940 年，剧院开始以苏联诗人马雅可夫斯基的名字命名。成立至今，剧院已上演了普希金、巴别尔、哥尔多尼等著名作家的 400 部作品。塔吉克国立瓦西多夫青年剧院成立于 1971 年 12 月 27 日，剧院以塔吉克著名演员瓦西多夫的名字命名，最初是由 24 名年轻演员组成的小组创建的。剧团经常在世界各地巡回演出。1993 年，在阿什哈巴德举行的国际戏剧节上，剧院以剧目《萨法尔·马赫苏姆》摘得桂冠。杜尚别木偶剧院是杜尚别现在唯一一所木偶剧院，成立于 1985 年 9 月 7 日，用塔吉克语和俄语两种语言演出。

1933 年 1 月，塔吉克最大的图书馆——菲尔多西图书馆建立，其前身是斯大林纳巴德市立图书馆。到独立前，馆藏图书 300 余万册。图书馆的建立不仅为塔吉克的民族文化发展，而且为古文献的保护起到了至关重要的作用。

1934 年 8 月 12 日，苏联人民委员会颁布了关于在塔吉克建设博物馆的法令。同年在斯大林纳巴德建设了塔吉克首家博物馆，1934 年建馆之初共有 530 件文物。1959 年，博物馆更名为地方历史和美术馆。

20 世纪 30 年代，塔吉克的电影事业开始起步。1930 年，塔吉克电影公司成立。公司成立之初创作编年史和纪录片，1932 年起开始制作故事片，1935 年起开始制作有声电影。1938 年，更名为塔吉克斯大林纳巴德电影制片厂。1961 年，更名为塔吉克电影制片厂。苏联时期，电影制片厂制作了《我遇到了一位姑娘》[1]（1957 年）、《铁匠的旗》[2]（1961 年）、《帕米尔的

---

[1]《我遇到了一位姑娘》是塔吉克电影制片厂出品的第一部彩色电影。

[2]《铁匠的旗》是塔吉克电影制片厂 1961 年出品的彩色故事片，影片根据塔吉克伟大诗人菲尔多西的著名史诗《列王纪》中的一章改编，导演 Б. 吉姆亚卡洛夫，编剧 Е. 包夭史科夫、Н. 罗日科夫。1962 年，该片作为译制片引进中国，由长春电影制片厂配音复制，中国电影发行放映公司发行。

孩子们》（1963 年）、《高利贷者之死》（1966 年）、《鲁斯塔姆的故事》（1971
年）、《鲁斯塔姆和苏赫拉布》（1971 年）、《夜空中的星》（1972 年）、《家
庭秘密》（1983 年）等一大批经典影片。有多部影片在国际电影节上获得
奖项。

苏联时期，塔吉克音乐事业得到了快速发展。1929 年，音乐中专及其
附属音乐学校在苦盏建校。从 20 世纪 30 年代起，各类音乐学校、音乐团
体、戏剧院在全塔大规模铺开。大量的俄罗斯音乐家来到塔吉克，塔吉克
的音乐事业进入快速发展时期。1936 年，塔吉克朱拉耶夫国家爱乐乐团正
式成立。1945 年，斯大林纳巴德中等音乐专科学校成立，学校为国家培养
了大批优秀的音乐人才。苏联时期，塔吉克作曲家不仅继承和发扬了本国
优秀的音乐传统，还广泛地借鉴了苏联其他加盟共和国的音乐成果，创作
出一大批经典的音乐作品。

苏联时期，塔吉克的考古事业也进入了快速发展期。大批考古学家在
塔吉克开展一系列的考古工作。1966 年，著名考古学家李特文斯基[1] 率队对
阿吉纳捷帕佛教寺庙进行挖掘，挖掘出包括卧佛在内的 600 余件珍贵文物。
1976 年，著名考古学家伊萨科夫率队首次发现萨拉兹姆遗址并开始考古发
掘工作。

苏联时期，塔吉克的文化事业得到了快速的发展，主要特点有两个。第
一，苏维埃政权初期，塔吉克文化界积极捍卫塔吉克民族权利，民族自我意
识和爱国意识高涨，众多阐述塔吉克民族历史文化的著作出版，带动了整个
社会的文化发展。第二，苏联时期，塔吉克的文化基础设施不断完善，文
学、戏剧、音乐、考古等各个领域都得到了跨越式的发展。到 1991 年塔吉
克斯坦独立时，全塔共有 27 座博物馆（包括分院）、14 座剧院、1 300 个电
影院、1 500 所俱乐部和 1 800 个图书馆，图书馆馆藏图书达 1 620 万册。

---

[1] 李特文斯基（1923—2010），全名鲍里斯·安纳托利耶维奇·李特文斯基，苏联考古学家，历史学博士，
塔吉克斯坦共和国科学院院士，塔吉克斯坦考古学派创始人。

二、独立后的文化

独立初期，由于受到内战的影响，塔吉克斯坦的文化事业受到了严重的打击。内战导致国家财政困难，政府对文化领域的投入减少，过去依靠政府拨款的文化机构大量倒闭，各类文化机构数量急剧减少。1995年博物馆减少到23座，年参观人数为20万人次，剧院减少到12座，年观看人数为40万人次，群众图书馆的数量为1 600个，阅览室年阅读者达100万人次。[1]内战还导致了严重的人才流失，大量文化界人士离开塔吉克斯坦移居国外。1999年起，随着塔吉克斯坦社会政治的稳定和经济状况的改善，文化事业逐渐得到了恢复和发展。

内战结束后，塔吉克斯坦政府重视发展文化事业，加强文化基础设施建设，加大投入力度，锻造标志性文化设施和文化品牌，加强博物馆、图书馆、文化中心等文化设施的建设。这些文化设施承载着民族集体记忆，传承着国家文化基因，成为展示塔吉克斯坦文明魅力、促进不同文明交流互鉴的重要窗口。

2011年，政府兴建了塔吉克斯坦菲尔多西国家图书馆新馆。新馆主体为9层楼建筑，外观像一本打开的书，占地4.5万平方米，馆藏有书籍、报纸、杂志、视听材料、电子材料，还包括鲁达基、伊本·西纳等文化名人的珍贵手稿，总量达600余万册，一年接待10多万读者。2012—2013年，图书馆开设了美国文化中心、中国文化中心和德国文化中心。目前，塔吉克斯坦菲尔多西国家图书馆已经成为了塔吉克斯坦新的代表性建筑。

2011年7月27日，塔吉克斯坦总统埃莫马利·拉赫蒙签署《关于建立塔吉克斯坦国家博物馆国家机构》的法令。2013年3月20日，塔吉克斯坦

---

[1] 刘启芸. 塔吉克斯坦 [M]. 北京：社会科学文献出版社，2018：204.

国家博物馆新馆投入使用，博物馆占地面积 2.4 万平方米，其中展厅面积 1.5 万平方米。新馆由自然历史展区、中古历史展区、现代和当代历史展区、美术和应用艺术展区四个展区和 22 个大小展厅组成。新馆还专门设有科研部门，研究领域包括文献抄本、钱币等。目前，塔吉克斯坦国家博物馆展品总量超过 5 万余件。

2014 年，纳乌鲁孜宫正式投入使用。纳乌鲁孜宫坐落在杜尚别市中心的青年湖畔，是一个具有鲜明塔吉克民族色彩的三层文化娱乐综合设施，建筑结构宏伟壮丽，内部装饰富丽堂皇。内设会议厅、宴会厅、接待厅等，各厅风格各具特色，可同时接待 3 200 名宾客。纳乌鲁孜宫已成为杜尚别的地标性建筑之一，这里也是 2014 年上海合作组织成员国元首理事会第十四次会议的主会场。

截至 2020 年 7 月，塔吉克斯坦共有 6 077 家图书馆、98 家博物馆、321 个文化宫和文化馆、394 个俱乐部、18 个文化和娱乐中心、88 个文化和娱乐公园、22 家剧院、7 个音乐协会、3 个文化综合体、1 个美术馆和 1 个文化档案馆。

塔吉克斯坦拥有丰富多彩的文化遗产，它们是塔吉克斯坦历史的见证和文化的载体。文化遗产的重视和保护，对于继承和发扬文化传统、增强民族自信心和凝聚力具有十分重要的意义。目前，塔吉克斯坦被联合国教科文组织列入世界物质文化遗产名录的有萨拉兹姆遗址，被列入世界自然遗产名录的有塔吉克国家公园（帕米尔山），被列入世界非物质文化遗产名录的有塔吉克传统音乐莎什木卡姆、纳乌鲁孜节（多国集体申请）、塔吉克传统美食抓饭和传统刺绣工艺恰坎（见表 2.1）。

表 2.1 塔吉克斯坦世界遗产

序号	文化遗产	获批时间	文化遗产名录类别
1	莎什木卡姆	2003 年 11 月 7 日	人类口头及非物质文化遗产名录
2	纳乌鲁孜节（多国集体申请）	2009 年 9 月 30 日	人类非物质文化遗产名录
3	萨拉兹姆遗址	2010 年 7 月 31 日	世界物质文化遗产名录
4	塔吉克国家公园（帕米尔山）	2013 年 6 月 16 日	世界自然遗产名录
5	抓饭	2016 年 12 月 2 日	世界非物质文化遗产名录
6	传统刺绣工艺恰坎	2018 年 11 月 28 日	世界非物质文化遗产名录

　　莎什木卡姆（又译作沙什玛科姆）是塔吉克斯坦一种传统的音乐套曲，一般由一名或几名歌手在诗琴、小提琴、鼓和长笛组成的乐队伴奏下进行表演。莎什木卡姆起源于公元 7 世纪的中亚，在塔吉克地区得了很好的传承和发展，其歌词大部分源自塔吉克地区古代诗人的诗歌，曲调悠长深沉。苏联时期，莎什木卡姆音乐得到了重视，出版了五卷本的《莎什木卡姆》，内容涵盖了莎什木卡姆的乐谱以及相关资料。2003 年 11 月 7 日，联合国教科文组织将莎什木卡姆列入人类口头及非物质文化遗产名录。2016 年，在杜尚别出版了六卷本的《莎什木卡姆》和《莎什木卡姆详解词典》。

　　纳乌鲁孜节是塔吉克斯坦最重要的传统节日，是塔吉克斯坦的新年，每年从 3 月 21 开始庆祝。2009 年 9 月 30 日，联合国教科文组织将纳乌鲁孜节列入人类非物质文化遗产名录。2010 年 2 月 23 日，联合国大会宣布 3 月 21 日为"国际纳乌鲁孜节"。

　　萨拉兹姆遗址位于塔吉克斯坦彭吉肯特西部 15 公里处，占地 100 公顷。萨拉兹姆遗址的历史可追溯到公元前 3500 年。2010 年 7 月 31 日，联合国教科文组织世界遗产委员会第 34 届会议正式将萨拉兹姆遗址列入世界物质文化遗产名录。萨拉兹姆遗址是塔吉克斯坦第一个世界物质文化遗产，是中亚出现定居人口的历史见证，见证了中亚和印度洋地区贸易和文化交流的历史。

塔吉克国家公园（帕米尔山）位于塔吉克斯坦东部帕米尔高原腹地地区，面积 2.5 万平方公里，公园保持十分完整的极高山生态体系，为高海拔地区生物物种提供了繁衍之地。公园内的索莫尼峰是塔吉克斯坦最高峰，海拔 7 495 米。公园内有 170 条河流和 400 多个湖泊，生长着丰富的亚洲西南部和亚洲中部植物区系植被物种。2013 年 6 月 16—27 日，在柬埔寨首都金边召开了联合国教科文组织第 37 届世界遗产大会，会上批准将塔吉克国家公园（帕米尔山）列入世界自然遗产名录。这是塔吉克斯坦第一个世界自然遗产。

抓饭既是塔吉克的日常美食，也是庆祝活动的必备餐食，是塔吉克斯坦文化遗产的重要组成部分。2016 年 12 月 2 日，在埃塞俄比亚首都亚的斯亚贝巴举行了第 11 届保护非物质文化遗产政府间委员会会议，会上批准将塔吉克的传统美食抓饭列入世界非物质文化遗产名录。

恰坎是塔吉克的传统刺绣工艺，通常用色彩鲜艳的丝线在棉布或丝绸上绣出各种富有想象力的花卉和抽象的设计图案。[1] 图案一般是与环境和宇宙有关的象征性图形，寄托着人们的期许和希望。塔吉克斯坦的恰坎文化最早发源于库利亚布，至今库利亚布仍然很好地保留着这一传统工艺。塔吉克斯坦人十分喜欢恰坎刺绣，会将恰坎刺绣用于服饰、帽子、头巾、窗帘、乔达尔 [2] 等各个地方。2018 年 11 月 28 日，联合国教科文组织保护非物质文化遗产政府间委员会批准将塔吉克斯坦的传统刺绣工艺恰坎列入人类非物质文化遗产名录。

独立后，塔吉克斯坦政府十分重视发扬塔吉克传统民族文化，增强塔吉克民族的认同感。本民族的民间文学、诗歌、语言、习俗、服饰、食品

---

[1] RAHIMOV D. Intangible cultural heritage in Tajikistan [M]. Editor of Tajik texts: Sharif Komilzoda, Editor of English: Parviz Abduvohidov. Dushanbe: R-Graph, 2017: 152.

[2] 乔达尔指一种绣花织物，婚礼时将新娘房间分隔成两部分的帷幔。

等重新受到推崇，本民族的风俗、习惯、技艺等通过口口相授得以世代相传。[1] 近年来，塔吉克斯坦政府采取了一系列措施，挖掘塔吉克特有民族文化，发起了一场复兴传统文化运动。塔吉克斯坦复兴传统文化体现在社会生活的方方面面，包括语言、建筑物名称、传统服饰、传统节日等。

第一，塔吉克斯坦通过颁布法律法规和战略规划来确保塔吉克语的地位。2009 年 10 月 5 日，塔吉克斯坦颁布了《塔吉克斯坦共和国国家语言法》。文件规定，塔吉克语是塔吉克斯坦各类教育机构的必修课，是科研活动、文化活动和大众传媒用语。此外，实行国家语言规划政策，规范和编撰塔吉克语教材、教学参考书、词典等。事实上，独立前夕，1989 年 7 月 22 日，塔吉克政府就颁布了《塔吉克苏维埃社会主义共和国语言法》。文件规定，塔吉克语为国语，俄语为族际交流语言。塔吉克斯坦是中亚五国中最先恢复母语国语地位的国家。

独立后，塔吉克斯坦政府相继出台了三个国家语言发展规划，分别是《塔吉克斯坦共和国 1997—2000 年国家语言发展规划》《塔吉克斯坦共和国 2012—2016 年国家语言发展规划》和《塔吉克斯坦共和国 2020—2030 年国家语言发展规划》，规划旨在巩固和提高塔吉克语的地位和作用。2021 年 1 月出台的《塔吉克斯坦共和国 2020—2030 年国家语言发展规划》还关注了塔吉克语的海外推广、塔吉克语电子词典和电子教科书建设、塔吉克斯坦作家的作品电子形式归档保存和发布等问题。

第二，政府通过强调塔吉克人拥有共同的祖先和共同的历史，重构民族传统的同一性。政府对苏联时期的一些地点和公共场所恢复其原名或重新命名，以此来增强民众的民族文化认同感。

目前，塔吉克斯坦所有城市均改为按照塔吉克语的规则命名。例如，政府将列宁纳巴德州恢复其原名——索格特州，将州首府列宁纳巴德市恢

---

[1] 赵会荣. 中亚国家发展历程研究 [M]. 北京：社会科学文献出版社，2016：35.

复其原名——苦盏，将塔吉克斯坦工业重镇契卡洛夫斯克更名为布斯通市，将杜尚别的列宁广场更名为索莫尼广场，将列宁公园更名为鲁达基公园，将杜尚别的列宁大街更名为鲁达基大街等。

第三，复兴传统文化还包括复兴塔吉克民族服饰、传统工艺等。2017年，塔吉克斯坦总统埃莫马利·拉赫蒙签署了一项关于调整传统和仪式的法律修正案，要求公民穿着民族服装。此前，塔吉克斯坦议会下院通过了该修正案。修正案指出，塔吉克斯坦公民有义务掌握国语和穿着民族服装。为了使塔吉克斯坦的民间传统工艺得到传承和发展，2019年1月2日，塔吉克斯坦总统埃莫马利·拉赫蒙宣布2019—2021年为"村庄、旅游和民间工艺发展年"。

第四，复兴塔吉克民族音乐和传统节日。独立后，塔吉克斯坦大力推动莎什木卡姆、法拉克等传统音乐的发展和繁荣。法拉克是塔吉克斯坦的一种传统音乐，一般由一名或几名歌手在杜塔尔琴[1]、吉贾克琴[2]、纳伊笛[3]、鲁巴布琴[4]、铃鼓等组成的乐队伴奏下进行表演。法拉克已有数百年的历史，可以表达悲伤与渴望、痛苦与分离、幸福与快乐等诸多人类情感。根据演奏方式、使用乐器和地理位置不同，在塔吉克斯坦法拉克一般可分为库利亚布法拉克和帕米尔法拉克两种类型。1989年7月20日，库利亚布音乐戏剧院法拉克乐团成立。

独立后，塔吉克斯坦政府十分关注法拉克音乐的发展和繁荣。2001年11月16日，法拉克乐团获得了国家乐团的地位，目前隶属于电视广播委员会。2007年8月8日，塔吉克斯坦政府将每年的10月10日定为法拉克日。节日当天会举办隆重的庆祝活动，在首都杜尚别会举行法拉克国际音乐节，

---

[1] 杜塔尔琴是指塔吉克斯坦民间弹拨乐器，形如长柄瓢，有两根弦。

[2] 吉贾克琴是指塔吉克斯坦的一种弓弦乐器。

[3] 纳伊笛是指塔吉克斯坦的一种横笛。

[4] 鲁巴布琴是指一种六根弦的拨弦乐器，常见的表演形式是表演者一边弹奏鲁巴布琴一边演唱鲁米、哈菲兹等人的诗歌。

来自全国各地的法拉克表演艺术家会进行盛大的法拉克音乐表演。目前，塔吉克斯坦的法拉克音乐在传承中不断创新和发展。塔吉克斯坦有众多的法拉克音乐乐团和著名的法拉克音乐表演大师。塔吉克图尔松扎德国立艺术学院和塔吉克萨托洛夫国家音乐学院是塔吉克斯坦教授和传承法拉克传统音乐的主要高等教育机构。

近年来，塔吉克斯坦的萨达节、梅赫尔贡节、莎什木卡姆日、法拉克日等传统节日逐渐恢复，被定为国家节假日，节日庆祝活动也都得到来自国家层面的大力支持。

第二节 风土人情

塔吉克斯坦拥有悠久的历史，在漫长的历史发展过程中形成了博大精深的民族文化，形成了自己独具特色的风尚和习俗，具体表现在饮食、服饰、节庆等方面。

一、饮食

民以食为天。饮食是塔吉克民族历史文化的重要组成部分，塔吉克人饮食的内容和制作方法反映了他们的经济状况、生活习惯和民族特点。塔吉克斯坦的饮食习惯有着自己独特的传统，这是由该国的自然、社会、经济和历史条件等诸多因素共同决定的。

塔吉克人平时一日三餐，多以肉、奶和面食为主。牧区的饮食以奶制品和面食为主。农区以面食为主，奶和肉食为辅。

在塔吉克斯坦的美食中肉类菜肴种类繁多，并且占有重要地位。肉类菜肴主要是山羊肉、绵羊肉、牛肉和马肉制品，马肉经常做成马肉肠。在各式各样的肉类菜肴中，烤肉串是最受欢迎的菜品之一。塔吉克斯坦风味烤肉串最大的特点是采用鲜美的绵羊肉，制作时将绵羊肉切成小块，再加入洋葱、香料和柠檬汁腌制 2—3 小时，然后将它们交替串成串，放置在烤炉上烤制，烤制过程中一般会加入羊尾油，使肉串香气四溢，同时会将串好的西红柿也放在烤炉上烤，食用时将烤肉串和西红柿一起食用。卡博布也是塔吉克斯坦一道特色的肉类菜肴，由羊肉、洋葱、香料、盐和胡椒粉烹制而成。

在塔吉克斯坦的美食中面食的种类也十分丰富，主要的面食有馕、薄皮包子、烤包子、拉面等。

馕是塔吉克人一日三餐都会吃的主食，由小麦面粉、水、盐、酵母置于馕坑中烤制而成。馕可以单独食用，也可以与任意菜品搭配食用，还可以作为特色菜肴的原料。吃馕时不用刀叉切割，人们会用手掰成小块送入口中细嚼慢咽。塔吉克人对馕情有独钟，馕不仅是一种食物，更是塔吉克人的精神表达。

薄皮包子是一种由多层金属蒸锅蒸制而成的带馅包子，包子一般为羊肉馅或牛肉馅，还经常配有洋葱、马铃薯和南瓜等辅料，有时制作薄皮包子时还会加入一些草药。

烤包子是塔吉克斯坦最受欢迎的面食之一，是一种在馕坑中烤制而成的面食，烤包子内多为羊肉、鸡肉或牛肉馅，馅中还经常加入南瓜、土豆、洋葱等辅料，外观多成三角形，色泽金黄，外皮酥脆。

拉面也是塔吉克斯坦独具地方风味的一种传统面食，制作时将和好的面放在案板上，揉匀并搓成长条，双手提两端稍晃，逐根或几根并拉反复几次，拉成细面条投入沸水锅中煮熟即制作完成。食用时可以根据自己的口味加入盐、胡椒、洋葱和酸奶油。

塔吉克斯坦的汤类一般非常浓稠。人们喜欢在汤中加入各种香料、新鲜番茄和奶制品来调味。汤以羊肉或牛肉为主要材料，熬制时再加入胡萝卜、洋葱、土豆等各种辅料。最常见的汤有苏伯汤、乌戈罗等。

比较具有特色的美食还有抓饭。抓饭，又称手抓饭，一般由大米、新鲜的羊肉或牛肉、胡萝卜、洋葱、植物油、香料（胡椒、茴香等）烹制而成，辅料还可以根据个人的需求进行配置。通常情况下，塔吉克斯坦抓饭在烹饪过程中还会加入果仁、鹰嘴豆、大蒜等。目前已知的抓饭配方超过200种。抓饭既是塔吉克斯坦的日常美食，也是节庆活动的必备餐食。

塔吉克斯坦的传统名菜还有库鲁托布。库鲁托布是一种由酸奶、黄瓜、西红柿、撕碎的饼、洋葱、辣椒、盐等制成的美食，制作方法因地域不同而有所差异，有些地方制作时还会加入牛奶、黄油等辅料。

在塔吉克斯坦的传统美食中用牛奶做成的食物也有很多，如牛奶米粥，由牛奶、米和盐烹制而成，食用时可以加入糖，人们习惯用它作为早餐，营养丰富，饱腹感强。

塔吉克斯坦的日常饮品有奶茶、绿茶、红茶等，喝茶时一般会搭配一些干果、甜食等，日常饮品还有石榴汁、柠檬水、苏打水、骆驼奶等。

饮茶的习惯在塔吉克斯坦由来已久，公元7世纪，茶叶就经过古丝绸之路传入塔吉克地区，随后当地逐渐形成了独特的茶文化。茶文化在世界上许多国家都很盛行，因此茶馆也被赋予了一定的社交属性。塔吉克斯坦有许多茶馆。最初茶馆是丝绸之路上商旅歇脚的地方，现在人们经常聚集在茶馆讨论一些重要的事情。茶馆在塔吉克斯坦有着很悠久的历史，从茶传入塔吉克地区就有了茶馆。

在杜尚别有一家建于1958年的洛哈特茶馆，"洛哈特"在塔吉克语中是"舒适"的意思，这里既是休息和喝茶的地方，也是享受塔吉克文化的好去处。洛哈特茶馆是一座位于杜尚别市中心鲁达基大街上的传统塔吉克风格的建筑，占地1 000多平方米。这里不仅可以喝茶，还可以品尝到塔吉克斯坦抓饭、薄皮包子等传统美食。

塔吉克斯坦还盛产水果和干果，如葡萄、苹果、杏、石榴、梨等。塔吉克人用餐时一般不用桌子和椅子，而是在地毯上铺上一大块桌布，大家围坐在一起。用餐时十分注重传统礼仪，座次有一定讲究，年长者和客人坐上座，其他人围坐一圈，端茶送饭时按照座位先后递送。就餐时比较安静，不高声讲话或嬉笑。

二、服饰

塔吉克斯坦传统服饰是塔吉克斯坦生活的重要组成部分，也是塔吉克斯坦历史和文化的重要载体。塔吉克人有风格独特的民族传统服饰。塔吉克的民族服装以棉衣和夹衣为主，没有分明的四季换装。[1]

女士传统服装为下摆至脚踝的连衣裙。连衣裙为长袖，袖子的长度一般为 17.8—35.6 厘米，长度足以完全遮住手臂。裙子按袖子的宽度可分为宽袖裙子和窄袖裙子，一般窄袖裙子穿在宽袖裙子里面。为了加大连衣裙的裙摆，她们还常常在裙子上额外缝制两个三角形的布块。裙子的长度也有所不同，一般年龄稍长一些的女性穿着较长的裙子，年轻一些的女性穿着较短一些的裙子。女士下装为艾佐尔[2]。女士身上还常常佩戴珍珠项链、手镯、耳环、戒指等配饰。在服装颜色的选择上，年轻的姑娘比较偏爱鲜艳的颜色，而年长的女性比较偏爱纯黑或纯白色。

男士传统服装以肥大的白色衬衣和艾佐尔为主。男士一般在腰部系上

---

[1] 吴宏伟. 新丝路与中亚：中亚民族传统社会结构与传统文化 [M]. 北京：社会科学文献出版社，2015：411.
[2] 艾佐尔是指一般用两种布料缝制而成的传统宽长裤，有男士艾佐尔和女士艾佐尔。

腰带或皮带，比较常见的腰带鲁莫尔[1]、夫塔[2]等，外面套上一件卓玛[3]。脚穿软质皮靴。男士服装颜色多为黑、白、蓝三种颜色。现在，男士在特殊场合仍然会穿着传统服饰。

自古以来，帽子对于塔吉克人来说有着十分特殊的意义，不论穿民族服饰还是欧式服装，人们都喜欢戴一顶绣花小圆帽。男士帽种类众多，最常见的是男士绣花小圆帽。根据帽子顶部形状不同，大体有四角形绣花小圆帽、扁平形绣花小圆帽、圆形绣花小圆帽、圆锥形绣花小圆帽几种。小圆帽上通常会绣上各种各样的装饰图案，不同地区男士戴的圆帽在形状和图案上都各有不同，通常根据圆帽的样子便能判定是什么地方的人。现在女士们比较偏爱戴头巾，女士小圆帽一般是年轻女性和小姑娘佩戴。

自古以来，从儿童服装到新娘的结婚礼服，刺绣一直都是装饰塔吉克服装、居室和家用艺术品的主要组成部分。[4]塔吉克人不仅喜欢把刺绣绘制在连衣裙、小圆帽、长袍、背心、新娘的面纱等服装上，还将其用于方巾、坐垫、枕套、女士装饰包、绣花包、摇篮罩、卢伊卓[5]、波尔普什[6]、卢伊普什[7]等物品上。塔吉克传统服饰上常见的刺绣工艺便是恰坎，传统恰坎刺绣颜色多为白色、黄色、红色和绿色。塔吉克人在婚礼以及重大节日时会穿带有恰坎刺绣的传统服饰。此外，塔吉克传统的刺绣产品还包括苏扎尼。苏扎尼的特点是色彩艳丽，图案多以花卉、寓意丰富的装饰图案、自然景色图案、几何图案为主。

---

[1] 鲁莫尔是指一种佩戴在衬衣外面的男士腰带，一般成年男性比较喜欢佩戴鲁莫尔。

[2] 夫塔是指两面均带有金绣的长条形棉质绣花布，是一种塔吉克传统的男士腰带，一般年轻小伙子和婚礼当天的新郎会佩戴夫塔。

[3] 卓玛是指套在男士衬衣外面、没有扣子、穿着时前襟敞开的男士宽大长袍，卓玛的领口和袖口通常会绣有装饰图案。为了方便行走，卓玛的两侧一般会有两个开衩。

[4] 扎里菲. 世代相传的塔吉克民族实用装饰艺术 [M]. 吴喜菊，尼约佐夫，译. 北京：民族出版社，2011：30.

[5] 卢伊卓是指塔吉克传统的床罩。

[6] 波尔普什是指一种塔吉克传统的绣制帐幔。

[7] 卢伊普什是指用较厚织物制成的茶壶保温装饰罩。

随着社会的进步和城市化的发展，一些风俗习惯也发生了改变。今天塔吉克斯坦城市和乡村的人们开始穿欧式风格的服装，许多人也会穿将民族服装和欧式服装结合在一起的服装。

三、节庆

塔吉克斯坦现共有 64 个节日，主要包括国家法定节日及纪念日、传统节日、职业性节日等其他塔吉克斯坦承认的国际日以及重要日期等。根据《塔吉克斯坦共和国节日法》，国家法定节日有新年（1 月 1 日）、母语日（2 月 21 日）、建军节（2 月 23 日）、国际妇女节（3 月 8 日）、纳乌鲁孜节（3 月 21—24 日）、胜利日（5 月 9 日）、民族团结日（6 月 27 日）、知识日（9 月 1 日）、独立日（9 月 9 日）、国语日（10 月 5 日）、宪法日（11 月 6 日）等。塔吉克斯坦还有萨达节、开斋节、古尔邦节等传统节日和海关工作者日、医务工作者日等职业性节日，以及专门设置的纪念性节日。这些节日期间有 1 天至 1 周的公休。这些节日不仅有着约定俗成的民间礼仪、丰富多彩的民俗文化，而且蕴藏着塔吉克人民的民族精神和思想精华。

——新年。塔吉克斯坦于每年 1 月 1 日庆祝新年，新年是塔吉克人民最喜爱的节日之一。塔吉克斯坦庆祝新年的传统是从苏联时期开始的，每逢新年大街小巷张灯结彩，新年枞树和新年晚宴是新年必不可少的元素。人们从 12 月 31 日就开始装饰新年枞树，杜尚别市中心的索莫尼广场会摆放装饰好的新年枞树，举办新年音乐会等活动。

——母语日。塔吉克斯坦于每年 2 月 21 日庆祝母语日。1999 年 11 月 17 日，联合国教科文组织第 30 届大会决定把每年的 2 月 21 日定为"国际母语日"。2005 年，塔吉克斯坦也将这一天定为母语日。

——建军节。塔吉克斯坦于每年 2 月 23 日庆祝建军节。1993 年 2 月 23

日，塔吉克斯坦在杜尚别举行阅兵仪式，标志着塔吉克斯坦独立后正式组建自己的武装力量，塔吉克斯坦政府将这一天确定为建军节。此后，每年的 2 月 23 日都举办阅兵仪式来庆祝建军节。武装部队在维护塔吉克斯坦国家主权和领土完整方面做出了巨大贡献。从这个意义上讲，每年的 2 月 23 日也是男人节，与 3 月 8 日的妇女节相呼应，在这天很多女性会向军人朋友以及男性赠送礼物。

——国际妇女节。国际妇女节在塔吉克斯坦也称母亲节。2009 年 3 月 6 日，塔吉克斯坦总统埃莫马利·拉赫蒙签署总统令，宣布将 3 月 8 日国际妇女节定为"母亲节"。埃莫马利·拉赫蒙指出："塔吉克人的祖先雅利安人早在 3 000 多年前就有庆祝'母亲节'的习俗，将 3 月 8 日定为'母亲节'是为了发扬塔吉克民族的传统，向所有母亲致以崇高的敬意。"[1]

——纳乌鲁孜节。纳乌鲁孜节是塔吉克斯坦最重要的传统节日。Навруз 意为"新的一天"，是塔吉克斯坦的新年，可以与中国的传统新年相媲美。从天文历法上看，纳乌鲁孜节和中国二十四节气中的春分相当，意味着春回大地，万物复苏，新的一年开始。纳乌鲁孜节从每年的 3 月 21 日开始庆祝，节日期间全国放假。

纳乌鲁孜节期间家家户户会清扫庭院房屋，穿上节日盛装相互到各家问候。全国会举办隆重的庆祝活动。街道上、公园里、广场和体育场上举行群众游行，人们盛装打扮，场面十分热闹。人们走亲访友，热闹非凡。一些民众还会在自家门口或街头点起火堆，然后从火堆上跨过去，意味着让火将身体上疾病或不好的东西去除掉。儿童会去山上采摘一些春季刚开的花朵，唱着儿歌将这些花朵送给成年人，意味着春天的到来。节日期间还会举办走钢丝表演、摔跤、马术等活动。塔吉克斯坦节日期间最吸引人的大型活动是"叼羊比赛"（бузкаши），本地区和全国各地的优秀骑手都来

---

[1] 资料来源于塔吉克斯坦共和国总统网。

参赛。[1]

纳乌鲁孜节期间家家户户的餐桌上都会摆放"七 C",即七道以塔吉克语字母"C"开头的食物,有大蒜、苹果、青麦苗、沙枣、醋、骆驼蓬和苏马纳克,象征着来年五谷丰登,幸福美满。

纳乌鲁孜节最具象征意义的食物是苏马纳克,苏马纳克是由小麦麦芽等食材熬制的食物。熬制苏马纳克一般会由受尊敬的女性长者来完成。通常节日前 8 天,主厨就会将麦芽放在容器里浸泡,到节日时刚好发芽。人们认为发的芽越多,来年的收成就会越好。然后将发好的麦芽放入钵中捣碎,将麦芽、面粉、坚果和水按照一定的比例熬制。苏马纳克一般要烹制 10—12 个小时,煮饭时,妇女和儿童会唱一些节日歌曲来填补熬制时所需要的时间。苏马纳克不加糖,但是麦芽的糖分使它甜美可口。它不仅是节日食物,而且是具有神圣的意义。吃饭前,人们可以许三个愿望,据说这些愿望会在来年一一实现。

每年的纳乌鲁孜节期间,塔吉克斯坦会推出一个纳乌鲁孜徽标,国家机关、社会组织、公园、广场和街道上等公共场所都会放置徽标的海报。2009 年 9 月,在第 64 届联合国大会上,塔吉克斯坦与伊朗、阿富汗、哈萨克斯坦、吉尔吉斯斯坦、土库曼斯坦、阿塞拜疆和土耳其一同提议将每年的 3 月 21 日定为"国际纳吾鲁孜节",这一提议获得了批准。2010 年 2 月 23 日,联合国大会宣布 3 月 21 日为"国际纳吾鲁孜节"。

——胜利日。塔吉克斯坦于每年 5 月 9 日庆祝胜利日。胜利日是从苏联时期沿袭至今的节日,为纪念苏联卫国战争的胜利。塔吉克军民为苏联卫国战争的胜利做出了巨大贡献。每年胜利日期间,塔吉克斯坦都会举行盛大的庆祝仪式,在广场、路边、公园里都会悬挂纪念胜利日的标语,在杜尚别的胜利公园举行阅兵仪式。总统会出席阅兵式并向永恒之火敬献花圈

---

[1] 阿利莫夫. 塔吉克斯坦与中国:文化的对话 [M]. 吴喜菊,译. 北京:民族出版社,2012:18.

并默哀一分钟，向二战老兵、退伍军人和爱好和平的人士致敬。

——民族团结日。民族团结日也叫民族和解日，塔吉克斯坦于每年6月27日庆祝该节日。1998年，塔吉克斯坦总统埃莫马利·拉赫蒙签署总统令，决定将每年的6月27日定为民族团结日，以此纪念塔吉克斯坦结束内战、实现民族统一。

——知识日。塔吉克斯坦于每年9月1日庆祝知识日。9月1日是塔吉克斯坦新学期开始的日子，按照传统总统在这一天一般会去参观教育机构，并和那里的老师和学生们举行会谈。

——独立日。塔吉克斯坦于每年9月9日庆祝独立日。1991年9月9日，塔吉克斯坦最高苏维埃发表了《塔吉克斯坦共和国独立声明》，塔吉克斯坦正式宣布独立。1998年5月22日，塔吉克斯坦颁布了《塔吉克斯坦共和国节日法》，将9月9日定为独立日，以纪念国家独立。这一天塔吉克斯坦政府部门、社会组织等会举办隆重的庆祝活动。

——国语日。塔吉克斯坦于每年10月5日庆祝国语日。2009年10月5日，塔吉克斯坦颁布了《塔吉克斯坦共和国语言法》，本法规定塔吉克语为国语。2010年7月21日，塔吉克斯坦总统埃莫马利·拉赫蒙签署《塔吉克斯坦共和国节日法》修正案，将10月5日定为国语日。

——宪法日。塔吉克斯坦于每年11月6日庆祝宪法日。1994年11月6日，塔吉克斯坦通过了独立后的第一部宪法。为纪念这一天，塔吉克斯坦政府将每年的11月6日定为宪法日。

——萨达节。萨达节是塔吉克斯坦的传统节日，于每年1月30日即纳乌鲁孜节前50天庆祝。萨达节这一天会举办一些公众性庆祝活动，人们通常会收集柴火树枝点起篝火，举办篝火晚会，围着篝火唱歌跳舞，表演音乐和戏剧类节目，还会组织农产品展销会，展示农作物、种子、农具等。萨达节象征着寒冷的冬天即将结束、温暖的春天就要来临，也提醒着人们要做好春耕劳动的准备。2017年，塔吉克斯坦通过了《塔吉克斯坦共和国节日法》修正案，正式将萨达节列入国家节假日。

——开斋节。开斋节，又叫肉孜节，于每年伊斯兰教历 10 月 1 日庆祝。开斋节是庆祝斋月结束的节日。开斋节这天，人们一般很早起床，沐浴全身，进入礼拜寺做盛大的礼拜，象征着斋月的结束。开斋节期间，家家户户都会准备炸油香、馓子等食物来宴请宾客，人们穿着民族服装走亲访友，相互祝贺。

——古尔邦节。古尔邦节又称宰牲节，是伊斯兰教的重要节日之一。古尔邦节在开斋节过后的两个月零十天举办。通常富人会在这一天宰一头羊或者牛，并将这些羊（牛）肉施舍给一些贫穷的人。古尔邦节这一天人们一般会一早前往公共的大型清真寺进行祷告，然后去扫墓，并走亲访友。古尔邦节时塔吉克斯坦全国休息 1 天。

——梅赫尔贡节。梅赫尔贡节是塔吉克斯坦的传统节日，于每年初秋举办。梅赫尔贡节是丰收的、快乐的、富足的节日。梅赫尔贡节拥有悠久的历史，古代时候塔吉克人民每逢秋收之后便会举行活动来庆祝丰收。2009年 8 月 5 日，塔吉克斯坦政府正式将梅赫尔贡节列为国家节假日。节日这一天会在全国各个地区举办一系列庆祝活动，还会组织农产品展销会，展示当地的农产品和手工艺品。

塔吉克斯坦的职业性节日有海关工作者日（1 月 22 日）、劳动和居民社会保障工作者日（1 月 25 日）、出版日[1]（3 月 11 日）、经济学家日（4 月8 日）、税务工作者日（5 月 4 日）、法律工作者日（5 月 26 日）、化学工作者日（5 月最后一个周日）、冶金工作者日（7 月第二个周日）、运动员日

---

[1] 出版日是全体新闻工作者的节日。这个节日的历史可以追溯到 1912 年，1912 年 3 月 11 日，出版了第一份塔吉克语报纸 «Бухорои Шариф»。为了纪念这一历史事件，1994 年，塔吉克斯坦政府将每年 3 月 11 日定为出版日。

（8月10日）、医务工作者日 [1]（8月18日）、教师节（10月第一个周日）、警察日 [2]（11月10日）等。此外，塔吉克斯坦还有一些专门设置的纪念性节日，如首都日（4月第三个周六）、塔吉克科学日（4月第三个周日）、莎什木卡姆日 [3]（5月12日）、葡萄节（8月第三个周六）、苹果节（9月第三个周六）、法拉克日（10月10日）。

第三节 文化名人

在塔吉克斯坦文明史中涌现出众多举世闻名的思想家、教育家、文学家、艺术家、史学家、哲学家、天文学家、医学家等。萨曼王朝统治时期是塔吉克地区文化的繁荣时期。萨曼王朝统治者十分注重文化的发展，在哲学、数学、医学、天文学、文学、史学等领域取得了辉煌的成就，涌现出波斯塔吉克诗人、学者鲁达基，医学家、诗人、哲学家、自然科学家伊本·西纳，《列王纪》的作者、萨曼王朝著名诗人菲尔多西等。

11—20世纪初，塔吉克地区先后被十几个外族王朝统治，但是也涌现出了众多在文化领域卓有成就的代表人物。例如，文学家昂瓦里、哈冈尼、内扎米、萨迪，塔吉克著名诗人、学者、文化活动家、作家、哲学家贾米，启蒙思想家多尼什等。

20世纪初，塔吉克地区的进步社会力量发起了一场启蒙运动，史称"扎吉德"运动。俄国十月革命为塔吉克文化翻开了崭新的一页，涌现出苏

---

[1] 塔吉克斯坦于每年8月18日庆祝医务工作者，节日是为纪念著名学者、医学家、哲学家、自然科学家、有"世界医学之父"之称的伊本·西纳（980—1037）的生日。1995年，塔吉克斯坦政府正式将这一天确定为医务工作者。

[2] 2011年8月2日，《塔吉克斯坦共和国节日法》修正案正式实施，修正案将每年11月10日定为警察日。1994—2011年，塔吉克斯坦于每年2月6日庆祝警察日。

[3] 为了进一步推动塔吉克斯坦传统音乐莎什木卡姆的传承和发展，2000年，塔吉克斯坦政府将每年的5月12日定为莎什木卡姆日。

维埃塔吉克文学奠基人萨德理金·艾尼、拉胡季等思想家。苏联时期，塔吉克的文化事业得到了跨越式发展。这一时期，塔吉克的文学艺术领域发展迅速，绘画艺术进入发展最为鼎盛的时期。

独立后，塔吉克斯坦的文化事业不断发展，众多文化名人在国内外享有盛誉。他们的文化思想历经岁月流转，跨越时空的界限，散发无限芬芳，在塔吉克斯坦文化发展过程中发挥着重要作用。

一、鲁达基

鲁达基（858—941），波斯塔吉克诗人、学者、文学家、波斯古典文学的奠基人，被后世誉为"波斯诗歌之父"。

858 年，鲁达基出生在撒马尔罕鲁达克村的一个农民家庭，鲁达基天资聪颖，8 岁就能诵经吟诗，精通音律，曾师从音乐家阿布尔阿巴克·巴赫契耶研习琴艺。早年受过良好的经学教育，熟悉民间创作。曾被萨曼王朝的纳斯尔二世聘入宫廷，遂担任备受尊崇、显赫一时的宫廷诗人 40 余年。

鲁达基为塔吉克地区的诗歌创作做出了巨大贡献，他一生写了 300 多本诗集，约 130 万行诗，流传至今的有 2 000 多行。代表作有《瓦米克与阿兹腊》《老人怨》《卡里莱与笛木乃》《辛伯达》等。他的作品歌颂美丽的大自然、真挚的爱情和快乐的生活，讴歌理性和善良，充满对劳动人民的爱。

鲁达基不仅带给世界人民以瑰丽的诗篇，而且他的作品作为波斯文的典范饱含教育思想，给人以启发和鼓舞。鲁达基的文化教育思想主要有以下四个方面。

第一，环境决定论。鲁达基认为人格形成主要受环境因素和教育因素的影响，环境因素占主导地位。众所周知，人格形成主要有三个因素：遗传因素、环境因素和教育因素。在不同的历史条件下，对这些因素的本质以及它们在人格形成中的意义和作用解释不同。鲁达基关于人格形成的观点在那个时代曾是最进步的，他认为环境因素在人格形成和发展中起主导作用。他指出，环境是知识的来源，是一个人生活和工作的基础。他的诗中曾这样写道："要懂得生活，就必须向生活本身学习。"鲁达基相信生活不仅是经验和知识的来源，而且是一位良师益友，生活充满了建议和指导。没有人可以像生活本身一样给出正确的指示，没有老师可以给人以生活赋予的东西。鲁达基呼吁人们要在生活中学习，他曾写道："去吧！去获取生活经验，它在对抗困难中十分有用。"这一观点的形成主要有两个原因：其一，鲁达基的寿命长，自己丰富的人生阅历使他确信，生活所必需的一切需要通过生活经验来获取，而这是那个时代的学校无法教授的；其二，鲁达基反对当时学校教授的脱离生活的知识。鲁达基的环境决定论和孔子提出的"人之初，性本善，性相近也，习相远也"的教育观点十分类似。

第二，重视智育，发展科学教育。鲁达基特别重视科学，鼓励人们学习科学，发展智力和能力。虽然鲁达基认为环境在塑造人格中发挥关键作用，但同时他也十分重视教育的作用。他敦促年轻一代要学习科学知识。他曾在诗中写道："没有什么比教育更重要，只要您可以，请搜集这一宝藏！"

第三，物质需求和精神需求的一致关系。鲁达基认为一个人既要有物质需求又要有精神需求。在当时封建统治下，人民处于黑暗和无知的时候，他的这种观点无疑具有重大的进步意义。他曾在诗中写道：正如金钱、水和土地是满足一个人物质需求的必要手段一样，理性、科学和知识也是满足一个人精神需求的必要手段。

第四，发展德育，培养学生的爱国情操，增强民族认同感。鲁达基认为要对受教育者进行道德教育，并通过受教育者的认识、体验和践行形成一定的思想品质和道德品质。鲁达基在他的作品中高度赞扬主人公对祖国和人民的爱，歌颂勇士们坚定不移、百折不挠的精神，宣传尊老敬老的传统美德，注重家庭、家教和家风。

随着鲁达基这种思想的传播，学校在授课过程中也开始传授爱国主义思想，授课内容不断融入歌颂塔吉克祖先的伟大和力量的内容，这对培养塔吉克人民民族自豪感和荣誉感、增强民族意识和爱国主义情操发挥了重要作用。

鲁达基的思想对后世有着极其深远的影响，塔吉克的教育中也一直秉持着鲁达基的教育理念。一千多年来，塔吉克人在鲁达基的名字前总会加上"老师"（Устод）这个词，以表示崇高的尊敬与深深的钦佩。[1] 在塔吉克的教育中会要求学生背诵鲁达基等古代先哲的诗歌，这就如同在中国古代教育中必不可少要背诵孔子的《论语》等经典著作。如今，几乎在塔吉克斯坦的每座城市都矗立着鲁达基雕像，他的诗歌也早已成为文学经典。

二、菲尔多西

菲尔多西（935—1020），著名诗人、学者，与萨迪、哈菲兹和莫拉维一起被誉为"波斯诗坛四柱"。

菲尔多西生于霍拉桑图斯城郊巴惹村的一个贵族家庭，自幼受过良好的教育，通晓古波斯语和阿拉伯语，熟知波斯民间的历史传说故事，代表作是民族史诗《列王纪》。《列王纪》长达6万双行，叙述内容的时间跨度在4 000年以上，鲜明生动地展示了塔吉克人民的历史画卷，将塔吉克-波斯文学推向了顶峰。同鲁达基一样，菲尔多西的作品中也蕴含着丰富的教育思想。菲尔多西的教育理念主要有以下五点。

第一，重视智育。他认识到智育在人类发展中的作用和地位，鼓励人们不仅要学习科学文化知识，还要注重理论知识和生活实践的联系。

---

[1] 阿利莫夫. 塔吉克斯坦与中国：文化的对话 [M]. 吴喜菊，译. 北京：民族出版社，2012：20.

第二，注重演说术教育。菲尔多西认为"演说术"是一门必修课，"讲话的艺术"即口头表达能力是一个人的积极品质。他写道："每个有理智的人都应该善于区分一个好词与一个坏词，因为在一个人死后，只有他的话仍然存在。"

第三，重视德育。菲尔多西认为团结和友谊是年轻一代的最佳品质。他鼓励年轻一代团结一致、建立友谊、相互沟通。

第四，重视劳育。菲尔多西认为劳动是人类幸福与繁荣的源泉。在他看来，劳动可以修炼心性、净化灵魂，劳动是培养和发展人的道德品质的重要途径。他在作品中赞扬勤劳，谴责懒惰，认为每个人都应该从年轻时选择学习手工艺，研究其技巧。

第五，注重家庭教育。教育始于家庭，成于学校。一个孩子的成长与家庭教育有着紧密的联系。菲尔多西认为每个人都应该尊敬长辈，尤其要尊敬母亲。他认为，母亲是生命的缔造者，是友善和爱心的源泉，母亲在抚养和教育孩子方面的作用是巨大的。菲尔多西的这一观点在发扬塔吉克民族优良传统方面发挥着积极的作用。塔吉克民族自古以来就一直非常尊重母亲，正是母亲为塔吉克哺育了众多伟大的英雄人物。

菲尔多西用其著作坚守永恒的人类精神价值，已成为塔吉克悠久历史与文化传统的象征，承载着隽永的精神价值。他的思想几个世纪以来一直滋养着塔吉克文化，是塔吉克人民永不枯竭的智慧宝库和精神指引。

三、伊本·西纳

伊本·西纳（980—1037），拉丁语名为阿维森纳，著名波斯学者、医学家、哲学家、自然科学家，被称为"世界医学之父"。

980 年，伊本·西纳出生于布哈拉附近的阿夫申村。5 岁时全家迁居到当时中亚的文化中心布哈拉，少年时受过良好的教育。伊本·西纳自幼就表现出非凡的能力和天赋。十岁时就开始学习逻辑学、哲学、几何学和天文学，之后开始研究医学。他在医学领域表现出极高的天分，16 岁时被邀请到宫廷为萨曼王朝的埃米尔治病，从此声名鹊起，也因此得以有机会进入帝王图书馆博览群书。1012 年，伊本·西纳迁居伊朗，在霍拉桑和哈马丹居住。

伊本·西纳在世界文化史占据着重要的位置。他是塔吉克百科全书式的学者，精通医学、天文学、数学、逻辑学、物理学、哲学、音乐等众多领域，在 29 个科学领域撰写了 450 多部作品，有 274 部作品留存至今，代表著作有《医典》《治疗论》《拯救论》《治愈之书》等。其中《治愈之书》是一部百科知识著作，内容涉及逻辑学、博物学、数学等。《医典》是重要的医学文献，12—17 世纪中叶一直是欧洲许多大学的医学教科书。在《医典》中他提出了疾病可能是由一些微小的生物引起的，提出了天花的传染性，确定了霍乱和鼠疫之间的区别，描述了麻风病，并研究了许多其他疾病。《医典》还专门介绍了 2 600 种药物的原料、功效及其使用方法。因其在医学领域的成就，伊本·西纳被称为"世界医学之父"。他在化学、天文学、物理学、哲学等领域也有极高的造诣，他的许多著作被翻译成拉丁语，对近代欧洲文艺复兴也产生了重要影响。

为了纪念伊本·西纳，塔吉克阿布阿里·伊本·西纳国立医科大学便是以伊本·西纳的名字命名的。塔吉克斯坦中央银行 1999 年发行的 20 索莫尼正面的人物像便是伊本·西纳。在首都杜尚别建有伊本·西纳广场和伊本·西纳雕像。

四、加富罗夫

巴巴疆·加富罗维奇·加富罗夫（1908—1977），塔吉克政治家、学者、历史学家、历史学博士、苏联科学院院士，曾任塔吉克苏维埃社会主义共和国共产党中央委员会第一书记（1946—1956）、苏联科学院东方学研究所所长。

1908 年 12 月 18 日，加富罗夫出生于俄罗斯帝国撒马尔罕州苦盏县（今塔吉克斯坦苦盏市加富罗夫区）。1928—1929 年，在撒马尔罕求学。1932 年，加入苏联共产党。1935 年，毕业于全苏共产主义新闻学院。之后在塔吉克的大学中从事教学和科研工作，从事新闻学领域的研究。1936 年起，在塔吉克共产党中央委员会宣传部门和新闻出版部门工作。1941—1946 年，担任塔吉克共产党中央委员会秘书。1946—1956 年，担任塔吉克苏维埃社会主义共和国共产党中央委员会第一书记。1949 年，获得历史学博士学位，主要从事中亚历史研究。1952 年和 1956 年分别当选为第 19 届和第 20 届苏共中央委员会委员。1956 年起，任苏联科学院东方学研究所所长。1968 年，当选为苏联科学院院士，兼任联合国教科文组织下属国际中亚文化研究协会主席。

加富罗夫为塔吉克的历史和文化研究做出了巨大贡献。1947 年，加富罗夫发表《塔吉克民族简史》。《塔吉克民族简史》最初以塔吉克语发表，后来改用俄语印行，经过三次增订，最后一版印于 1955 年。[1]《塔吉克民族简史》共包含五部分，详细记述了从原始公社制度时期到 19 世纪上半叶塔吉克民族的历史，该书被认为是中亚历史名著。1963—1965 年，加富罗夫主持了塔吉克苏维埃社会主义共和国科学院出版的《塔吉克民族历史》的编写和修订。

---

[1] ГАФУРОВ Б. Г. Таджики. Древнейшая, древняя и средневековая история. Книга первая [M]. Издание второе. Душанбе: Ирфон, 1989：6.

加富罗夫主要代表著作为《塔吉克人》，该书详细记录了塔吉克民族的发展历史。塔吉克斯坦总统埃莫马利·拉赫蒙曾这样评价加富罗夫："我国人民会永远缅怀巴巴疆·加富罗夫院士，他所撰写的《塔吉克人》专著已成为我国民族的名片，为我国人民提升民族自觉性、强化历史思维做出了巨大贡献。加富罗夫作为伟大学者将自己的学术眼光投向历史长河，长期以来一点一滴地搜集塔吉克民族精神文化遗产，努力恢复历史真相，并予以系统阐述，向全世界证明，塔吉克人是摩瓦鲁纳赫和呼罗珊地区最古老的先民。"[1]

2019 年 12 月 26 日，塔吉克斯坦总统埃莫马利·拉赫蒙在国情咨文中指出："为了深入研究我们人民光荣的历史，我国用塔吉克斯坦共和国总统基金重新出版巴巴疆·加富罗夫院士的著作《塔吉克人》，并在庆祝国家独立 30 周年之际，代表国家元首将这本书作为礼物免费分发给国家的每个家庭。"[2]2020 年 2 月 6 日，塔吉克斯坦总统埃莫马利·拉赫蒙签署总统令，国家将分阶段出版《塔吉克人》，并将其免费分发给每个家庭。2020 年 9 月，《塔吉克人》开始出版，并陆续免费发放给国家的每个家庭。

加富罗夫一生共获得 6 枚"列宁"勋章和 1 枚"劳动红旗手"勋章。为了纪念加富罗夫，1978 年，塔吉克斯坦的列宁纳巴德州的索维特巴德村更名为加富罗夫村。1997 年，加富罗夫被授予"国家英雄"称号。1997 年，苦盏国立大学开始以加富罗夫的名字命名，更名为苦盏加富罗夫国立大学。1999 年，在塔吉克斯坦索格特州加富罗夫区设立加富罗夫博物馆。

[1] 拉赫蒙.历史倒影中的塔吉克民族（一）[M].李英男，刘铮，译.北京：人民出版社，2019：1.

[2] 资料来源于塔吉克斯坦共和国总统网。

五、米尔佐·图尔松扎德

米尔佐·图尔松扎德（1911—1977），塔吉克著名诗人、社会活动家、塔吉克苏维埃社会主义共和国科学院院士、塔吉克苏维埃社会主义共和国人民诗人，曾任苏联作家协会书记处书记、苏联亚非团结委员会主席、世界和平委员会主席团委员。

1911 年 5 月 2 日，图尔松扎德出生于卡拉达格。早年在卡拉达格寄宿学校上学，后毕业于塔吉克教育学院。1932 年，图尔松扎德发表第一部诗集《胜利的旗帜》。1934 年，当选为苏联作家协会成员。之后陆续发表长诗《祖国的太阳》（1936 年）、《秋与春》（1937 年）等。苏联卫国战争期间，他创作了许多著名的诗篇，如长诗《为祖国而战》（1941 年）、《祖国的儿子》（1942 年）等。这些作品歌颂了苏联卫国战争时期塔吉克人民的英雄主义和爱国情怀。1945 年，图尔松扎德发表长诗《来自莫斯科的未婚妻》。1946 年起，图尔松扎德连续当选第 2 届至第 9 届苏联最高苏维埃代表。1946 年，当选为塔吉克苏维埃社会主义共和国作家协会理事会主席。1947—1948 年，发表组诗《印度叙事诗》。1948 年，获得该年度的斯大林奖金。1950 年，发表组诗《我来自自由的东方》，《我来自自由的东方》与《印度叙事诗》两部作品相互呼应，记述了图尔松扎德在亚洲几个国家的所见所闻。1951 年，当选为塔吉克苏维埃社会主义共和国科学院院士。

1954 年，发表长诗《赶车的哈桑》。1956 年，发表长诗《亚洲之声》。1960 年，《赶车的哈桑》和《亚洲之声》两部作品获得列宁奖金。图尔松扎德的代表作还有长诗《永恒之光》（1957 年）和《我亲爱的》（1960 年）。1963 年，因长诗《我亲爱的》获得塔吉克苏维埃社会主义共和国鲁达基国家奖。1959 年起，担任苏联作家协会书记处书记。1970 年，发表长诗《从恒河到克里姆林宫》。

图尔松扎德的诗歌既兼具现实主义手法和浪漫主义色彩，又富有深刻的哲理。他的创作为塔吉克和苏联文学的发展做出了巨大贡献。图尔松扎德几乎所有的作品都被翻译成了俄语。同时他也将普希金、舍甫琴科、涅克拉索夫等许多作家的优秀作品翻译成了塔吉克语。

图尔松扎德一生共获得 4 枚"列宁"勋章、1 枚"十月革命"勋章、3 枚"劳动红旗手"勋章、2 枚"荣誉"勋章。1961 年，图尔松扎德被授予"塔吉克苏维埃社会主义共和国人民诗人"称号。1967 年，被授予"社会主义劳动英雄"称号。1967 年，荣获尼赫鲁国际奖。2001 年，被授予塔吉克斯坦共和国"国家英雄"称号。

为了纪念图尔松扎德，1978 年，塔吉克斯坦的列加尔市更名为图尔松扎德市。1978 年，塔吉克国立艺术学院开始以图尔松扎德的名字命名，更名为塔吉克图尔松扎德国立艺术学院，并在学院放置了图尔松扎德雕像。1981 年，在杜尚别设立图尔松扎德文学馆。2001 年，根据联合国教科文组织的决定，在世界范围内举行纪念图尔松扎德诞辰 100 周年纪念活动。

第三章 教育历史

　　塔吉克斯坦的教育史可追溯到公元 6 世纪，当时在塔吉克地区出现了早期的学校形态。7 世纪以后，随着阿拉伯人向中亚扩张，伊斯兰教开始在中亚传播并成为主要宗教。伊斯兰教教育在教育体系中占据主导地位。公元 874 年，塔吉克人建立了自己的中央集权国家——萨曼王朝，其文化教育得到了发展。萨曼王朝统治时期，科学、文化、艺术领域繁荣，塔吉克语被定为国语，涌现出以鲁达基、菲尔多西等为代表的一批著名学者，他们不仅在文学领域具有极高的造诣，而且他们作品中反映出的教育思想对后世影响深远。

　　11—20 世纪初，塔吉克地区先后被十几个外族王朝统治，教育发展处于相对落后的状态，主要仍是宗教教育，宗教与学校合一。自 19 世纪 60 年代起，沙皇俄国对中亚的征服给塔吉克地区教育的发展带来了转机。1867 年，沙皇俄国在中亚河中地区设突厥斯坦总督区。由于沙皇俄国的统治，塔吉克地区出现了两种教育形态。塔吉克地区北部和东部归突厥斯坦总督区管辖，这里实行沙皇俄国的教育制度。为了加强殖民统治，沙皇俄国在此开设俄语学校和本地化俄语学校。塔吉克地区中部和南部属于布哈拉汗国（1868 年沦为沙皇俄国的附属国），这里仍然延续中世纪的教育传统，只有穆斯林小学和伊斯兰经学院两类教育机构，进行伊斯兰教教育。

　　20 世纪初，在"扎吉德"运动影响下，突厥斯坦总督区和布哈拉汗国的部分城市开设了新式学校。在教学方式、教学内容、课程设置、教材编写方面进行改革，教学大纲中引入地理、历史、算术、物理等世俗学科，这推动了当地教育由传统的伊斯兰教教育向世俗教育的转变。

俄国十月革命后，随着苏维埃政权的建立，塔吉克全境建立起苏维埃学校。1929 年，苏联政府在塔吉克开展大规模的扫盲运动。到 1941 年，塔吉克全境已基本扫除了文盲。苏联政府在塔吉克建立起包括学前教育、普通教育和职业教育在内的完备的教育体系，使得塔吉克的教育面貌得到了根本性的改善。1931 年，塔吉克斯坦历史上第一所高等教育机构——塔吉克高等农业师范学院成立，这标志着塔吉克斯坦高等教育正式起步。苏联时期，在塔吉克境内共建立了 13 所高等教育机构。

1991 年 9 月 9 日，塔吉克斯坦宣布独立。独立初期，塔吉克斯坦历经了内战，加之面临严峻的反恐形势，经济基础薄弱，这造成塔吉克斯坦的教育相对滞后。20 世纪 90 年代末，塔吉克斯坦教育改革全面展开，政府通过立法等措施致力于建立一个顺应时代发展的教育体制。随着塔吉克斯坦经济改革的不断深化，经济发展速度加快，社会服务质量不断提升，政府加大对教育的投入，教育领域得到进一步发展，取得了一定的成就。但在改革过程中也出现了一些问题，塔吉克斯坦教育改革的脚步仍在继续。

第一节 历史沿革

一、独立前的教育

（一）6—20世纪初的教育

塔吉克斯坦的教育可追溯到6世纪，当时该地区开始出现学校，产生了教师和学生的概念，富家子女在学校学习塔吉克语、数学和历史。

7世纪下半叶，随着阿拉伯人向中亚扩张，伊斯兰教在教育中的影响逐渐扩大。公元715年，阿拉伯哈里发控制了整个河中地区。伊斯兰教开始在中亚传播，伊斯兰教在教育领域的影响也不断扩大。阿拉伯哈里发在塔吉克地区建立穆斯林小学。

萨曼王朝统治时期是塔吉克民族和教育发展的重要阶段。萨曼王朝是在塔吉克先民居住地上唯一由塔吉克人建立的中央集权国家，是塔吉克斯坦历史上的鼎盛时期。萨曼王朝不仅国力强盛，文化教育也十分发达。萨曼王朝统治者大力支持教育的发展，其首都布哈拉是当时的教育中心，首都有藏书丰富、规模宏大的图书馆。10世纪，国家开设伊斯兰经学院，教授读写、文学、哲学、数学、医学、天文学、几何、历史、地理、礼仪。萨曼王朝统治时期，涌现出以鲁达基、菲尔多西等为代表的一批享誉世界的学者、诗人、文学家，他们作品中反映出来的教育思想和教育理念对后世产生了深远的影响。

萨曼王朝灭亡后的900多年，塔吉克地区先后被十几个外族王朝统治。总体而言，在外族王朝统治期间，塔吉克地区的教育发展水平并不高，没有普通教育，人民受教育程度不高。只有穆斯林小学和伊斯兰经学院这两类教育机构，主要进行伊斯兰教教育，教授伊斯兰教义，培养职业宗教人员，科技发展也未得到重视。

19 世纪 60 年代，沙皇俄国通过军事进攻获得了中亚广阔的领土，开始对该地进行行政管理。1867 年，在该地建立了以塔什干为首府的突厥斯坦总督区。沙皇俄国对中亚的征服使得塔吉克地区北部和东部归入突厥斯坦总督区管辖，并由此并入沙皇俄国版图。因此，这里实行了沙皇俄国的教育制度。而塔吉克地区中部和南部依然属于布哈拉汗国，虽然布哈拉汗国此时已是沙皇俄国的附属国，但这里仍然延续中世纪的教育传统。

塔吉克地区并入沙皇俄国之后，该地的政治、经济、文化、教育等方面都发生了根本性的变化。沙皇俄国为加强殖民统治，在各个领域推行俄国化政策。但考虑到之前该地区主要进行伊斯兰教教育，时任突厥斯坦总督区总督考夫曼主张制定一套符合当地居民、教育和生活习惯的制度。在制定当地教育政策规划时，他建议，在突厥斯坦总督区组织教育时，有必要对俄国人和当地人的子女进行共同教育，教育中执行相同的规则，所有人都有权平等地接受教育。

为了在突厥斯坦总督区实行稳固的教育政策，并确定符合沙皇俄国化政策的学校类型，1870 年设立专门委员会。委员会的主要任务包括：确定俄国人和当地人子女共同接受教育的制度，确定该地区所需的教育机构类型，制定教学大纲，确定教育时长和教材，制定保障正常教学工作的措施，确定该地区学校数量和开设学校事宜，对每所学校的经费数额及其来源做出预算，建立学校管理机制。1871 年，委员会向突厥斯坦总督区总督提交了《突厥斯坦总督区人民教育基本准则》（下文简称《准则》）。根据该《准则》，在突厥斯坦总督区开设俄语学校，俄国人和塔吉克人均可在此就读；开设中等师范学校，学制三年，毕业后可获得中等学校教师资格；开设中等师范学校附属学校，可接受 50 名寄宿生，其中俄国人 20 名、塔吉克人 30 名。此外，还开设了四年制的公立学校，要求每所学校都开设手工艺课，以满足当地对手工艺品的需求。

事实上，在《准则》未出台之前，突厥斯坦总督区就已经开设了俄语学校，培养俄国官员子弟和富有的塔吉克人子弟从事行政管理。1870年，在撒马尔罕开设了一所俄语学校，1874年，共有36个男孩在此学习。1871年，在塔什干开设了一所俄语学校，学制三年，并开设了手工艺课。俄语学校的开办从客观上推动了俄语和俄国文化在当地的传播。

1884年，罗森巴赫担任突厥斯坦总督区总督，他了解到当地的教育情况，组织召开会议来讨论这一问题，建议开设本地化俄语学校，即采取混合式教学模式，在原有俄语学校的基础上，教师在教学过程中尊重当地人的宗教信仰和风俗习惯，因地制宜地对当地人进行教育。

1886年6月20日，沙皇俄国正式批准在突厥斯坦总督区开设本地化俄语学校。事实上，1886年前就已经有3所此类学校，1886年后又陆续创建了14所本地化俄语学校。随着社会的发展，当地人民也逐渐意识到俄语在日常生活中的重要性，越来越多的塔吉克人把自己的孩子送入学校学习。

本地化俄语学校的教学大纲中除了俄语和俄国文化课程，还增加了母语读写、地理、历史、自然学、算术、物理等世俗学科，大大开阔了学生们的视野。例如，本地化俄语学校所用的教科书中包含了自然界的基本知识以及普希金、莱蒙托夫、克雷洛夫等俄国经典作家的著作。其中格拉梅尼茨基编写的阅读书被认为是当时最成功的阅读教材，如三年级学生使用的《阅读三》中第一部分是经典名著选读，包括风和太阳的故事、列夫·托尔斯泰的故事、克雷洛夫的寓言、涅克拉索夫的《严寒，通红的鼻子》、普希金的《渔夫与金鱼的故事》等；第二部分介绍俄国历史；第三部分介绍俄国欧洲部分、西伯利亚和突厥斯坦总督区的地理；第四部分介绍自然科学，包括煤炭、盐、动植物等基本信息。

为了推动当时经济社会发展，突厥斯坦总督区除了开设俄语学校和本地化俄语学校，还设立了许多职业学校。截至1893年1月1日，突厥斯坦总督区共设有464所职业学校。职业学校的毕业生为当地各行各业的发展做出了重要贡献。例如，到 1906 年，突厥斯坦总督区已有 22 所铁路学校，培养大量的铁路人才，成为当地铁路建设的中坚力量。1898 年，阿什哈巴德-撒马尔罕-塔什干铁路建成通车。1905 年，奥伦堡-塔什干-安集延铁路建成通车，铁路的建设也大大地推动了突厥斯坦总督区的社会经济发展。

沙皇俄国统治时期的教育对当地居民的生活具有重大意义。第一，学校进行授课时遵循统一的教学大纲，按照学生的年龄进行分层次教学。第二，编写并出版了许多教材和教学参考书。第三，学校里的课程主要是用俄语进行的，同时也允许当地教师对学生进行伊斯兰教教育。第四，除了俄语外，学校还开设了其他课程。

20 世纪初，突厥斯坦总督区的先进知识分子主张开设新式学校，从语音方式、教学方法、学习制度、教学大纲、课程设置、教材编写和选取等方面对传统伊斯兰教教育进行改革。新式学校按照字母表进行语音教学，把音节教学法改为音素教学法，教学大纲中引入了一些新的教学内容，包括母语、历史、算术、地理、自然科学等科目，课堂内容在宗教教学内容基础上融入了世俗学科，出现了新的教学参考书并在学校里加以推广。新式学校的创建推动了突厥斯坦总督区的教育向世俗化的发展，提升了教育水平。

突厥斯坦总督区的第一所新式学校开设于 1889 年，当时安集延轧棉厂急需受过教育的工人，所以在当地富人的资助下，在安集延轧棉厂开设了一所新式学校。之后在突厥斯坦总督区的塔什干（1900 年）、撒马尔罕（1903 年）等各个城市都陆续开设了新式学校。

1868 年 6 月 23 日，穆扎法尔丁·巴哈杜尔与俄国突厥斯坦总督区总督考夫曼签署和平条约，布哈拉汗国成为沙皇俄国附属国。根据条约，在布哈拉设置俄国常设代表机构，负责参与管理布哈拉汗国的政治、经济、文化、教育等各项事务。

沙皇俄国统治时期，布哈拉汗国继续沿用中世纪以来的宗教教育传统，学校与宗教合一，伊斯兰教在教育中占统治地位。教育机构只有宗教学校，主要有穆斯林小学和伊斯兰经学院两种，学校位于清真寺、街区、村庄等地。大多数的宗教学校都是依靠公共募捐建造的。

塔吉克苏维埃文学的奠基人萨德理金·艾尼早年在布哈拉乡村的宗教学校求学，他在《回忆录》中对当时布哈拉的宗教学校有较为详尽的描述。关于宗教学校的外观，他在《回忆录》中写道："布哈拉的宗教学校通常为一层或两层的建筑。建筑内外地面由大块平板铺设，墙由砖建成，许多学校的大门、圆顶和墙壁都饰有彩色瓷砖。"[1] 城里的宗教学校与乡村的略微有所不同，许多地区学校都有圆顶。

萨德理金·艾尼还在《回忆录》中描写了19世纪末至20世纪初布哈拉宗教学校课上课下的场景。他写道："宗教学校每年只有一个学年，课程从9月22日（按照穆斯林的日历）到来年的3月22日，历时半年。学校实行四天工作日，周日、周一、周二和周三为工作日，周四、周五和周六为休息日。"[2]

20世纪初，布哈拉地区的先进知识分子一直在为改变国家的落后现状寻找出路，他们认为国家落后的主要原因是教育制度的落后。于是在布哈拉汗国一些受到先进思想影响的知识分子发起了"扎吉德"运动，他们主张在布哈拉汗国开设新式学校。1900年，布哈拉汗国开设了第一所新式学校。1907年，在布哈拉开设了新式学校，当地塔吉克人和乌兹别克人的子女在此学习。1908年，在塔吉克诗人萨德理金·艾尼和蒙济姆的倡议下，一所新式学校在蒙济姆家中开设。

新式学校的建立并不是依靠国家资金，而是依靠当地富人的资助。为此当时还成立了若干个新式学校资助协会，专门用于学校的建立和资助贫困学生。新式学校学制一般为四年，在塔什干等有些城市为五年，周学时

---

[1] АЙНИ С. Воспоминания (Перевод с таджикского Анны Розенфельд) [M]. М. Л.: Изд. АН СССР, 1960: 193.

[2] АЙНИ С. Воспоминания (Перевод с таджикского Анны Розенфельд) [M]. М. Л.: Изд. АН СССР, 1960: 200.

为 25 学时，虽然大部分学时仍然用于研究宗教问题，但授课内容和方式比旧的教育体系进步了许多。萨德理金·艾尼等先进知识分子一直致力于发展新式学校并证明其优势。他们编写并出版新教材、教学参考书等其他书籍。与旧的宗教学校相比，新式学校在促进包括塔吉克人在内的中亚人民的启蒙方面发挥了重要作用。新生资产阶级的代表也需要这样的学校，新式学校的学生毕业后成为工人或国家的公职人员。

从整体上看，沙皇俄国统治时期，突厥斯坦总督区和布哈拉汗国人民受教育程度并不高，也远没有达到普及的程度。俄国十月革命前，塔吉克地区大约有 10 所本地化俄语学校。

俄国十月革命前，突厥斯坦总督区对教育的资金投入很少，布哈拉汗国甚至不曾为教育发展投入资金。1913 年，突厥斯坦总督区的预算中只有 4% 的预算用于教育发展。沙皇俄国统治时期，政府在教育领域采取了一些措施，对塔吉克地区教育的发展起到了积极作用，开设了本地化俄语学校和新式学校，学校的开设为塔吉克地区的发展培养了人才。

（二）苏俄和苏联时期的教育（1918—1991 年）

俄国十月革命胜利后，在塔吉克北部建立起苏维埃政权，1918 年 4 月 30 日后隶属于突厥斯坦苏维埃社会主义自治共和国。俄国十月革命的胜利大大推动了塔吉克教育的发展，1918 年 5 月，突厥斯坦苏维埃社会主义自治共和国人民委员会通过决议，决定建立面向大众的苏维埃学校。1918 年底，塔吉克北部开设了 15 所苏维埃学校。1919 年，学校数量达到 73 所。苏维埃学校的任务是用切实的科学基本知识和共产主义精神来教育和武装所有学生。

1920 年 9 月，布哈拉人民和苏俄红军推翻曼吉特王朝，布哈拉汗国灭亡，布哈拉苏维埃人民共和国成立，至此塔吉克全境建立起了苏维埃政权。

1923 年，第一所苏维埃学校在帕米尔建立。根据中亚民族区域划界原则，1924 年 10 月 14 日，成立塔吉克苏维埃社会主义自治共和国，隶属于乌兹别克苏维埃社会主义共和国。1924 年 12 月，在塔什干成立塔吉克苏维埃社会主义自治共和国教育人民委员部。1925 年 2 月，教育人民委员部迁至杜尚别。

当时在加尔姆、吉萨尔、库利亚布、库尔干秋别只有 7 所学校，其中包括 3 所小学和 4 所寄宿学校，共有 152 名学生和 26 名教师。在乌拉秋别有 8 所学校，366 名学生和 18 名教师。在彭吉肯特有 3 所学校，75 名学生和 4 名教师。在帕米尔有 3 所学校，75 名学生和 4 名教师。由此可见，在国家的中部、南部和东部，学校、学生和教师的数量仍然很少。

教育人民委员部和地方苏维埃面临的任务不仅是扩大学校网络、增加学生和教师的数量，而且要增强人民对新社会制度的信心和提高人民的脱盲意识。据此，1925 年 6 月 25 日，教育人民委员部通过了一项特别决议，宣布 1925 年 8 月 15 日至 9 月 1 日为"教育双月"。1925 年 9 月 30 日，塔吉克苏维埃社会主义自治共和国颁布了《关于在苏维埃学校就读学生家庭的优待政策》，鼓励家长把子女送入苏维埃学校学习。教育措施和宣传取得了一定的成效，到 1925 年秋，在全国范围内建立了 25 所学校，共 1 610 名学生，共和国的识字率提高到 25%。1927—1928 学年，普通学校数量 336 所，在校人数 1.4 万人，1928—1929 学年，全国已经有 382 所学校，有 1.86 万名学生，718 名教师。

1929 年 12 月 5 日，苏联中央执行委员会批准将塔吉克苏维埃社会主义自治共和国升级为塔吉克苏维埃社会主义共和国，正式加盟苏联。苏联政府十分重视塔吉克苏维埃社会主义共和国的教育发展，政府把发展塔吉克的教育事业作为国民经济发展的优先方向之一，采取了一系列新的教育措施。

第一，推行世俗化教育政策。1918 年，苏维埃人民委员会颁布了"教会同国家分离、教会同学校分离"的法令，废除塔吉克旧的教育制度，取消穆斯林小学和伊斯兰经学院，确保教育世俗化。

第二，改革民族文字。塔吉克地区原有的民族文字是以阿拉伯字母拼写的。1930 年，塔吉克开始使用拉丁字母为基础创建的文字。1940 年，开始使用以基里尔字母为基础创建的文字。

第三，实行教育对象普及化，全面开展扫盲运动。1929—1941 年，苏联政府在塔吉克开展大规模的扫盲运动，全国推行初级义务教育。在全国范围内成立扫盲班，要求 8—50 岁不识字的公民都要进扫盲班学习。事实上，俄国十月革命胜利后，苏联政府就颁布了扫盲命令。在大规模扫盲运动开始后，扫盲班的学习时长由最初的 3 个月延长至 8 个月。为了使女子也接受教育，还专门成立了女子扫盲班。1929—1941 年，在塔吉克境内共开设 3 000 余个扫盲班，脱盲人数达到 13 万余人。扫盲运动取得了显著成效，到 20 世纪 40 年代初期，塔吉克全境已基本扫除了文盲。

第四，兴办学校，建立完备的教育体系，实行免费的义务教育。1918 年以前，塔吉克地区并没有完备的教育体系。苏联政府投入大量的人力、物力、财力，兴办各类学校，从无到有，在塔吉克建立起从学前教育、普通教育到职业教育一整套教育体系。20 世纪 20 年代，塔吉克在苦盏和杜尚别开始建立学前教育机构。到 1928 年，全塔建立起 15 所学前教育机构。苏联时期，塔吉克境内各类教育机构数量、在校学生人数都呈现逐年上升的趋势。到 1939—1940 学年，全塔各个城市都兴办了学校。苏联卫国战争开始之前，全国范围内共有 394 所七年制中学，有 2.73 万名学生就读，其中 8 500 人是女生。为了适应经济社会发展，还建立了多所中等和高等职业学校。苏联时期，塔吉克的教育机构中的教学活动主要采用俄语进行，在社会生活各个领域也基本使用俄语，俄语在社会中具有较高的声望。

苏联卫国战争的爆发对塔吉克教育领域产生了极大影响。战争期间，在校教师、教材、教学设备严重短缺，学校教学质量下降，许多学校关闭或改建，大量学生辍学。苏联卫国战争结束后，苏联政府在教育领域做出了一系列改革。1946 年，塔吉克苏维埃社会主义共和国教育人民委员部改组为塔吉克苏维埃社会主义共和国教育部。政府采取了恢复教育发展的措施，教育机构、教师和学生数量呈现逐年上升的趋势。

苏联卫国战争结束后，塔吉克教育领域经历了三次改革，即 1958 年教育改革、20 世纪 60—70 年代教育改革和 20 世纪 80 年代教育改革。

1958 年 12 月 24 日，苏联最高苏维埃通过了《关于加强学校同生活的联系和进一步发展苏联国民教育制度》的法律。文件指出，苏联普通教育的目标是培养既通晓科学基础知识又能积极参加体力劳动的全面发展的人。

20 世纪 60—70 年代，随着生产力的迅猛发展和科学技术的进步，培养有专业知识、能积极参加社会生产劳动和国家建设的熟练工人和专家成为教育最主要的任务。1966 年 3 月 14 日，苏联最高苏维埃主席团发布《关于加强学校同生活的联系和进一步发展苏联国民教育制度》的法律第四条部分修订的命令，命令指出："学生在劳动综合技术普通中学里接受普通中等教育、综合技术教育和劳动教育，而在具备条件的情况下，还接受职业训练。"[1]

1973 年 7 月 19 日，苏联最高苏维埃通过了《关于苏联国民教育现状和进一步完善普通教育、职业技术教育、中等专业教育和高等教育的措施的决议》，决议指出："应把彻底贯彻旨在适应经济、科学和文化的发展需要及社会和科学技术的进步而不断完善普通中等、职业技术、中等专业及高等教育诸方面的措施，在本五年计划内完成向普及青年中等教育过渡以及提高职业技校、中专和高校培养熟练工人和专家的质量这些工作视为最重要的国家任务。"[2]

随着社会迅猛发展和科技革命的开展，专业性较强的综合型人才的需

---

[1] 北京师范大学外国教育研究所. 苏联普通教育和职业教育法令汇编 [M]. 北京：北京师范大学出版社，1985：86.

[2] 北京师范大学外国教育研究所. 苏联普通教育和职业教育法令汇编 [M]. 北京：北京师范大学出版社，1985：253.

求量日渐增加。为满足社会发展需求，进行教育改革势在必行。1984 年，苏共中央全会 4 月 10 日暨苏联最高苏维埃 4 月 12 日通过《普通学校和职业学校改革的基本方针》。方针涉及普通中等教育和职业教育的结构，教学教育过程的质量，劳动教育、劳动教学、职业定向，儿童和少年的社会教育和家庭教育，教师，教学的物质基础以及国民教育管理等诸多方面。

这三次重大的教育改革内容不断丰富，对教育机构设置、课程设置、教学内容、教育质量、教师教育等方面做了一些调整和改革，使塔吉克的教育体系得到了发展和完善。到 20 世纪 80 年代末，塔吉克的教育水平与全苏教育水平接近。

苏联时期，塔吉克乃至整个中亚的高等教育正式起步。苏联在塔什干创立中亚国立大学，成为中亚各国高等教育机构的发源地。1931 年 7 月 18 日，中亚国立大学师范系改组为塔吉克高等农业师范学院，是今塔吉克艾尼国立师范大学的前身，这是塔吉克斯坦历史上的第一所高等职业教育机构。苏联时期，在塔吉克苏维埃社会主义共和国境内共建立了 13 所高等教育机构，包括塔吉克高等农业师范学院（1931 年，今塔吉克艾尼国立师范大学）、中亚果蔬学院（1931 年，今绍赫捷穆尔国立农业大学）、苦盏国立高等师范学院（1932 年，今苦盏加富罗夫国立大学）、塔吉克医学院（1939 年，今塔吉克阿布阿里·伊本·西纳医科大学）、塔吉克国立大学（1947 年，今塔吉克斯坦民族大学）和斯大林纳巴德理工学院（1956 年，今奥西米国立技术大学）等。

到 1991 年塔吉克斯坦独立时，全塔共有学前教育机构 944 所，在校学生人数 14.15 万人。普通教育机构 3 229 所，在校学生人数 132.54 万人。初等职业教育机构 81 所，在校学生人数 4.19 万人。中等职业教育机构 43 所，在校学生人数 4.07 万人。高等职业教育机构 13 所，在校学生人数 6.93 万人。[1] 根据苏联国家统计委员会 1989 年全苏人口普查的结果显示，1989 年塔吉克苏维埃社会主义共和国 1 000 个居民中拥有高等教育的居民人数为 75 人，拥有中等普通教育的居民人数为 427 人。

苏联时期是塔吉克教育史上重要的转折时期。苏联政府在塔吉克建立起从学前教育、普通教育到职业教育一整套完备的教育体系，塔吉克的高等教育也由此起步。苏联的教育建设为塔吉克培养了大量的人才，促进了塔吉克本国知识分子阶层的形成，使得塔吉克的教育面貌发生了根本性的改变。

二、独立后的教育

1991 年 9 月 9 日，塔吉克斯坦最高苏维埃发表了《塔吉克斯坦共和国独立声明》，塔吉克斯坦共和国成为独立的主权国家。独立初期，塔吉克斯坦经历了内战。内战给塔吉克斯坦社会生活的各个领域都带来了严重的危机，也对教育的发展产生了非常不利的影响。内战给塔吉克斯坦教育系统造成的总损失约为 70 亿美元。据统计，内战造成 5.5 万名儿童成为孤儿，约 100 万人成为劳务移民。内战造成约 20% 的学校被毁、学生辍学、青年精神文化水平降低。20 世纪 90 年代初实行的教育改革也因内战而被迫终止。

1993 年，塔吉克斯坦重新启动教育改革，全国全面实行九年义务教育。塔吉克斯坦政府通过教育立法等一系列措施对教育领域进行改革，致力于建立一个顺应新时代发展的教育体系。

在教育立法方面，塔吉克斯坦政府制定和实施塔吉克斯坦教育体系的法

---

[1] 资料来源于塔吉克斯坦共和国总统统计署官网。

律基础。1993 年 12 月 27 日，塔吉克斯坦颁布了《塔吉克斯坦共和国教育法》。《塔吉克斯坦共和国教育法》是塔吉克斯坦教育发展的法律基础，政府根据教育的发展实践不断进行修订和完善，2014 年 7 月 26 日，塔吉克斯坦颁布了第 1125 法令，完成了对《塔吉克斯坦共和国教育法》的最新一次修订。

独立后，塔吉克斯坦延续并保持苏联的教育体系，教育体系分为学前教育、普通教育和职业教育。普通教育包括初等普通教育、基础普通教育和中等（完全）普通教育。职业教育包括初等职业教育、中等职业教育、高等职业教育和大学后职业教育（见图 3.1）。

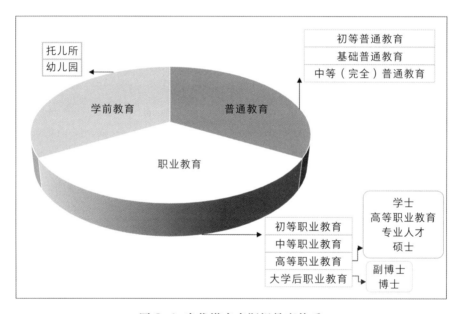

图 3.1 当代塔吉克斯坦教育体系

独立初期，受内战和经济危机的影响，学前教育体系遭到严重破坏，学前教育机构数量和学前儿童人数逐年下降。1991—1992 学年，塔吉克斯坦学前教育机构数量为 944 所，学前儿童人数 14.15 万人。1995 年以后学前教育机构数量逐年下降，2002 年以后已不足 500 所，2012 年起数量开始逐渐回升。2019—2020 学年，塔吉克斯坦共有学前教育机构 662 所，其中市立机构 432 所，村立机构 230 所，学前儿童人数 10.22 万人。目前，塔吉克斯坦学前教育机构采用"公立为主、公私并立"的机制，私立学前教育机构在学习内容和教学形式等方面没有统一的规定。

独立后，塔吉克斯坦普通教育机构数量和学生人数基本呈现逐年上升的趋势。1991—1992 学年，全塔普通教育机构数量为 3 229 所，学生人数 132.54 万。2019—2020 学年，塔吉克斯坦普通教育机构数量为 3 892 所，学生人数 203.52 万。

独立后，塔吉克斯坦初等职业教育机构数量和在校人数呈现下降的趋势。1991—1992 学年，全塔初等职业教育机构共 81 所，学生人数 4.19 万人。2019—2020 学年，全塔初等职业教育机构共 62 所，学生人数 2.23 万人。中等职业教育机构数量和在校人数呈现上升的趋势，1991—1992 学年，全塔中等职业教育机构共 43 所，学生人数 4.07 万人。2019—2020 学年，全塔中等职业教育机构共 74 所，学生人数 9.04 万人。高等职业教育机构数量和在校学生人数逐年增加。1991—1992 学年，全塔高等职业教育机构共 13 所，在校人数 6.93 万。2019—2020 学年，全塔高等职业教育机构共 40 所，在校学生人数 22.96 万（见表 3.1）。

表 3.1 塔吉克斯坦教育基本情况 [1]

学年		1991—1992	2019—2020
学前教育	学前教育机构数（所）	944	662
	在校学生人数（万人）	14.15	10.22
普通教育	普通教育机构数（所）	3 229	3 892
	在校学生人数（万人）	132.54	203.52

[1] 资料来源于塔吉克斯坦共和国总统统计署官网。

续表

学年			1991—1992	2019—2020
职业教育	初等职业教育	初等职业教育机构数（所）	81	62
		在校学生人数（万人）	4.19	2.23
		招生人数（万人）	2.68	1.45
		毕业人数（万人）	2.60	1.17
	中等职业教育	中等职业教育机构数（所）	43	74
		在校学生人数（万人）	4.07	9.04
		招生人数（万人）	1.49	2.6
		毕业人数（万人）	1.37	2.08
	高等职业教育	高等职业教育机构数（所）	13	40
		在校学生人数（万人）	6.93	22.96
		招生人数（万人）	1.34	6.04
		毕业人数（万人）	1.00	4.32

独立后，塔吉克斯坦在保留苏联教育体系的基础上，对教育结构、教学方法等方面也进行了若干改革。塔吉克斯坦政府积极增设各类教育机构，开设新型教育机构；鼓励私人办学；广泛开展教育领域的国际合作，提升教育国际能见度；大力发展高等教育，积极融入"博洛尼亚进程"。

独立后，塔吉克斯坦开设了新型中学，增开文科中学、特科中学、高等专科学校、天才儿童寄宿学校等。这些学校专业素质和教学质量高，学校可自行制定教学大纲。

独立后，塔吉克斯坦政治和经济转轨，政府在经济领域进行私有化改革，同时在教育领域也鼓励私人办学。例如，1997年，在杜尚别开设了国际私立学校；2009年，在杜尚别开设了卡夫拉特学校。塔吉克斯坦教育体系办学呈现出多样化的态势，公立学校和私立学校并存，不仅有公立教育机构，还出现了国家和私人各出资一半的混合型教育机构和全私立教育机构。

塔吉克斯坦积极开展教育领域的国际合作，在实施教育领域发展战略和规划的过程中，国家一直努力向国际化教育水准靠拢，努力融入世界教育体系。目前，塔吉克斯坦与世界 40 多个国家和地区在教育领域开展国际合作，与中国、俄罗斯、乌克兰、哈萨克斯坦、吉尔吉斯斯坦、白俄罗斯、阿塞拜疆、土库曼斯坦、亚美尼亚、巴基斯坦、拉脱维亚、波兰、土耳其、阿富汗、伊朗、意大利、沙特阿拉伯、马来西亚、韩国等国签署了 50 多项政府间或部门间教育合作协议。在现有教育合作协议框架下，每年都有塔吉克斯坦留学生到俄罗斯、中国、白俄罗斯、哈萨克斯坦、吉尔吉斯斯坦、乌克兰等国家留学。据塔吉克斯坦共和国教育与科学部 2020 年 7 月公布的数据显示，塔吉克斯坦留学生数量为 34 065 名，其中绝大多数在俄罗斯留学。

塔吉克斯坦政府十分重视营造良好的教育投资环境。近年来，塔吉克斯坦的教育得到了世界银行、亚洲发展银行、联合国国际儿童基金、联合国开发计划署、德国国际合作机构等国家和国际组织的贷款和资助。

此外，塔吉克斯坦在教育领域广泛地借鉴其他国家的办学经验并组织联合办学，联合办学机构纷纷涌现。例如，1992 年，塔吉克斯坦和土耳其联合成立了塔土（耳其）联合学校；1996 年，塔吉克斯坦和俄罗斯联合成立了俄罗斯-塔吉克（斯拉夫）大学。联合办学的兴起实现了资源互补、优势互补和学科互补，有利于专业结构的调整和完善，推动了塔吉克斯坦人才培养模式的改革，提高了教育质量，拓宽了人才培养渠道。

独立后，塔吉克斯坦政府高度重视教育的发展，不断加大对教育领域的投入。1993 年，塔吉克斯坦重新启动教育改革，加大对教育领域的投入。1995 年，教育投入占国内生产总值的比重为 2.066%。1995 年至今该指标大体呈现逐年上升的趋势，这与国家社会政治稳定、经济稳步增长、人民生活水平显著提高、对教育领域的重视程度逐年提高等因素密切相关。

从图 3.2 可以看出，2015—2019 年，国家预算对教育领域的投入和占国家预算比重大体呈现逐年上升的趋势。2019 年，国家预算对教育领域的投入为 44.192 亿索莫尼，比上年增长了 19.35%，比 2015 年增长了 74.03%。2015—2019 年，塔吉克斯坦教育投入占国家预算和占国内生产总值的比重趋于稳定，稳中上升。2019 年，教育领域投入占国家预算的 18.7%，比 2015 年上升了 3.1 个百分点。2015—2019 年，教育投入占国内生产总值的比重保持在 5.0%—5.7%。2019 年，教育投入占国内生产总值的比重为 5.7%，比上一年增加了 0.5 个百分点，比 2015 年增加了 0.7 个百分点。国家对教育投入的增加必然会提升各类教育机构的基础设施水平、提高教育工作者的待遇，催生更高质量、更高标准的现代化教育。

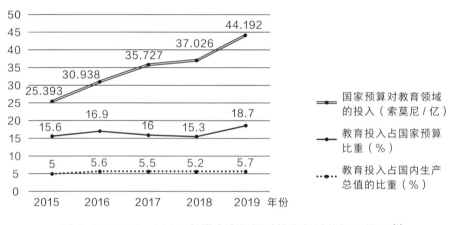

图 3.2 2015—2019 年塔吉克斯坦对教育领域的投入情况 [1]

　　塔吉克斯坦的教育经历了从无到有、由弱变强的发展过程，各个发展时期各具特色，取得了跨越式发展。教育地位与作用的逐步提高和日渐重要，为推动社会经济发展提供了坚实的人才保障和智力支撑。

---

[1] 资料来源于塔吉克斯坦共和国总统统计署官网。

第二节 教育家

　　塔吉克斯坦历史上涌现出一批教育家，他们的教育观点对塔吉克斯坦教育的发展发挥着至关重要的作用。9—18 世纪，涌现了以鲁达基、菲尔多西、巴尔希、贾米等为代表的一批著名学者、诗人、文学家，他们不仅在文学领域有着极高的造诣，而且他们作品中反映出的教育思想对后世影响深远、意义重大，在当今仍然值得重视。19 世纪，涌现了多尼什、萨德理金·艾尼、蒙济姆等一批塔吉克启蒙思想家、教育家，他们受先进思想的影响，宣传教育启蒙思想，提倡发展世俗科学，对教育进行改革，主张创立新式学校。20 世纪以来，以 3.Ⅲ. 拉贾博夫、K.Ⅲ. 朱拉耶夫 [1] 等为杰出代表，教育界名家荟萃，大师云集。

一、多尼什

　　多尼什（1827—1897），塔吉克启蒙思想家、教育家、诗人、哲学家。1827 年，多尼什出生在苏古特村，曾在梅特雷斯求学。因其学术成就，在塔吉克地区知识界和布哈拉埃米尔宫廷享有很高声誉。

　　1857 年，多尼什出任布哈拉埃米尔驻圣彼得堡大使馆秘书，并于1869—1870 年、1874 年参加布哈拉埃米尔代表团两次赴圣彼得堡。三次俄国之旅使他不仅有机会了解俄国的政治、经济和文化生活，接触俄国人民对世俗科学研究的先进见解和改进学校教育方法，还使他结识了俄国先进的教育人士，他认为俄国科学和教育的发展是其社会进步的主要因素。受

---

　　[1] 朱拉耶夫（1927—1990），全名坎迪尔·沙里波维奇·朱拉耶夫，塔吉克学者，地理学家，地理学博士，教授，塔吉克苏维埃社会主义共和国通信院士，曾任杜尚别国立师范学院经济地理教研室主任、杜尚别国立师范学院院长。为了纪念朱拉耶夫，1992 年，杜尚别舍甫琴科师范学院开始以朱拉耶夫的名字命名，更名为杜尚别朱拉耶夫国立师范大学，1997 年，更名为塔吉克朱拉耶夫国立师范大学。

此影响，回国后多尼什在布哈拉汗国发起启蒙运动，他召集了一批塔吉克地区的启蒙思想家，宣传启蒙思想，批判封建的政治制度，提倡发展世俗科学，主张在布哈拉汗国进行教育变革，为布哈拉汗国教育的发展做出巨大贡献。他寄希望于埃米尔的开明与仁慈，要求改变布哈拉的国体，使布哈拉人民摆脱混乱、无知和黑暗。

多尼什的代表作《珍奇的学问》和《历史论著》是研究 19 世纪末布哈拉历史的重要文献。其中 1880—1889 年完成的《珍奇的学问》记录了作者在俄国的所见所闻，反映了多尼什的教育启蒙思想。

多尼什宣传启蒙思想，主张进行教育改革，号召发展新式教育、家庭教育、爱国主义教育、体育、职业教育和美学教育。其教育理念主要有以下几方面。

第一，宣传启蒙思想，推行教育改革。多尼什对布哈拉汗国宗教学校的教学内容和方法进行分析，主张进行教育改革，在教学大纲中加入数学、几何、地理、天文学等世俗科学。19 世纪末，多尼什的教育启蒙思想已在布哈拉、撒马尔罕、塔什干和中亚其他地区广为流传，为同时代和后来的启蒙思想家和革命者提供了思想指引。

第二，强调语言学习的必要性。语言不仅是思想感情的载体，更是重要的交际工具。当时布哈拉汗国的学校里只教授 2—3 年的阿拉伯语，多尼什主张对语言教育进行改革，强调语言教育的多样性和必要性。他的观点在维护塔吉克语的发展、促进塔吉克民族和其他民族的交往等方面都发挥了重要的作用。

第三，开设新式学校，提高教育普及率和普通民众识字率，为低收入家庭的孩子提供免费教育。他的活动为当时塔吉克地区教育的进步和发展起到了重大的推动作用。

第四，借鉴发达国家教育经验。多尼什的三次俄国之旅使他了解到俄国先进的教育制度和教学方法。回国后，他将这些先进的思想成功地运用到布哈拉的教育改革中，极大地改变了当时塔吉克地区教育的落后面貌。

第五，教育中提倡以"仁爱"替代"体罚"。当时在布哈拉汗国学校里教师对学生体罚的现象较为普遍，多尼什反对这种做法，他认为体罚会损害孩子的身心健康，提倡以教导式教育方法替代体罚。

第六，强调家庭教育的重要性。多尼什认为家庭是人类美好生活的实现基地，也是人才成长的摇篮。家庭教育的好坏并非一家一户的私事，它与社会进步相连、与祖国命运相通。良好的家庭教育对社会文明的进步和祖国的发展都会产生重要的影响。教育子女是家庭的基本责任，家长要教育子女尊敬父母，养成良好的生活习惯，管教子女言行。

第七，重视和加强爱国主义教育。多尼什主张在教育中加强对青年的爱国主义教育，帮助青少年建立正确的世界观、价值观、民族观和文化观，培养青少年深厚的爱国主义情怀。他特别重视青年的爱国主义教育，因为"只有当人捍卫自己的祖国并和自己的人民在一起时他才是有生命力的"。[1]

第八，注重体育。多尼什主张在教育中发展体育，呼吁统治者和平民百姓都要掌握射击和骑马。认为体育不仅关系到健康的体魄，还关系到人格的塑造和祖国的未来。良好的体育才能培养出保家卫国的好青年。

第九，发展职业教育。多尼什认为职业教育是发展地区经济的重要动力，应根据布哈拉的社会实际需求培养手工艺专业人才。同时，对学生职业的培养应创造并实现更多的个人价值和集体价值。

第十，重视美学教育。多尼什强调美育在人格培养和教育事业中的作用和地位，要培养学生认识美、发现美和创造美的能力。多尼什的美学观涉及了诗歌、音乐、修辞、演讲术、绘画书法、建筑等艺术形式，以及对人类善恶问题的思考。多尼什的美学观代表了塔吉克古典美学观的最高水平，促进了塔吉克美学思想的复兴、发展和改善。

---

[1] 康斯坦丁诺夫，等. 苏联教育史 [M]. 吴式颖，周蕖，朱宏，译. 北京：商务印书馆，1996：346.

二、萨德理金·艾尼

萨德理金·艾尼（1878—1954），塔吉克作家、社会活动家、教育家，塔吉克苏维埃文学的奠基人，塔吉克苏维埃社会主义共和国科学院首任院长。

1878年4月27日，萨德理金·艾尼出生在布哈拉汗国索克塔尔村的一个农民家庭。1890年9月，萨德理金·艾尼离开家乡来到布哈拉，在布哈拉宗教学校求学，靠在富人家打工维持生计和学业。在他的作品《旧学校》和《回忆录》中对布哈拉宗教学校、教学内容、教学制度都有着十分详实的叙述。当时布哈拉的教育是一种宗教教育，在宗教学校学习的学生基本都是官吏和富家子弟。他本人正是这种教育制度的亲历者，目睹了旧教育制度的种种弊端，这也为之后他参加"扎吉德"运动奠定了基础。

19世纪末至20世纪初，布哈拉的宗教学校仍然按照中世纪的教规进行，但随着社会的发展，这已经不符合社会的发展需要。1894年，萨德理金·艾尼开始发表诗作，发泄对封建统治的不满，同情劳动人民。他认为国家整体落后的主要原因是蒙昧主义，这进而导致教育落后。在布哈拉萨德理金·艾尼结识了当时先进的知识分子，接触到西方的进步思想，于是他成为塔吉克地区"扎吉德"运动的倡导者、参加者和执行者。他主张对传统伊斯兰教教育进行大刀阔斧的改革，号召在传统伊斯兰教教育中引入地理、历史、算术等世俗学科，积极参与在布哈拉建立新式学校，促进了塔吉克地区由传统宗教教育向世俗教育转变。

1908年11月5日，萨德理金·艾尼与另一位塔吉克地区启蒙思想家、诗人蒙济姆一起，在撒马尔罕蒙济姆的家中开设了一所新式学校，并采用新式教学法进行教学，将音节教学法改为音素教学法，尝试按照字母表进行语音教学，吸纳西方先进的教学方法，把世俗知识引入课堂。萨德理金·艾尼还亲自为学童编写书籍，如《青年教育》（1909年）、《古兰经的正确阅读》（1909 年）、《宗教义务》（1914 年）等。同时他发表诗歌和小说，传播自己的启蒙思想。

俄国十月革命胜利后，萨德理金·艾尼移居撒马尔罕。在撒马尔罕地区，他用塔吉克语在塔吉克人聚居的地方开展教育活动，他的教育活动得到了当地教育工作者的大力支持。萨德理金·艾尼十分重视教育的发展，他强调，教育问题是民族最需要解决的问题。1927 年，萨德理金·艾尼组织创办撒马尔罕州立大学，并在大学中教授文学方面的相关课程。萨德理金·艾尼在撒马尔罕生活了长达 35 年，这段时间也是他文学创作的高峰时期。

1918 年，萨德理金·艾尼发表诗歌《自由进行曲》和《为十月争光》，这标志着塔吉克苏维埃文学的诞生，萨德理金·艾尼成为塔吉克苏维埃文学的奠基人。1920 年，他用塔吉克语写了第一部散文作品《布哈拉的刽子手》。1923 年，发表《曼吉特王朝历代埃米尔的历史》。1924 年，发表中篇小说《奥金娜》，1930—1934 年，发表长篇小说《多洪达》和《奴隶》。

1939 年，他发表了中篇小说《高利贷者之死》。1948 年，他开始撰写 4 卷本的自传体小说《回忆录》，描写了 19 世纪末 20 世纪初布哈拉各阶层的生活，展现了塔吉克第一批启蒙思想家的品德和追求，出版后颇受好评，并荣获了斯大林奖金。晚年萨德理金·艾尼移居斯大林纳巴德，他的活动推动了塔吉克教育和科学的发展。1951 年 4 月 14 日，塔吉克苏维埃社会主义共和国科学院成立，萨德理金·艾尼任首任院长。

萨德理金·艾尼一生在推动塔吉克伊斯兰教教育改革、传播启蒙思想和推动社会进步方面做出了极大的贡献，受到了塔吉克人民的爱戴。他在塔吉克斯坦乃至整个中亚的文学、教育史上都留下了浓墨重彩的一笔。塔吉克斯坦历史上第一所高等教育机构，即今塔吉克艾尼国立师范大学便是以萨德理金·艾尼的名字命名的。塔吉克斯坦中央银行 1999 年发行的 5 索莫尼正面的人物像便是萨德理金·艾尼。

三、拉贾博夫

扎里夫·沙里波维奇·拉贾博夫（1906—1990），塔吉克历史学家、教育家、社会活动家，塔吉克苏维埃社会主义共和国科学院院士，塔吉克斯坦民族大学的首任校长，《苏联史》编辑部主要成员，塔吉克苏维埃社会主义共和国功勋科学工作者称号获得者，塔吉克苏维埃社会主义共和国阿布阿里·伊本·西纳国家奖获得者。

1906 年 7 月 17 日，拉贾博夫出生于苦盏。7 岁时在当地学校就读，后进入伊斯兰经学院学习。之后父亲又将他送到安集延的一所本地化俄语学校。1917 年，安集延的本地化俄语学校关闭，拉贾博夫和他的弟弟一起回到了家乡。1925 年 9 月 1 日，考入莫斯科大学工人预科 [1]，1928 年，工人预科毕业。1929 年 8 月，考入莫斯科大学历史系。在校期间，他对历史学产生了浓厚的兴趣，积极参加各种历史学研讨会。1943 年，任乌兹别克苏维埃社会主义共和国科学院历史与考古研究所所长。1947 年 3 月 21 日，塔吉克国立大学成立，拉贾博夫被任命为首任校长。

拉贾博夫是一位历史学家，他为塔吉克人民的历史研究做出了巨大贡献。1954 年，发表《关于中亚各民族与伟大俄罗斯民族友谊的历史根源》。1957 年，发表《19 世纪下半叶至 20 世纪初塔吉克人的社会政治思想史》。1964 年，发表《塔吉克苏维埃社会主义共和国的科学发展》。1964 年，参编《塔吉克民族历史》。

除此之外，拉贾博夫还是一名出色的教育家。他在年轻的时候就梦想成为一名教师，并一直为此努力。20 岁时他开始在家乡的学校教书，并逐渐成长为一名业务娴熟、才华横溢的教师。他在《19 世纪下半叶至 20 世纪初塔吉克人的社会政治思想史》中详细地描述了塔吉克启蒙思想家、教育

---

[1] 工人预科是 1919—1940 年苏联为培养未受过中等教育的青年以进入高等学校而设在大学里的普通教育机构。

家、哲学家、诗人多尼什的生活和教学活动，阐释了多尼什主张进行教育改革、摆脱蒙昧的进步思想。

拉贾博夫在教育领域的贡献主要有以下两点。第一，拉贾博夫十分关注塔吉克人民的教育问题，对塔吉克的教育历史有着非常详细的总结。他对塔吉克历史上出现的教育体系和教育变革进行梳理，分析了宗教学校、本地化俄语学校、苏维埃学校、科学院等各种教育和科研机构类型，总结了塔吉克在自然科学和社会科学领域取得的成就，着重研究了培养国家高水平科学人才的方法和途径。第二，拉贾博夫主张发展国家高等教育体系，参与创建高等院校，注重培养高水平人才。他认为教育最重要的是要形成高水平人才培养体系，高水平人才培养体系应涉及学科体系、教学体系、教材体系、管理体系等各个方面，力争打造创建高水平科研和教学团队，实现前瞻性基础研究的突破，注重培养高水平师范类人才，使得人才培养体系薪火相传。

拉贾博夫是塔吉克国立大学的首任校长，在塔吉克国立大学的创建中发挥了重要作用。学校创建初期正值苏联卫国战争刚刚结束，教育领域亟待恢复。拉贾博夫在国家的支持下克服重重困难组建了塔吉克国立大学。1948 年 9 月 1 日，大学正式对外开放。1997 年 2 月 15 日，大学更名为塔吉克斯坦民族大学。拉贾博夫为学校的建设和发展做出了巨大贡献。任校长期间，他主张建立科学的管理体系和合理完备的学科体系，分析学校教研室和实验室的教学科研工作情况，组织举办学术研讨会和论坛，打造交流学术思想和教学法的平台，规范大学出版社工作，组织教师编写和出版科研著作和教材。

拉贾博夫是一位出色的教育家，他为国家培养了大量的高水平人才。他本人指导过 10 多位博士、40 多位副博士。拉贾博夫还创建了自己的历史学校，他的很多学生都是塔吉克斯坦历史学领域的专家，学生们以拉贾博夫为榜样潜心进行历史学研究，为国家的发展做出了巨大贡献。拉贾博夫还注重师范类人才的培养，为国家储备师资。他是一位严格、认真、善良、乐观、善于交际的老师，尤其擅长启发学生，是新一代教师从教的榜样。

拉贾博夫是一位历史学家，他的历史学著作为塔吉克的历史学研究奠定了坚实的基础。拉贾博夫是一位教育家，他在发展国家高等教育体系和培养高水平人才方面的理念产生了深远影响。拉贾博夫也是塔吉克教育转型过程中的见证者和参与者，他见证并积极参与了国家的教育改革，成为新理念和新思想的倡导者和实践者。

拉贾博夫生活在中亚发生深刻社会变革的时期，所以当谈到他的名字时总会伴随着"第一人""首位""开创者"等词语。他是第一位考入莫斯科罗蒙诺索夫国立大学的塔吉克人，是第一位考入苏联科学院东方学研究所的塔吉克人，是第一位获得副博士学位的塔吉克人，是乌兹别克苏维埃社会主义共和国科学院历史与考古研究所首位所长，是塔吉克斯坦民族大学的首位校长，是塔吉克苏维埃社会主义共和国科学院首位历史学通信院士。拉贾博夫在塔吉克斯坦备受尊重和爱戴，首都杜尚别的一条街道就是以拉贾博夫的名字命名的，塔吉克斯坦民族大学内设有拉贾博夫纪念馆。

第四章　学前教育

人生百年，立于幼学。学前教育是指为 6 周岁或 7 周岁之前儿童实施的保育和教育，是塔吉克斯坦教育体系的第一阶段。塔吉克斯坦学前教育活动与塔吉克斯坦的政治、社会、经济和文化发展密切有关。

塔吉克的学前教育始于 20 世纪 20 年代。在此之前，塔吉克地区并没有专门的学前教育机构，儿童的教育主要依赖家庭教育。20 世纪 20 年代，在苦盏和杜尚别等地开设了第一批学前教育机构，主要有两种类型——托儿所和幼儿园。

20 世纪 20 年代至苏联卫国战争开始前是塔吉克学前教育体系的形成和发展阶段。塔吉克以《幼儿园规程》《幼儿园教养员工作指南》等文件为指导，在全塔开始兴建学前教育机构，完善学前教育机构基础设施，规范学前教学大纲、教学组织形式，保障儿童的教育和医疗。20 世纪 40 年代初，塔吉克学前教育体系基本形成。

苏联卫国战争时期是塔吉克学前教育发展的特殊阶段。塔吉克对学前教育机构的组织形式、教学大纲等进行调整以适应战时需要。战争期间，由于大量其他苏联加盟共和国的居民携带子女涌入塔吉克、塔吉克的妇女需要从事生产劳动等原因，塔吉克的学前教育机构数量和学龄前儿童数量显著增加，学前教育工作也因大量学者、专家的涌入得以发展。

苏联卫国战争后至独立前是塔吉克学前教育体系的发展和完善阶段。

这一时期，政府对塔吉克的学前教育进行了若干次改革，主要表现在增加学前教育机构的数量；促进学前教育机构一体化；增强学前教育理论性，利用教育学、心理学、医学等领域的最新研究成果对儿童进行全面教育；完善学前教师培训体系等。

独立后，塔吉克斯坦沿用苏联时期的学前教育体系。学前教育机构主要包括托儿所、幼儿园和托幼混合机构。独立后，塔吉克斯坦政府相继出台《学前教育发展理念》（1993 年）、《塔吉克斯坦共和国教育法》（1993 年首次通过，2014 年修订）等法律法规，对塔吉克斯坦学前教育各个方面做出政策性规定，对塔吉克斯坦学前教育进行改革，致力于建立一个适应时代发展的新型学前教育体系。独立后，塔吉克斯坦学前教育的发展呈现出学前教育机构数量增加、教育机构类型多样化、教育覆盖率不断提高、教育质量不断提升、师资结构不断优化等一系列发展态势。

第一节 学前教育的发展和现状

一、独立前的学前教育

独立前，塔吉克学前教育体系的形成和发展大致可以分为三个阶段：第一阶段为 20 世纪 20 年代至苏联卫国战争前（20 世纪 20 年代至 1940 年），第二阶段为苏联卫国战争时期（1941—1945 年），第三阶段为苏联卫国战争后至独立前（1946—1991 年）。

（一）20 世纪 20 年代至苏联卫国战争前的学前教育（20 世纪 20 年代至 1940 年）

20 世纪 20 年代至苏联卫国战争前是塔吉克学前教育体系基本形成和发展阶段。俄国十月革命前，塔吉克地区并没有专门的学前教育机构。当时的学前教育主要依赖家庭教育，从小就对儿童进行教育是家庭的主要任务之一。父母是孩子的启蒙老师，母亲在家庭教育中发挥着独特的作用。经过多年经验的积累，家庭教育逐渐形成了自己的教育理论和实践。

塔吉克的学前教育机构最先出现在北部地区，这里最早开始修建铁路、开设工业企业。20 世纪 20 年代，苦盏和杜尚别等城市的企业和机关开设了附属幼儿园，这是塔吉克的第一批学前教育机构。1921 年，苦盏开设了第一所幼儿园，有 140 名 6—10 岁的铁路职工子女在此就读。幼儿园教师均为男性，每天为儿童安排 4 顿餐食，开设体育课、绘画课和音乐课。1929 年，杜尚别开设了第一所幼儿园。截至 1929 年，全塔共有 15 所学前教育机构。

1929 年，塔吉克苏维埃社会主义自治共和国升级为塔吉克苏维埃社会主义共和国，正式加盟苏联。此后，学前教育网络在全塔正式铺开，全国各大城市开始陆续有计划地开设学前教育机构。此时开设的学前教育机构均为公立性质并具有统一的教育培训标准，按儿童的年龄划分为两种类型：托儿所和幼儿园。托儿所接收 2 个月至 3 岁的儿童，幼儿园接收 4—6 岁的儿童。

苏联时期，苏联政府非常重视学前教育的发展，强调学前教育机构对儿童进行教育的优越性。苏联无产阶级政治活动家、教育家 H. K. 克鲁普斯卡雅 [1] 曾指出："学前教育是我们工作的重要组成部分。从苏维埃政权建立之

---

[1] 克鲁普斯卡雅（1869—1939），全名娜杰日达·康斯坦丁诺夫娜·克鲁普斯卡雅，苏联著名教育家，政治活动家，列宁的夫人和亲密战友。她一生致力于教育科学研究工作，并担任苏维埃教育领导工作，为苏联的教育事业发展做出了突出贡献。

日起便广泛地开展了学前教育，现在应该进一步推动学前教育发展，并借此提升整体文化水平。童年时期的教育会伴随一生，因此在孩子成长的第一阶段对其进行教育十分关键。"[1]

这一时期，学前教育机构的教学活动原则包括以下三点。第一，保持学前教育与整个教育系统的有机联系。第二，学前教育的目标和宗旨是服务于社会的发展。学前教育的主要任务包括塑造儿童的唯物主义思维、全面发展人格、激发创造力、培养集体主义精神。第三，确保学前教育与初等教育的有效衔接。学前教育应确保适应初等教育并为今后发展打好基础，保障儿童身心发展的阶段性和连续性。

在塔吉克学前教育体系构建过程中，H. K. 克鲁普斯卡雅、A. C. 马卡连柯[2]等苏联教育家的理论发挥着指导作用。

H. K. 克鲁普斯卡雅十分关注学前教育的发展，一生从事学前教育的研究和实践工作，进行了大规模扩展学前教育网的工作，主持制定了发展学前教育的各种纲领性文件，包括《幼儿园规程》《幼儿园教养员工作指南》等。她主张苏联学前教育应该为劳动人民服务，必须坚持培养共产主义新人的目标，学前教育的任务、内容和方法都必须和社会主义制度紧密联系。苏联学前教育的首要任务是保障儿童的身体健康、重视卫生保健工作，其次是培养儿童共产主义道德基础。H. K. 克鲁普斯卡雅的教育理念对塔吉克和整个苏联学前教育的发展起到十分重要的作用。

A. C. 马卡连柯的教育思想主要强调集体教育、纪律教育和家庭教育。在集体中和通过集体进行教育，是他教育体系的中心思想，这一思想贯穿了他的全部教育活动和教育言论。[3]他主张培养学生的责任感和荣誉感，并使之与纪律教育相结合。他强调家庭教育在培养孩子中的重要性，主张父

---

[1] КРУПСКАЯ Н. К. Больше внимания дошкольной работе [M]. М.: Учпедгиз, 1837: 3.

[2] 马卡连柯（1888—1939），全名安东·谢苗诺维奇·马卡连柯，苏联杰出的教育理论家，教育实践家，作家，主要著作有《教育诗篇》《塔上旗》《父母必读》等。

[3] 康斯坦丁诺夫，等. 苏联教育史 [M]. 吴式颖，周蕖，朱宏，译. 北京：商务印书馆，1996: 483.

母要合理、诚实地教导孩子，要培养孩子的集体主义精神。此外，他还讨论了美学在教育儿童过程中的地位和作用。

塔吉克在学前教育体系建立初期面临着一系列问题，主要有缺乏学前教育工作经验、物质基础薄弱、专业学前教师短缺、妇女问题、民众对新型学前教育制度信任度低、缺少塔吉克语的教学材料、学前教育理论脱离塔吉克的实际、全塔学前教育机构缺少统一的饮食和卫生标准等。为了解决这些问题，苏联和塔吉克政府采取了一系列措施。

第一，从国家层面对塔吉克学前教育进行政策性指导。教育人民委员部[1]制定的法律法规是塔吉克学前教育组织的纲领性文件。1932年，苏联政府颁布了学前教育机构教学大纲草案，这是历史上首次以文件的形式正式对学前教育机构的教学内容和任务进行规定。塔吉克苏维埃社会主义共和国以此为指导开展了一系列学前教育项目。1937年，在杜尚别成立了第一幼儿园、第二幼儿园和第三幼儿园。1937年，在吉萨尔开设了12个集体农庄幼儿园。

1938年，苏联教育人民委员部制定并颁布了《幼儿园规程》，对幼儿园的基本类型、教学组织、教学任务、教学目的等做出了明确的规定。同年，在《幼儿园规程》的基础上又颁布了《幼儿园教养员工作指南》，对幼儿园的教学组织、教学任务等进行了具体的说明。1944年，苏联教育人民委员部制定并颁布新版《幼儿园规程》，对幼儿园的性质和任务、教育对象、教学组织等方面做出了详细的规定。塔吉克学前教育机构都严格按照《幼儿园规程》开展学前教育活动，政府提高学前教师的薪资水平。

第二，培养专业的学前教师。为解决学前教师匮乏的问题，塔吉克政府在职业教育机构中开设学前教育专业。1938年，塔吉克在中等和高等教育机构中增设学前教育学专业。

[1] 教育人民委员部是指1917—1946年苏俄和苏联领导国民教育工作的中央行政管理机构，隶属于苏联人民委员会。1946年，苏联人民委员会改称苏联部长会议，人民委员部改称部。

第三，推动妇女问题的解决。塔吉克学前教育问题和妇女问题交织在一起。打破旧的家庭习俗、争取妇女解放为塔吉克学前教育体系的建立提供了前提条件。塔吉克政府和妇女为塔吉克的妇女解放、维护妇女权益、促进男女平等方面进行着不懈努力并取得了积极的成效。20 世纪 30 年代，塔吉克进行工业化和农业集体化。1930 年开始，在塔吉克新建了一批工业企业。1931 年，在苦盏和斯大林纳巴德开设面粉联合工厂、肉类联合加工厂、机械厂和缝纫厂。工业企业的大量出现催生了当地对劳动力的需求，女工不断涌入工厂工作。1930 年，在塔吉克工业企业中，女性劳动力所占比例为 18.1%，之后比重逐年上升。越来越多的女性投入生产劳动，这进一步推动了塔吉克学前教育的发展。

第四，加大对学前教育的投入，完善学前教育基础设施。随着国民经济的发展，政府不断加大对学前教育领域的投入。1930 年，塔吉克在幼儿园建设方面共投入 64 300 卢布，这在当时是个很可观的数字。此外，政府不断完善学前教育基础设施。当时塔吉克学前教育机构的教学设施由政府制定统一筹划，园内的桌椅等由专业部门负责设计、生产和投放使用。

第五，完善学前教育机构内卫生医疗体系。教育人民委员部和卫生人民委员部共同解决学前教育机构营养和医疗保健问题，确立儿童营养膳食标准，对儿童进行统一体检。

20 世纪 40 年代，塔吉克学前教育体系已基本形成。学前教育机构硬件设施配备齐全，所有房舍安全适用，儿童膳食营养均衡卫生，为儿童提供良好的教育环境。

20 世纪 20 年代至苏联卫国战争前是塔吉克学前教育的形成和发展阶段，这一阶段的特点有：①塔吉克学前教育实现了从无到有的飞跃，开设了塔吉克第一批学前教育机构，学前教育工作开始具有社会性质和理论依据；②塔吉克人民尤其是塔吉克妇女的生活方式发生了根本性的改变，为学前教育的发展创造了条件；③塔吉克学前教育工作严格按照教育人民委员部制定的相关规程和指南开展。

（二）苏联卫国战争时期的学前教育（1941—1945 年）

苏联卫国战争时期是塔吉克学前教育发展的特殊阶段。战争期间，塔吉克军民与全苏军民共同抗击法西斯，苏联政府有计划地把工厂、设备和技术人员从苏联西部地区迁至中亚地区，这对塔吉克的经济、文化和教育产生了极大的推动作用。

苏联卫国战争期间，俄罗斯、乌克兰和白俄罗斯苏维埃社会主义共和国的大量居民携带子女撤离到塔吉克，学龄前儿童数量增加。在斯大林纳巴德开设了全天候托儿所，1942 年 1 月，托儿所共收容 2 001 名儿童。由于战争需要，许多塔吉克的妇女开始从事生产劳动，这使得社会对学前教育的需求不断上升。战争期间，塔吉克境内学前教育机构的数量与战前相比增加了一倍，学龄前儿童数量增加了三倍。学前教育队伍也得到了壮大，一批来自苏联西部和中部地区的高素质教师、学者来到塔吉克开展学前教育和科研工作。

苏联卫国战争期间，塔吉克的教育和卫生部门以及教育和医护工作者为保障儿童的健康发展做出了巨大贡献。1943 年 1 月 18 日，塔吉克颁布了《关于改善教育人民委员部和儿童卫生服务机构的工作并改善儿童膳食营养的措施》。文件规定了改善学前教育机构的卫生医疗条件、改善儿童膳食营养等。尽管处于战时状态，政府仍然克服重重困难，不断增加对学前教育的投入，改善学前教育机构基础设施，为儿童提供生活和学习保障。

从整体上看，一方面，苏联卫国战争的爆发对教育领域产生了消极影响，战争期间在校教师、教材、教学设备严重短缺，学校教学质量下降，许多学校关闭或改建，大量学生辍学；另一方面，苏联其他加盟共和国人员和专家的涌入、塔吉克妇女参与生产劳动、苏联政府加大对学前教育的投入等因素又极大地促进了塔吉克学前教育的发展。

（三）苏联卫国战争后至独立前的学前教育（1946—1991 年）

苏联卫国战争后至独立前是塔吉克学前教育的发展和完善阶段。苏联卫国战争结束后，塔吉克学前教育的主要任务包括增加学前教育机构数量，完善幼教培训体系，根据新教育标准建立学前教育机构，根据医学、儿童心理学和学前教育领域的最新研究成果制定统一的学前教育大纲，提高母亲和儿童津贴。

苏联卫国战争结束初期，由于战争期间塔吉克人口出生率急剧下滑、大批战时安置的其他苏联加盟共和国人员返回家乡等原因，塔吉克的学前教育机构数量和学龄前儿童数量出现了短暂的下滑。1945 年，全塔学前教育机构共 452 所，在读儿童人数 1.58 万人。1946 年初，全塔学前教育机构降至 201 所，在读儿童人数降至 1.07 万人。1946 年，苏联最高苏维埃通过了 1946—1950 年恢复和发展苏联国民经济第一个战后五年计划。计划规定要恢复和增加各类教育机构数量，儿童从 7 岁起入学接受规定年限的义务教育，全面提高教育质量，完善教育基础设施。这对塔吉克学前教育的发展起到了推动作用。

为了适应形势的需要，苏联政府不断推进学前教育改革。20 世纪 50 年代末至 60 年代初，学前教育改革的重点是促进学前教育机构一体化。1959年 5 月 21 日，苏共中央和苏联部长会议通过了《关于进一步发展学前儿童教育机构和改善学前儿童的教育及医疗服务的措施的决议》。决议第二条规定："为了对学龄前儿童实施与随后的学校教育任务相符的统一教育制度，参照地方条件与可能将托儿所和幼儿园这两种儿童机构合并为统一的学龄前儿童教育机构。"[1]决议还对学前联合教育机构的指导权、监督权和卫生保健方面的事项做出明确规定，决议指出："联合机构除隶属于各专业部门者外，一律由加盟共和国教育部集中领导。苏联卫生部和各加盟共和国卫生部负责安排儿童的治疗预防服务，学前教育机构负责安排对卫生保健制度的遵守及其医务人员的配备。"[2]

这一时期，苏联和塔吉克政府十分注重培养学前教育教师，塔吉克的学前教育师资培养包括职前培养和在职教师的专业发展培训。为学前教育机构培养中等以及高等师范类和医学类人才是国家中等职业和高等师范教育机构的主要任务之一。这一时期，塔吉克陆续开设了中、高等师范学校和师范系。1951年，成立卡尼巴达姆女子师范教育学校。自1950—1951学年起，斯大林纳巴德舍甫琴科师范学院开设七年制的学前教育培训。这一切都有助于培养塔吉克的学前教育工作者，促进了塔吉克学前教育的发展。

此外，全苏、全塔、州、市等各个层面进行的学前教学法活动也成为提高学前教育机构教学质量的重要因素。1945年召开的学前教育会议进一步推动了塔吉克学前教育工作的发展，会议确定了学前教育机构科学和实践工作的任务，强调了以母语进行的学前教育工作的必要性。会上还特别指出，为了解决战后时期的学前教育领域的问题，有必要在中等和高等职业教育机构中培养各类学前教育从业人员，包括医学、教育学、音乐学和管理学人才。

1947年7月，教育部组织了第一届学前教育科学与实践学术研讨会，塔吉克的学前教育工作者、学前教育机构负责人、学者和作家参加了会议。会上提出了塔吉克学前教育活动的基本规范，包括需要根据儿童的年龄和

[1] 北京师范大学外国教育研究所. 苏联普通教育和职业教育法令汇编[M]. 北京：北京师范大学出版社，1985：28.
[2] 北京师范大学外国教育研究所. 苏联普通教育和职业教育法令汇编[M]. 北京：北京师范大学出版社，1985：28.

个人特征有针对性进行教育；正确认识教育者在组织教学方面的主导作用，尤其是旨在培养儿童的技能和能力方面的活动；注重在美学教育中广泛使用塔吉克传统元素和民间传说。塔吉克教育科学研究所组织编写了《教学读物》，《教学读物》成为解决学前教育理论和实践问题、提高学前教育工作质量、搜集和推广塔吉克学前教育工作经验的重要的学术平台。

1958 年 6 月 1 日，中央教师进修学院与科学研究所合并成立了教育学研究所。1960 年，学前教育局成立，隶属于塔吉克苏维埃社会主义共和国教育部。这对于执行政府关于发展学前教育机构网络的决定具有重要意义。该部门主要负责协助教育机构落实国家学前教育政策、为农村学前教育机构的工作提供实质性帮助、提高学前教育教学质量、提高学前教育机构中医护人员的水平、组织编写学前教育类书籍、整合和推广先进的学前教育经验等。

20 世纪 60 年代以后，塔吉克经济快速发展，大量俄罗斯的工人、技术人员、学者投身到塔吉克的社会主义建设中来，为塔吉克带来了先进的文化和教育。塔吉克国民经济快速发展，居民收入显著增加，家庭生活方式逐渐发生改变，这一切都促进了塔吉克学前教育的发展。20 世纪 60 年代以后，塔吉克学前教育机构工作者人数迅速增长。

这一时期，在杜尚别和库尔干秋别的师范系中还开设了专门的学前教育教研室，这为培养学前教育机构的教学和管理人员发挥了重要作用。塔吉克的学前教育机构中接受过高等教育的专家几乎都在莫斯科、列宁格勒（现为圣彼得堡）、明斯克、基辅、塔什干、新西伯利亚、斯维尔德洛夫斯克等地的高等教育机构中学习过。

这一时期，塔吉克学前教育工作者接受的专业发展培训主要有两种形式：一是在首都杜尚别组织的全国性教师专业发展培训；二是地区、州、市公共教育部门组织的为期一个月或两个月的教学研讨会。地方性研讨会在列宁纳巴德、卡尼巴达姆、伊斯法拉、乌拉秋别、库利亚布、库尔干秋别、努列克、契卡洛夫斯克、彭吉肯特等地举行。教学研讨会进一步提升了学前教育机构的教师发现问题、分析问题和解决问题的能力。

组织学前教育教学研讨会成为推动学前教育工作的一种典型形式。教育工作者广泛地讨论和研究新版《幼儿园规程》《幼儿园教养员工作指南》等文件。塔吉克苏维埃社会主义共和国教育部学前教育局组织了一系列的教育研讨会，会上讨论了对儿童进行美学教育、科学教育、语言教育等，讨论如何正确设计和组织儿童的母语、绘画、音乐、数学等必修课程。

20世纪60年代末70年代初，苏联学前教育界在心理学和教育学研究的基础上开始对学前教育进行深入的理论研究，学前教育理论不断发展和完善。这一时期，对塔吉克学前教育起到指导作用的代表人物主要有A.Π.乌索娃（1898—1965）、A.B.查包洛热茨（1905—1981）等。

A.Π.乌索娃是苏联学前教育理论家。她认为，教学在学前儿童发展过程中具有重要意义，但教学必须有组织、有计划地实施；应把知识内容和学前教育学大纲组成一个体系，促进学前教育内容的专业化。A.Π.乌索娃的这些主张进一步强化了H.K.克鲁普斯卡雅重视幼儿园教学工作的理念。

A.B.查包洛热茨是苏联心理学家、教育家。他从心理学的角度系统地研究了儿童的运动、知觉、思维、情绪和个性等问题。A.B.查包洛热茨认为，每个年龄阶段对儿童的心理发展都具有特殊的价值。这些教育思想在塔吉克学前教育中都有渗透和体现，对塔吉克学前教育的发展和完善起到了重要的作用。

20世纪70年代起，塔吉克经济社会快速发展，科学技术不断进步，人民生活水平显著提高，这对塔吉克学前教育提出了更高的要求。作为夯实人格全面发展的最初阶段，学前教育应培养儿童的劳动力和创造力，实现儿童的全面发展，激发儿童的发展潜力，不断调整学生的知识和技能水平以适合科学技术革命对社会和生活提出的新要求。

1973 年 7 月 19 日，苏联第八届最高苏维埃第六次会议通过了《苏联和各加盟共和国国民教育立法纲要》，第二条规定："苏联和各加盟共和国国民教育法规由本立法纲要和根据本立法纲要颁布的苏联和各加盟共和国国民教育的其他立法文献组成。"[1]1974 年，《塔吉克苏维埃社会主义共和国国民教育法》通过，该法律对进一步促进塔吉克国民教育的发展起着至关重要的作用。法律明确规定了改善包括学前教育在内的塔吉克教育基础设施，规定了国民教育系统各级教育工作者的权利和义务等诸多方面。

20 世纪 70 年代至独立前，塔吉克教育学研究院学前教育部门进行了一系列富有成效的工作。塔吉克教育学研究院学前教育部门的 B. X. 萨里巴耶夫、O. B. 柳芭申科、B. C. 伊佐托娃等研究人员开始研究塔吉克学前教育领域的一些现实问题，杜尚别和库利亚布的一些研究者也参与了该研究，研究取得了丰硕的成果，发表了论文集《儿童话语的发展》《使用俄语教学的预备班教学大纲》《使用塔吉克语教学的预备班教学大纲》等。1979 年，以该研究成果为基础，制定并出版了塔吉克语的《幼儿园教育纲领》。

二、独立后的学前教育

独立初期，受内战和经济危机的影响，苏联时期建立起来的较为完备的教育体系遭到破坏，学前教育受经济危机的打击最为严重，许多企业和机关附属学前教育机构倒闭。1991—1992 年，152 所学前教育机构倒闭，很多学前教育机构急需维修。但当时由于资金和建筑材料问题，这些学前教育机构并没有得到修缮。

独立初期，限制塔吉克斯坦学前教育机构发展的主要因素之一是师资

---

[1] 北京师范大学外国教育研究所. 苏联高等和中等专业教育法令汇编 [M]. 北京：北京师范大学出版社，1984: 231.

问题。当时学前教育领域师资尤其是高水平师资匮乏、教师流动性大、工资水平不高。

为尽快地培养学前教育工作者，国家教育部门组织了一些短期的学前培训班。1991 年 9 月，杜尚别教育部门在杜尚别组织了为期 4 个月的教师短期培训班，有 42 名女性参加。学员经培训后获得结业证书并被派往学前教育机构工作。1990—1991 学年，杜尚别教育部门在第 74 学校为教育工作者组织了为期 10 个月的培训课程，有 25 名教育工作者参加了培训。在其他城市和地区也举办了类似为期 4 个月的短期培训课程。然而，这些短期课程由于时间、理论知识和专业技能的限制并不能满足学前教育机构的需求，所以通过短期课程培养学前教育工作人员的做法此后一段时间并没有得到延续。因此，有必要通过中等或高等师范教育机构培养专门师范人才，在塔吉克斯坦师范类教育机构中杜尚别国立朱拉耶夫师范大学（今塔吉克艾尼国立师范大学）在培养师范人才方面占有重要的地位，它是塔吉克斯坦最古老、最具威望的师范大学之一，是塔吉克培养师范类人才的摇篮。

独立后的十几年，塔吉克斯坦学前教育机构数量和学前儿童人数总体上下降。1991 年，全塔学前教育机构数量为 944 所，学前儿童人数为 14.15 万人。1994 年下降到 790 所，1995 年下降到 555 所，1996 年 601 所，1997 年 562 所，1998 年 562 所，1999 年 523 所，2000 年 502 所，2001 年 501 所，2002—2006 年学前教育机构一直不足 500 所。

独立后，随着社会的发展，人们的意识发生了深刻的变化，迫切需要在学前教育体系和教育教学过程中采取新的方法、寻求有效的管理形式。塔吉克斯坦启动教育改革，政府通过教育立法等一系列措施对学前教育领域进行改革，致力于建立一个顺应新时代发展的学前教育体系。这一时期，塔吉克斯坦学前教育体系改革的主要方向是：第一，借鉴传统经验，创新学前教育；第二，制定符合国情的学前教育法律法规，对学前教育进行政策性规定；第三，根据国家和民众的精神价值观制定相应的教育规划。

在学前教育立法方面，塔吉克斯坦相继出台《塔吉克斯坦共和国教育法》（1993 年首次通过，2014 年修订）、《学前教育发展理念》（1993 年）、《学前教育机构设计章程》（1999 年）、《2006—2010 年学前教育体系国家发展规划》（2005 年）、《关于父母教育子女责任的法律》（2011 年）、《塔吉克斯坦共和国学前教育法》（2013 年）等法律法规。政府在学前教育领域实施一系列的措施，包括改革学前教学计划和大纲、制定教师培训和再培训计划、出版学前教材、提高学前教师待遇、完善对学前教育机构的拨款机制、加强学前教育机构的基础设施建设等。

近年来，塔吉克斯坦社会政治稳定，经济快速发展，人口出生率不断上升。幼儿数量的增长对学前教育提出了新的要求。目前，塔吉克斯坦学前教育行业发展的现状是学前教育机构规模、师资规模和学员规模不断壮大，学前教育经营模式呈现多样化。

在学前教育机构规模方面，近年来，塔吉克斯坦学前教育事业发展较快，学前教育机构的数量从 2012 年起呈现逐年增长态势。2012 年，全塔学前教育机构共 508 所，2013 年 527 所，2014 年 550 所。截至 2019 年，全塔共有学前教育机构 662 所，比上年增加 26 所，增长 4.09%，比 2015 年增加 84 所，增长 14.53%。学前教育机构数量的增加也表示学前教育市场形势在逐渐向好（见图 4.1）。

在学前教师的数量方面，2015—2019 年，塔吉克斯坦学前教师总数呈现先降后稳步升高的特点。2015—2016 年，学前教师总数有所下降，从 2015 年的 8 441 人下降到 2016 年的 7 964 人。此后，学前教师总数稳步升高。截至 2019 年，塔吉克斯坦学前教师总人数为 9 766 人，比上年增加 321 人，增长 3.4%，比 2015 年增加 1 325 人，增长 15.7%（见图 4.2）。

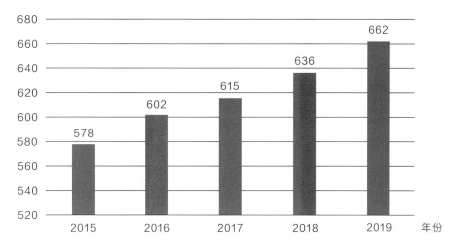

图 4.1 2015—2019 年塔吉克斯坦学前教育机构数量变化情况（单位：所）[1]

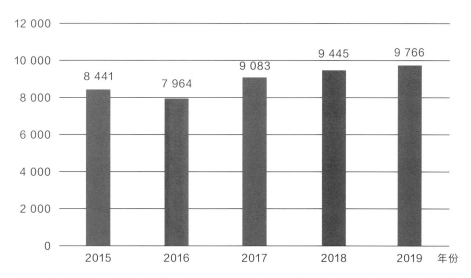

图 4.2 2015—2019 年塔吉克斯坦学前教育师资数量变化情况（单位：人）[2]

---

[1] 资料来源于塔吉克斯坦共和国总统统计署官网。

[2] 资料来源于塔吉克斯坦共和国总统统计署官网。

在学前教师的学历方面，目前，塔吉克斯坦学前教师均拥有中等普通及以上学历。截至 2019 年，全塔学前教师中拥有中等普通学历的学前教师所占比重最大，占 34.4%，第二位为拥有本科以上学历的教师，占 32.6%，第三位和第四位为拥有中等职业学历和拥有本科学历的教师，分别占 26.4% 和 6.6%（见图 4.3）。

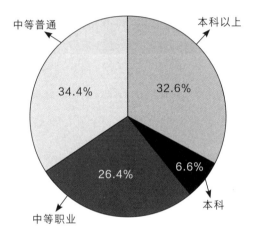

图 4.3 2019 年塔吉克斯坦学前教育机构教师学历情况[1]

在学前教育学员规模方面，2015—2019 年，塔吉克斯坦学前教育学员规模不断扩大，除 2016 年外每年都保持上升的态势。截至 2019 年，学前教育学员为 10.22 万人，比上年增加 0.56 万人，增长 5.8%，比 2015 年增长 1.02 万人，增长 11.09%（见图 4.4）。2015—2019 年，塔吉克斯坦学前教育机构覆盖率逐步提升。2019 年，塔吉克斯坦 3—6 岁的儿童的学前教育机构覆盖率为 10.4%（见图 4.5），其中女孩覆盖率为 9.7%，男孩覆盖率为 10.9%。[2]

---

[1] 资料来源于塔吉克斯坦共和国总统统计署官网。

[2] 资料来源于塔吉克斯坦共和国总统统计署官网。

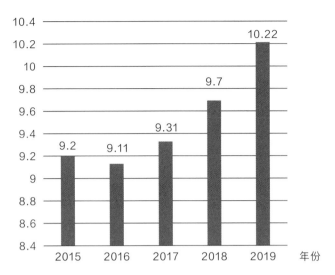

图 4.4 2015—2019 年塔吉克斯坦学前教育机构学员规模变化情况（单位：万人）[1]

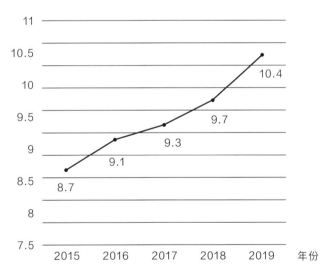

图 4.5 2015—2019 年塔吉克斯坦学前教育机构覆盖率（单位：%）[2]

---

[1] 资料来源于塔吉克斯坦共和国总统统计署官网。

[2] 资料来源于塔吉克斯坦共和国总统统计署官网。

在学前教育机构类型方面，目前，塔吉克斯坦学前教育机构主要有托儿所、幼儿园以及托幼混合机构。托儿所接收 0—3 岁的幼儿，幼儿园接收 3—7 岁的儿童，托幼混合机构接收 1 岁 6 个月至 7 岁的儿童。截至 2019 年，全塔共有学前教育机构 662 所，其中托儿所 1 所，托幼混合机构 348 所，幼儿园 300 所，幼儿学校 13 所。[1] 托儿所的学习人数 109 人，托幼混合机构的学习人数 66 897 人，幼儿园的学习人数 33 421 人，幼儿学校的学习人数 1 748 人。[2]

在学前教育经营模式方面，目前，塔吉克斯坦学前教育机构采用公立为主、私立补充、公私并立的学前教育体系。全塔公立学前教育机构规模、师资规模和学员规模上都要大于私立学前教育机构。截至 2016 年，全塔共有 61 所私立学前教育机构，其中哈特隆州 4 所、索格特州 27 所、杜尚别 22 所、中央直属区 8 所。私立学前教育机构在学习内容和教学形式等方面没有统一的规定。

近年来，塔吉克斯坦政府不断鼓励私人办学。2014 年 5 月 3 日，塔吉克斯坦政府批准了《2014—2020 年私立学前和中等普通教育机构发展规划》。规划指出了支持和发展国家和私营部门在教育领域合作的优势和主要方向。该规划是根据塔吉克斯坦 2013 年 1 月 19 日颁布的《塔吉克斯坦共和国关于 2012 年社会经济发展成果与 2013 年社会经济发展任务》制定的。规划旨在为国家和私营部门合作创造有利条件，并以此为基础使儿童获得符合现代要求的优质学前教育和中等普通教育。规划指出，发展私立学前教育和中等普通教育机构将会创造一种良性的竞争环境。政府希望该规划的实施能够提高学龄前儿童的教育覆盖率。

在塔吉克斯坦的学前教育机构中，父母可以选择儿童在学前教育机构学习的语言，包括塔吉克语、俄语、乌兹别克语、吉尔吉斯语等。《塔吉克

---

[1] 资料来源于塔吉克斯坦共和国总统统计署官网。

[2] 资料来源于塔吉克斯坦共和国总统统计署官网。

斯坦共和国教育法》第七条规定："国语是塔吉克斯坦教育机构的基本教学语言；国家保障公民选择接受教育的教学语言的权利。"[1] 在教育政策上，塔吉克斯坦允许多民族语言教学，这促进了各民族之间的相互沟通和理解。截至 2019 年，在塔吉克斯坦学前教育机构 10.22 万儿童中，有 8.76 万名儿童使用塔吉克语，12 940 名儿童使用俄语，1 238 名儿童使用乌兹别克语，133 名儿童使用吉尔吉斯语，310 名使用其他语言。[2]

第二节 学前教育的特点和经验

一、学前教育的特点

塔吉克斯坦学前教育的发展呈现出学前教育具有多重功能性、各地区学前教育发展水平不均衡等特点。

（一）学前教育具有多重功能性

塔吉克斯坦学前教育的核心任务和目标是对学龄前儿童实施全面的发展教育。学前教育的第二个功能是做好学前教育与初等教育的衔接工作。学前教育应确保适应初等教育并为今后发展打好基础，保障儿童身心发展的阶段性和连续性。

此外，学前教育不仅承担着教育功能，还承担着社会功能。H. K. 克鲁普斯卡雅认为，"学前教育不仅关系到下一代的成长教育问题，关系到社

---

[1] 资料来源于塔吉克斯坦共和国教育与科学部官网。

[2] 资料来源于塔吉克斯坦共和国总统统计署官网。

会主义、共产主义建设事业的成败问题，而且也与妇女解放、吸引妇女参与国家与社会建设有着密切的联系"。[1]塔吉克学前教育问题和妇女问题交织在一起，塔吉克妇女经过长期的斗争，在促进男女平等、维护妇女权益方面不懈努力。她们积极地汲取知识，加入国家知识分子行列，成为社会生活中一股重要的力量。她们利用宪法赋予的权利，更加积极地参与国家的经济、文化和政治生活。发展学前教育，让每个儿童都能够接受公平且有质量的学前教育，会进一步促进解放家庭劳动力，创造社会价值。因此，学前教育在解放妇女、促进男女平等、维护妇女权益方面承担着独特且重要的功能。

（二）各地区学前教育发展水平不均衡

塔吉克斯坦学前教育发展水平和资源配置具有明显的差异和不同的特点。

第一，从学前教育机构的地区分布来看，学前教育机构主要集中在塔吉克斯坦的北部和西南部。截至 2019 年，全塔共有 662 所学前教育机构，其中戈尔诺-巴达赫尚自治州 26 所，招收儿童 2 079 人；哈特隆州 152 所，招收儿童 16 622 人；索格特州 272 所，招收儿童 44 507 人；杜尚别 134 所，招收儿童 29 647 人；中央直属区 78 所，招收儿童 9 320 人（见表 4.1）。戈尔诺-巴达赫尚自治州的学前教育机构和招收儿童数量最少，明显低于全国平均水平。

---

[1] 安方明. 社会转型与教育变革：俄罗斯历次重大教育改革研究 [M]. 北京：社会科学文献出版社，2006：198.

表 4.1 2015—2019 年塔吉克斯坦学前教育机构区域分布情况（单位：所）[1]

年份	2015	2016	2017	2018	2019
戈尔诺-巴达赫尚自治州	22	23	26	26	26
哈特隆州	128	132	136	142	152
索格特州	237	249	252	261	272
杜尚别	122	125	125	132	134
中央直属区	69	73	76	75	78
塔吉克斯坦共和国	578	602	615	636	662

　　第二，城市和农村教育资源分配不合理问题依然存在，影响塔吉克斯坦学前教育均衡、持续、健康发展。残疾儿童和农村地区的适龄儿童获得学前教育的难度大，教育资源主要集中在城市。截至 2019 年，塔吉克斯坦学前教育机构 662 所，其中市立学前教育机构 432 所，村立学前教育机构 230 所。全塔学前教师总人数为 9 766 人，其中市立学前机构学前教师 7 280 人，村立学前机构学前教师人数 2 486 人。全塔学前机构招收儿童数量为 10.22 万人，其中市立学前机构招收 7.95 万人，村立学前机构招收 2.27 万人（见表 4.2）。目前，塔吉克斯坦的市立学前机构数、市立学前机构学前教师、市立学前机构招收儿童数量均明显高于村立学前机构的相应指标。

---

[1] 资料来源于塔吉克斯坦共和国总统统计署官网。

表 4.2 2015—2019 年塔吉克斯坦学前教育机构基本情况 [1]

年份	2015	2016	2017	2018	2019
市立学前机构数（所）	383	401	403	417	432
村立学前机构数（所）	195	201	212	219	230
市立学前机构招收儿童的数量（万人）	7.37	7.18	7.34	7.53	7.95
村立学前机构招收儿童的数量（万人）	1.84	1.93	1.97	2.12	2.27
市立学前机构学前教师人数（人）	6 333	5 881	6 877	7 112	7 280
村立学前机构学前教师人数（人）	2 108	2 083	2 206	2 333	2 486

　　第三，从学前教师的数量和专业素质上看，城市学前教师的数量和专业水平高于农村地区。截至 2019 年，塔吉克斯坦学前教师总人数为9 766 人，市立学前机构学前教师 7 280 人，村立学前机构学前教师人数2 486 人。全塔范围内拥有中等普通学历的学前教师所占比重最大，占34.4%。如图 4.6 和图 4.7 所示，市立学前教育机构教师的学历要高于村立学前教育机构教师的学历。在市立学前教育机构教师中，拥有本科以上学历的教师所占比重最大，为 34.7%，第二位的是中等普通学历，为 34.2%，之后依次是中等职业和本科学历，分别为 24.1% 和 7%；在村立学前教育机构教师中，拥有中等普通学历的教师所占比重最大，为 35.3%，第二位的是中等职业学历，为 32.9%，之后依次是本科以上和本科学历，分别为 26.5% 和 5.3%。

---

[1] 资料来源于塔吉克斯坦共和国总统统计署官网。

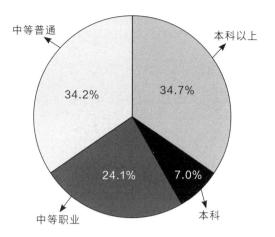

图 4.6 2019 年塔吉克斯坦市立学前教育机构教师学历情况[1]

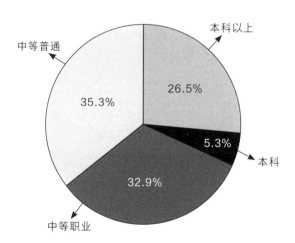

图 4.7 2019 年塔吉克斯坦村立学前教育机构教师学历情况[2]

[1] 资料来源于塔吉克斯坦共和国总统统计署官网。

[2] 资料来源于塔吉克斯坦共和国总统统计署官网。

二、学前教育的经验

塔吉克斯坦的学前教育体系形成于苏联时期，从无到有，从落后到完备，取得了跨越式的发展。独立后，塔吉克斯坦学前教育在苏联教育体系的基础上不断发展和完善，积累了丰富的经验。

（一）关注教育立法

塔吉克斯坦政府十分重视学前教育的发展。塔吉克斯坦总统埃莫马利·拉赫蒙在讲话中多次强调，国家的教育改革首先要从学前教育开始。国家采取各种措施保障学龄前儿童就学，为学前教育机构提供支持，确保为低收入家庭提供教育服务。独立后，塔吉克斯坦学前教育事业快速发展，资源不断丰富，学前教育普及水平逐渐提高，管理制度日趋完善。

从《学前教育发展理念》（1993 年）、《塔吉克斯坦共和国教育法》（1993 年首次通过，2014 年修订）、《关于父母教育子女责任的法律》（2011年首次通过，2016 年修订）、《塔吉克斯坦共和国至 2020 年前国家教育发展战略》（2012 年）到《塔吉克斯坦共和国至 2030 年前国家发展战略》（2016年），国家颁布的一系列关于学前教育的法律法规都将"对儿童实施全面的发展教育"作为学前教育的核心任务。

（二）教育机构呈现多样化发展趋势

近年来，塔吉克斯坦学前教育机构呈现多样化发展趋势，教育机构既包括传统意义上的托儿所、幼儿园和托幼混合机构，还有幼儿园小学联合体、寄宿学校（学前班）、幼儿学校等新型教育机构。

目前，塔吉克斯坦"政府主导、公立为主、私立补充"的学前教育公共服务体系基本建立，在教育财政拨款体制方面，塔吉克斯坦学前教育经费由国家财政统一核拨。公立学前教育机构由政府单位或主管部门统一拨款，私立学前教育机构独立核算，自负盈亏。在塔吉克斯坦的学前教育领域中，公立学前教育机构在数量和整体办学水平上都占绝对主导地位。截至 2016 年，塔吉克斯坦共有 602 所学前教育机构，其中有 61 所私立学前教育机构，公立学前教育机构占全塔学前教育机构总数的 89.87%。因此，国家教育行政主管部门对本国学前教育机构的影响力较大。塔吉克斯坦这种以公立学前教育机构为主导、公私并立的学前教育格局有助于进一步促进学前教育的普及和公平、保障学前教育的质量。

第三节 学前教育的挑战和对策

一、学前教育的挑战

塔吉克斯坦的学前教育延续了苏联教育体制的传统。独立初期，政治经济转轨，社会变迁对教育发展产生了重大影响。一方面，苏联时期建立的学前教育体系为塔吉克斯坦奠定了良好的教育基础，使其转轨时的学前教育体系具备一定的抗风险能力。另一方面，向市场经济的过渡不可避免地会对塔吉克斯坦学前教育体系产生影响。如今，塔吉克斯坦社会政治稳定，经济快速发展，人民生活水平有了显著提高，教育也进入发展的新阶段，但是学前教育领域仍然面临诸多挑战。

（一）学前教育机构覆盖率较低

塔吉克斯坦学前教育机构的覆盖率较低。据塔吉克斯坦共和国总统统计署的数据显示，2019 年，塔吉克斯坦 3—6 岁儿童的学前教育机构覆盖率为 10.4%。[1] 也就是说，约 90% 的儿童在入学前没有受到过学前教育。近年来，塔吉克斯坦人口自然增长率快，据相关专家预测，至 2030 年前塔吉克斯坦 3—6 岁的儿童数量将达到 113.74 万人，比 2015 年增长 25.5 万人。因此，至 2030 年前学前教育机构儿童的覆盖率应从 12% 增至 50%，其中城市地区为 70%，农村地区为 30%。[2] 这对塔吉克斯坦的学前教育发展提出了巨大的挑战。

（二）学前教育投入不足

独立初期，塔吉克斯坦的学前教育体系遭到破坏，农村学前教育体系破坏的尤为严重。学前教育机构的数量、学前儿童人数、学前教育从业者、学前教育投入逐年减少。独立后，学前教育领域的投入仍不能满足实际发展需要。2004 年，塔吉克斯坦学前教育的投入仅占国内生产总值的 0.14%。2010 年，这一指标降至 0.11%。

（三）学前教育基础设施薄弱

目前，塔吉克斯坦学前教育基础设施相对薄弱，很多学前教育机构的基础设施需要维修或重建，整体水平较为落后。农村地区的学前教育机构缺少统一的供水和供暖系统。很多学前教育机构的饮食卫生状况还有待改善。

---

[1] 资料来源于塔吉克斯坦共和国总统统计署官网。

[2] 资料来源于塔吉克斯坦共和国教育与科学部官网。

学前教育信息化建设基础设施仍不够完善，学校的网络建设和远程教育发展已成为新时代教育发展的迫切问题。很多学前教育机构在信息化建设的软硬件配套设施方面比较薄弱，许多现有设施设备落后，软件更新不及时。学前教育机构软件的设计和研发能力要落后于发达国家，学前教学软件开发的质量不高、缺乏创新等问题依然存在。

（四）学前教材问题突出

学前教育教材、学前读物、相关出版机构、学前教学大纲等问题比较突出。独立前，塔吉克学前教育的教材由苏联政府统一编发；独立后，大多学前教育机构仍然沿用之前的统编教材。因此，教学内容陈旧，知识体系更新不及时，缺乏高质量的学前读物。此外，学前教学大纲落后，缺少对3岁以下儿童的教学大纲，缺乏前沿的幼儿教育理论和观点，缺少高质量的儿童和教学法出版机构，缺少专门针对学前教育工作者的期刊。

（五）学前教育师资力量薄弱

专业教师在学前教育的发展中发挥着重要的作用，学前教师的素质和水平直接影响学前教育质量。目前，塔吉克斯坦学前教育师资力量较为薄弱，高水平学前教师匮乏。专业学前教师短缺，尤其学前教学法专家、学前心理学家、学前音乐和医疗工作人员严重短缺，现有的教师难以保证所有年龄段儿童的艺术、审美、精神和身体发展。目前，塔吉克斯坦还没有单独针对学前教育机构培养音乐教师，作为音乐学科的分支，学龄前儿童的音乐教育理论有其自身的特征，然而目前这个学科并没有得到音乐工作者专门研究。

学前教师的普遍工资水平较低。目前，学前教育工作者实行每天7小时的工作制，即每周 30—35 小时，然而工资水平与其他国民经济部门和其他等级的教育机构相比较低，这也阻碍了高水平的专业教师进入学前教育领域。

二、学前教育的对策

在教育国际化的大背景下，塔吉克斯坦积极地进行学前教育改革。教育改革内容同联合国教科文组织 21 世纪教育民主化、信息化、一体化和国际化的发展方针基本一致。塔吉克斯坦政府将学前教育纳入国家发展战略，通过发展爱国主义教育、加大教育投资力度、优化教育资源分配、加强学前教育的软硬件建设、推进学前教育的信息化发展、提高学前教师的专业素质及待遇等措施，致力于建立一个顺应时代发展的新型现代化学前教育格局。

2012 年，塔吉克斯坦颁布了《塔吉克斯坦共和国至 2020 年前国家教育发展战略》。文件指出，目前塔吉克斯坦学前教育面临教育投入不足、学前教师匮乏、教育资源分布不均衡等压力，未来在已有成果基础上，保持对学前教育重视程度不减，持续推进学前教育改革发展。[1] 学前教育改革的具体措施包括提高学前教育覆盖率，加大教育投资力度，完善教育基础设施建设，加强教材的编写和出版工作，推进学前教师队伍建设。

（一）提高学前教育覆盖率

鉴于塔吉克斯坦学前教育机构的覆盖率较低的情况，2016 年，塔吉克斯坦颁布了《塔吉克斯坦共和国至 2030 年前国家发展战略》。文件指出，国家

---

[1] 资料来源于俄罗斯-塔吉克（斯拉夫）大学官网。

将采取一系列措施在城市和农村地区新建或修缮学前教育基础设施，为学前
教育机构提供供暖、供电、供水、卫生、通信和交通方面的保障，提高学前
教育的覆盖率。到 2030 年前，国家将采取措施努力将塔吉克斯坦学前教育机
构覆盖率提高至 50%，其中城市地区提高至 70%，农村地区提高至 30%。[1]

（二）加大教育投资力度

近年来，塔吉克斯坦不断加大对学前教育的投入。在教育财政拨款体
制方面，国家进行统一的财政核拨，同时探索多渠道投资。2015—2019 年，
塔吉克斯坦教育投入占国内生产总值的比重趋于稳定，稳中有升。2019 年，
教育投入占国内生产总值的比重为 5.7%，比上一年增加了 0.5 个百分点。在
不断加大对学前教育投入的同时，塔吉克斯坦政府积极调整教育资源的内
部分配、区域分配、城乡分配的比例和力度。

独立后，塔吉克斯坦政府不断拓宽融资渠道。私立学前教育机构兴起，
学前办学呈现多样化态势。截至 2016 年，全塔共有 602 所学前教育机构，
其中有 61 所私立学前教育机构，私立学前教育机构占全塔学前教育机构的
10.13%。私立学前机构数量的不断增加是经济转轨过程中的必然结果，一定
程度上缓解了教育财政紧张的问题，为学前教育的发展增加了动力。

（三）完善教育基础设施建设

目前，塔吉克斯坦不断推进学前教育改革，加强和完善学前教育体系，
增加学前教育机构的数量。2015—2019 年，全塔的学前教育机构从 578 所增
加到 662 所。此外，政府不断推动学前教育信息化建设，加大对学前教育信

---

[1] 资料来源于塔吉克斯坦共和国教育与科学部官网。

息化软硬件的投入力度，充实信息资源、完善教学资源库。

（四）加强教材的编写和出版工作

近年来，塔吉克斯坦政府不断加强学前教材、学前读物的编写和出版工作，推进塔吉克语学前读物建设，用科学的理论来制定学前教育教学规划和内容，教学内容不仅要促进儿童的智力发展，而且要注重培养学龄前儿童自我认知、培养爱国主义情感和其他优良的道德品质，尤其应注重培养儿童熟悉周围生活的能力，促进其言语和视觉活动发展。

（五）推进学前教师队伍建设

近年来，塔吉克斯坦政府积极推进学前教师的政治思想建设和专业化队伍建设，提高学前教师的专业水平。定期举办专业技能培训班，对在职学前教师进行继续教育，及时更新学前教师队伍现有的知识结构和教学观念，建立健全学前教师教学质量的考核评估机制，进一步提高学前教师的待遇。在学前教育师资培养方面注重农村地区教学人员的培养。1997年开始，偏远地区的学生可以通过"总统奖学金"进入大学学习，这对学前师资的培养也发挥了积极的作用。

学前教师的队伍建设取得了较好的成绩，学前教师队伍的学历层次普遍提高。从表4.3可以看出，2015—2019年，拥有中等职业学历和中等普通学历学前教师所占比重呈下降趋势，拥有本科和本科以上学历的学前教师所占比重呈上升趋势，尤其拥有本科以上学历的学前教师比重增速较快。2019年，拥有本科和本科以上学历的学前教师占比已达到39.2%。这说明2015—2019年塔吉克斯坦学前教师的学历结构不断优化，教师的专业水准不断提高，教师的队伍建设不断完善。

表 4.3 2015—2019 年塔吉克斯坦学前教师学历层次分布情况 [1]

年份	2015	2016	2017	2018	2019
拥有本科以上学历学前教师人数占总人数比例	25.3%	27.0%	30.0%	30.9%	32.6%
拥有本科学历学前教师人数占总人数比例	6.0%	6.6%	6.5%	6.6%	6.6%
拥有中等职业学历学前教师人数占总人数比例	32.0%	30.8%	29.1%	27.6%	26.4%
拥有中等普通学历学前教师人数占总人数比例	36.7%	35.6%	34.4%	34.9%	34.4%

[1] 资料来源于塔吉克斯坦共和国总统统计署官网。

133

第五章 普通教育

普通教育，作为培养人才和提高国民素质的奠基工程，在塔吉克斯坦教育体系中占有重要地位，是社会经济、政治和文化发展的重要因素之一。

塔吉克斯坦的普通教育阶段相当于我国的基础教育阶段。塔吉克斯坦的普通教育年限为 11 年，包括初等普通教育、基础普通教育和中等（完全）普通教育，前两个阶段为义务教育。初等普通教育相当于我国的小学，学生 6—7 岁上学，为一至四年级。基础普通教育相当于我国的初中，为五至九年级。基础普通教育毕业后学生可选择继续接受中等（完全）普通教育、报考职业技术学校或者就业。中等（完全）普通教育相当于我国的高中，为十至十一年级，毕业后可进入中等专业学校或者高等教育机构。九年一贯制的不完全中学和十一年制的完全中学是塔吉克斯坦实施普通教育的主要教育机构。

6 世纪，塔吉克地区开始出现学校，产生了教师和学生的概念。7 世纪以后，随着伊斯兰教在中亚传播，塔吉克地区的教育主要是宗教教育，宗教与学校合一，开设穆斯林小学和伊斯兰经学院。19 世纪 60 年代至 20 世纪初，沙皇俄国在塔吉克地区开设俄语学校和本地化俄语学校。20 世纪初，在"扎吉德"运动的影响下，塔吉克地区开设了新式学校。

20 世纪初至苏联卫国战争前是塔吉克普通教育的系统性跨越式发展阶

段、普通教育机构、学生和教师的数量呈逐年上升的趋势。20 世纪 30—40 年代，苏联政府在塔吉克采取开展大规模的扫盲运动、全国推行初级义务教育、进行民族文字改革等一系列措施使得塔吉克普通教育面貌得到了根本性改善。

苏联卫国战争时期是塔吉克普通教育发展的特殊阶段。战争期间，共和国人民委员会采取了一系列措施来克服战时的困难情况，保障普通教育的发展。塔吉克对普通教育机构的组织形式、教学大纲、课程考核形式等进行调整以适应战时需要，采取各种措施保障无人照管儿童上学、全面提高普通教育质量保障水平、促进教育科学和专业教师的发展。

苏联卫国战争后至独立前是塔吉克普通教育的改革和完善阶段。这一时期，政府对普通教育进行了三次大规模改革，每次教育改革都有一定的改进和提高，并在改进中不断发现并解决问题。主要表现在增加普通教育机构的数量，提高教师素质，增强普通教育活动的理论性和实践性。

独立后，塔吉克斯坦继续沿用苏联时期的普通教育体系。政府相继出台了《塔吉克斯坦共和国教育法》(1993 年首次通过，2014 年修订)、《国家中学理念》(1997 年) 等一系列政策文件，不断完善普通教育机制，开展普通教育改革。近年来，随着塔吉克斯坦普通教育改革工作的不断推进，教育资源逐步得到改善，教育机构规模不断扩大，教育机构类型呈现多样化，学生和教师数量逐年增加，师资结构明显优化，教育国际化水平显著提升。

第一节 普通教育的发展和现状

一、独立前的普通教育

独立前，塔吉克普通教育体系的形成和发展大致可以分为四个阶段：第一阶段为6—20世纪初，第二阶段为20世纪初至苏联卫国战争前（20世纪初至1940年），第三阶段为苏联卫国战争时期（1941—1945年），第四阶段为苏联卫国战争后至独立前（1946—1991年）。

（一）6—20世纪初的普通教育

6世纪，塔吉克地区开始出现学校形态，产生了教师和学生的概念。7世纪下半叶，随着阿拉伯人向中亚扩张，伊斯兰教在教育中的影响逐渐扩大。阿拉伯哈里发在塔吉克地区建立穆斯林小学。10世纪，国家开设伊斯兰经学院，教授读写、文学、哲学、数学、医学、天文学、几何、历史、地理、礼仪。19世纪60年代之前，塔吉克地区只有穆斯林小学和伊斯兰经学院两类教育机构。

19世纪60年代，中亚地区并入俄罗斯帝国版图。19世纪80年代，在塔吉克地区北部开设了俄语学校和本地化俄语学校。20世纪初，在突厥斯坦总督区和布哈拉汗国部分城市开设了一些新式学校。

（二）20世纪初至苏联卫国战争前的普通教育（20世纪初至1940年）

俄国十月革命的胜利大大推动了塔吉克普通教育的发展。自1918年5

月起，在塔吉克开始建立面向大众的苏维埃学校。至 1919 年，共建立起 73 所苏维埃学校。

1929 年 12 月 5 日，苏联中央执行委员会批准将塔吉克苏维埃社会主义自治共和国升级为塔吉克苏维埃社会主义共和国，正式加盟苏联。苏联时期，塔吉克普通教育得到了跨越式的发展，普通教育机构、教师和学生的数量呈逐年上升的趋势。

苏联政府在塔吉克进行民族文字改革。1930 年，塔吉克开始使用拉丁字母为基础创建的文字。1940 年，开始使用以基里尔字母为基础创建的文字。文字改革对推动塔吉克普通教育发展具有巨大的意义。随着教育机构和学生人数的增多，政府开展编写和出版塔吉克语教材和其他教学参考书的工作。

1929—1941 年，苏联政府在塔吉克开展大规模的扫盲运动，全国推行初级义务教育。塔吉克苏维埃社会主义共和国的建设取决于有素养、文化渊博的高素质人才。扫盲运动取得了显著成效，到 20 世纪 40 年代初期，塔吉克全境已基本扫除了文盲。

为了解决普通教育机构教师短缺的问题，塔吉克开始兴建师范学校。1928—1929 年，在塔吉克成立了 4 所师范学校。然而到 20 世纪 30 年代之前，塔吉克还没有高等教育机构。政府认为有必要在塔吉克建立一所高等师范学院，以为国家培养高水平师范类人才。1931 年 7 月 18 日，中亚国立大学师范系改组为塔吉克高等农业师范学院（今塔吉克艾尼国立师范大学）。塔吉克高等农业师范学院在培养专业师范类人才方面一直发挥着重要作用。

截至 1939—1940 学年，全塔各地都组织开设了普通教育机构。在苏联卫国战争开始之前，全塔共有 394 所七年制学校和 51 所中学，共有 2.73 万名学生就读，其中有 8 500 名女生。

（三）苏联卫国战争时期的普通教育（1941—1945 年）

苏联卫国战争的爆发对教育领域产生了极大影响，战争给普及七年义务教育带来了困难。战争期间，苏联大量的人员从西部地区迁移至东部地区。家庭中的父亲上前线、母亲及家里其他成年人去从事生产劳动。因此，出现了大量的疏散儿童和无人照管的儿童。许多学校关闭或改建，在校教师、教材、教学设备严重短缺，有些学校被临时改建为军事医院，用以治疗受伤的士兵。大量学生被迫中途辍学，学校出勤率和教学质量明显下降。仅在战争开始的第一年，就有 4 万多名学生辍学，辍学比例达 15.1%。

共和国人民委员会采取了一系列措施来克服战时的困难情况，保障普通教育的发展。1942 年，共和国人民委员会设立了无人照管儿童普及教育专项基金，成立解决儿童无人照管现象委员会，设立专门的视察制度，开办儿童收容所和儿童之家，增设寄宿学校。全塔寄宿学校的数量从 1943—1944 学年的 7 个增至 1945—1946 学年的 21 个，学生人数也从 336 人增至 1 368 人。

政府采取措施扩展学校网络，从国家预算中拨款用以修复和重建校舍，给学生提供物质援助，许多普通教育机构开办了学生食堂。1943 年，国家为战争初期离开学校从事生产的青年开办了工农青年学校。普通教育机构、共青团、工会和家长组织积极参加防止学生辍学的工作，帮助学生重返学校。从 1944—1945 学年起，国家规定儿童的义务教育从 7 岁开始，这为有效保障幼小衔接提供了有利条件，消除了学前教育机构和普通教育机构之间的脱节。措施取得了良好的成效，到战争结束时，学生辍学的现象已大大减少。

苏联卫国战争期间，普通教育机构对教学大纲和课程考核形式进行了修订，具体表现在以下两个方面。

第一，修订教学大纲。普通教育机构在教学活动中注重加强学生的爱国主义教育，注重学习和生产劳动相结合。文学、历史、地理课程中加入了卓雅、柴金娜等青年英雄的故事，教学内容中加入了战时防御主题。物理、化学、生物课程的讲授内容更具有实用性，课程内容同社会生产建立起紧密的联系。1941—1942学年，普通教育机构开始开设农业基础知识课程，并组织学生参加集体农庄和国营农场的劳动。1943年，有些教育机构开始兴办教学生产工厂。学校将物理、化学等科目的课程和工厂的工作结合起来，学生在工厂里学习生产等相关劳动技能，每天劳动2—3小时。

第二，改革课堂考核制度。国家十分注重普通教育机构的教学质量，对课程的考核形式进行修订。1944年6月，苏联人民委员会通过了《关于改善学校教学质量的措施》的决议，依照这项决议实行：①念完小学和七年制学校的学生必须通过毕业考试，念完中学的学生必须通过中学毕业证书考试；②奖励念完中学的优秀学生以金质奖章或银质奖章。[1]

战争时期，政府十分注重教育科学和教师的发展。1943年10月，在莫斯科成立教育科学院，其任务是研究普通教育学、专科教育学、教育学史、普通教育主要学科教学法等问题。教育科学院的设立极大地增强了普通教育工作的理论性。同时政府采取措施改善普通教育机构教师的生活状况，提高工资待遇，规定按照工厂工人的标准给教师供应生活物资。这一时期，后方教育机构的教师努力从事教学和生产劳动，许多教师奔赴前线，表现出英雄气概。战争开始时，有5 000多名中学和大学教师加入战争队伍，他们中Д.阿济佐夫、Х.肯贾耶夫、И.哈姆扎里耶夫、А.库尔博诺夫等人都被授予了"苏联英雄"的称号。

总体来说，尽管战争期间普通教育面临着种种困难，但政府和社会各界努力采取各种措施克服了困难，保障了普通教育的有效运行。

---

[1] 康斯坦丁诺夫，等. 苏联教育史 [M]. 吴式颖，周蕖，朱宏，译. 北京：商务印书馆，1996：494.

（四）苏联卫国战争后至独立前的普通教育（1946—1991 年）

苏联卫国战争后至独立前是塔吉克普通教育的改革和完善阶段。苏联卫国战争结束后，政府在教育领域做出了一系列改革，教育体系逐渐得以恢复。这一时期，塔吉克普通教育领域进行了三次大刀阔斧的改革，分别为 1958 年的教育改革，20 世纪 60—70 年代的教育改革和 20 世纪 80 年代的教育改革。

20 世纪 50 年代后期，普通教育普及度不断提高，普通教育机构毕业生的数量不断增加，然而高等教育接受的容量有限。因此，1958 年，苏联在教育领域进行了一次大规模改革，普通教育是本次改革的重点，主要目的是加强对生产劳动教育的重视，号召中学生从事有益的生产劳动。1958 年12 月 24 日，苏联最高苏维埃主席团通过《关于加强学校同生活的联系和进一步发展苏联国民教育制度的法律》。其目的是使学校同现实生活相联系，教育同生产劳动相联系。法律指出："苏联中学的使命，是培养能深刻理解科学基础知识、同时能够经常进行体力劳动的有学识的人，培养青年立志成为对社会有用的人，并积极参加社会所需财富的生产。必须大大地扩大中等教育的规模，其途径首先是广泛发展为那些在国民经济方面工作的青年设立的学校网。"[1]

根据该法律的规定，塔吉克寄宿学校管理部门制定了一项儿童劳动教育综合计划。计划秉持教育同生产劳动相结合的原则，根据卫生标准、儿童的年龄和兴趣，大力吸引学生从事生产等社会工作。为了提高劳动者的劳动技能，塔吉克政府采取措施，增加夜校和函授学校的数量。

20 世纪 50 年代，为了满足普通教育发展需要，塔吉克政府加强普通教育的师资培养工作。这一时期，为塔吉克培养普通教育机构教师的主要

---

[1] 北京师范大学外国教育研究所. 苏联高等和中等专业教育法令汇编 [M]. 北京：北京师范大学出版社，1984：6.

有斯大林纳巴德师范学院、库利亚布师范学院、列宁纳巴德基洛夫师范学院和分别位于列宁纳巴德、彭吉肯特、乌拉秋别、库尔干秋别、库利亚布、霍罗格、奥尔忠尼启则阿巴德、加尔姆、卡尼巴达姆的9所师范学校。

20世纪60—70年代，普通教育开始了第二次改革。随着科学技术的迅猛发展，普通教育机构的教学内容难以满足社会发展的需求。教育机构中实验室等先进的教学设施不足，教师在教学过程中较少使用现代化教学设备等。因此，从20世纪60年代开始，政府在教育领域采取了一系列措施。

1966年11月10日，苏共中央和苏联部长会议通过了《关于进一步改进普通中学工作的措施》。措施涉及教育改革发展目标，对教学计划、教学大纲、必修学时和教学内容等方面作出进一步规范。1967年10月16日，苏联教育部发布《关于审批普通学校的教学大纲、教科书和教学参考书的通函》。通函对教学计划中各个科目的教学大纲、标准参考书和教学参考书的出版做出了明确规定。1970年9月8日，苏联部长会议批准《普通中学章程》。章程涉及教育教学工作的组织原则，学生，教师、班主任、教导员，学校领导，教学的物质基础、经费和财务制度等方面。1972年6月20日，苏共中央和苏联部长会议通过《关于完成向青年普及中等教育过渡和进一步发展普通学校的决议》。决议指出要进一步加强学校和生产的联系，扩大夜校网络。

20世纪80年代，普通教育开始了第三次教育改革。1984年，苏共中央全会、苏联最高苏维埃通过《普通学校和职业学校改革的基本方针》。根据该方针，1984年，塔吉克苏维埃社会主义共和国政府通过了《1985—1990年普通学校和职业学校改革规划》。根据该规划，塔吉克初等普通教育学制由三年制改为四年制，基础普通教育学制由八年制改为九年制，中等（完全）普通教育学制改为十一年制。学生从6岁开始接受普通教育。1985—1990年，塔吉克普通教育机构的数量、教师和学生人数不断增加，基础设施不断完善。

苏联卫国战争后至独立前是塔吉克普通教育的改革和完善阶段，这一阶段的特点有：①普通教育领域进行了三次大规模的改革，每次教育改革都有一定的改进和提高，并在改进中不断发现问题和解决问题；②这一时期，塔吉克普通教育机构、教师和学生的数量不断增加，教师素质不断提高，普通教育的理论性和实践性也不断加强。

二、独立后的普通教育

独立初期，受内战和经济危机的影响，苏联时期建立起来的较为完备的教育体系遭到破坏，塔吉克斯坦在普通教育普及和发展方面面临众多挑战。内战造成大量普通教育机构关闭，基础设施不断恶化，学生入学率下降，课程大纲和教学计划不符合时代要求，教师工资低，大量教师弃教从商。政府采取了一系列措施恢复和促进普通教育的发展。1993 年，塔吉克斯坦重新启动教育改革，全国全面实行九年义务教育。

独立后，塔吉克斯坦普通教育机构数量和学生人数基本呈现逐年上升的趋势。1991—1992 学年，全塔普通教育机构数量为 3 229 所，学生人数 132.54 万人。2001—2002 学年，全塔普通教育机构数量为 3 557 所，比 1991—1992 学年增加 328 所，增长 10.16%；学生人数 150.44 万人，比 1991—1992 学年增加 17.9 万人，增长 13.51%。

近年来，塔吉克斯坦社会政治稳定，经济快速发展，普通教育行业发展的现状是普通教育稳定发展，并保持适当的发展速度，维持一定的增量，具体表现在普通教育法律法规和标准的颁布使普通教育机制不断完善，普通教育改革工作不断推进，普通教育机构规模不断扩大，学生数量不断增加，师资力量不断壮大，普通教育学制结构不断完善，教育评价制度改革工作逐步推进。

在普通教育立法方面,《塔吉克斯坦共和国教育法》(1993 年首次通过,2014 年修订)对普通教育的目标、实施主体、教育机构类型、学制等做出了规定。1997 年 6 月 4 日,塔吉克斯坦政府批准了《塔吉克斯坦共和国普通中等教育国家标准》。国家标准确立了在新的社会发展阶段普通教育的目标和任务,基于科学技术成就和现代教育的发展经验,国家标准确定了现代普通教育的基础并指出未来普通教育的发展前景。国家标准规定了普通教育的三个层次:初等普通教育(一至四年级)、基础普通教育(五至九年级)和中等(完全)普通教育(十至十一年级),并且分别对每一个层次的教育标准进行了规定(见图 5.1)。

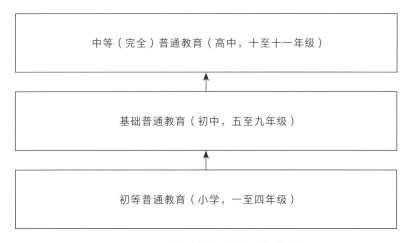

图 5.1 塔吉克斯坦普通教育学制

国家对普通教育机构的教学大纲有统一要求,教学大纲中规定所有普通教育机构的教学科目为社会人文、数学、语言、文学、化学、生物、物理、社会经济、技术。此外,塔吉克斯坦十分重视传统民族文化,普通教育机构一周会开设一次手工课,培养学生的动手能力。手工课分为男生班和女生班,女生班手工课主要教授厨艺、缝纫和刺绣等技艺,男生班手工课主要教授木工和建筑类课程。

目前，塔吉克斯坦实施九年义务教育，九年级毕业之后学生可以自主选择读两年中等（完全）普通教育。通过考试后颁发基础普通教育毕业证书和中等（完全）普通教育毕业证书。持有普通教育机构毕业证书的学生可以参加全国统一考试。考试由塔吉克斯坦共和国总统国家考试中心负责。根据国家考试中心的统计数据显示，2020 年，全国统一考试在全塔 18 个市区和 48 个考试中心举行，共收到 10.88 万普通教育机构毕业生的申请。

在普通教育机构规模方面，近年来，塔吉克斯坦普通教育事业发展较快，2015—2020 年，普通教育机构的数量基本呈现逐年增长态势。2015—2016 学年，全塔普通教育机构共 3 855 所。2019—2020 学年，全塔共有普通教育机构 3 892 所，比上学年增加 15 所，增长 0.39%，比 2015—2016 学年增加 37 所，增长 0.96%。其中日校 3 884 所，夜校 8 所（见图 5.2）。

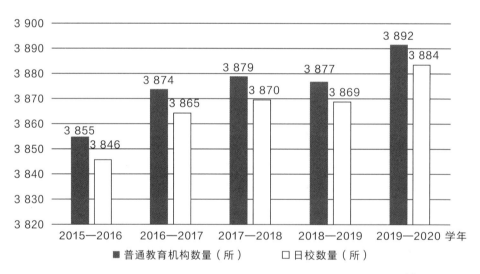

图 5.2 2015—2020 年塔吉克斯坦普通教育机构数量变化情况 [1]

---

[1] 资料来源于塔吉克斯坦共和国总统统计署官网。

在普通教育机构师资方面，其一，普通教育机构教师的数量不断增多。2015—2019 年，塔吉克斯坦普通教育机构教师数量基本呈现上升态势。2019 年，塔吉克斯坦普通教育机构教师总人数为 124 268 人，比上年增加 1 215 人，增长 0.99%，比 2015 年增加 14 361 人，增长 13.07%（见图 5.3）。

其二，普通教育机构教师的学历水平不断提高，学历结构不断优化。2015—2019 年，普通教育机构的教师中拥有本科及以上学历的教师人数逐年增加（见表 5.1）。2019 年，塔吉克斯坦普通教育机构中拥有本科以上学历的教师人数为 91 974 人，占总人数的 74.01%，拥有本科学历的教师为 7 364 人，占总人数的 5.93%，拥有中等职业学历的教师为 23 140 人，占总人数的 18.62%，拥有中等普通学历的教师人数为 1 790 人，占总人数的 1.44%（见图 5.4）。

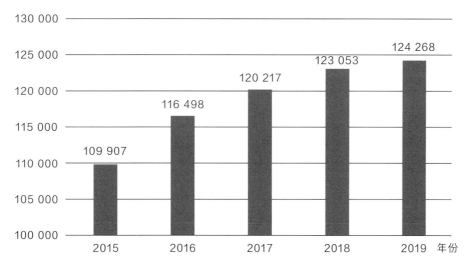

图 5.3 2015—2019 年塔吉克斯坦普通教育机构师资数量变化情况（单位：人）[1]

[1] 资料来源于塔吉克斯坦共和国总统计署官网。

表 5.1 2015—2019 年塔吉克斯坦普通教育机构教师学历情况（单位：人）[1]

年份	2015	2016	2017	2018	2019
中等普通	3 689	2 992	2 434	2 214	1 790
中等职业	24 795	25 442	25 047	24 483	23 140
本科	5 905	6 892	7 426	7 383	7 364
本科以上	75 518	81 172	85 310	88 973	91 974

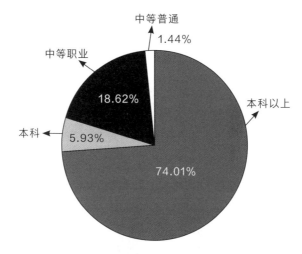

图 5.4 2019 年塔吉克斯坦普通教育机构教师学历情况[2]

在普通教育学生规模方面，2015—2020 年，塔吉克斯坦普通教育学生规模不断扩大，保持逐年上升的态势。如图 5.5 所示，截至 2019—2020 学年，普通教育机构学生共 203.52 万人，比上年增加 6.43 万人，增长 3.26%，比 2015 年增加 24.94 万人，增长 13.97%。此外，2015—2020 年，在校女生人数和占比同样呈现上升趋势。2015—2016 学年，在校男生数量为

---

[1] 资料来源于塔吉克斯坦共和国总统统计署官网。

[2] 资料来源于塔吉克斯坦共和国总统统计署官网。

图 5.5 2015—2020 年塔吉克斯坦普通教育机构学生变量变化情况 [1]

93.42 万人，占总数的 52.31%，在校女生数量为 85.16 万人，占总数的 47.69%。2019—2020 学年，在校男生数量为 105.39 万人，占总数的 51.78%，在校女生数量为 98.13 万人，占总数的 48.22%。

在普通教育机构类型方面，独立后，普通教育机构类型呈现多样化，文科中学、特科中学等各类新型教育机构不断涌现。目前，塔吉克斯坦的普通教育机构的类型大体可分为 11 种，它们是初等普通教育机构（普通小学）、基础普通教育机构（普通初中）、中等普通教育机构（普通高中）、文科中学、特科中学、孤儿寄宿学校、疗养寄宿学校、特殊教育学校、机关子弟学校、天才儿童寄宿学校、幼儿园直读小学校。

截至 2019—2020 学年，塔吉克斯坦普通教育机构数量为 3 892 所，其中日校 3 884 所，夜校 8 所。在日校的 3 884 所中，初等普通教育机构 306 所，基础普通教育机构 426 所，中等普通教育机构 2 956 所，其他普通教育机构 196 所。

---

[1] 资料来源于塔吉克斯坦共和国总统统计署官网。

从表 5.2 可以看出，塔吉克斯坦的普通教育机构以传统的初等、基础和中等普通教育机构为主，其中中等普通教育机构的数量和在校人数最多，基础普通和初等普通教育机构的数量和在校人数次之。其他类型的学校专业性和针对性较强，教师的素质较高，学校可自行制定教育大纲。

表 5.2 2019—2020 学年塔吉克斯坦普通教育机构（日校）情况 [1]

教育机构类型	机构数量（所）	在校总人数（人）	在校女生数量（人）
初等普通教育机构	306	16 119	7 879
基础普通教育机构	426	79 320	36 000
中等普通教育机构	2 956	1 843 869	901 079
其他普通教育机构	196	94 592	35 808
总数	3 884	2 033 900	980 766

目前，塔吉克斯坦的普通教育机构为公私并立，公立普通教育机构在数量、规模和学生人数方面远远大于私立普通教育机构。近年来，政府通过各种措施鼓励私立教育机构的发展，私立教育机构的数量和学生人数有所上升。为了促进塔吉克斯坦私立中等普通教育机构的发展，2014 年，塔吉克斯坦政府颁布了《2014—2020 年私立学前和中等普通教育机构发展规划》。文件指出，2011—2012 学年，全塔共有 47 个私立普通教育机构，其中 26 个文科中学（10 445 名学生）、7 个特科中学（2 965 名学生）和 14 个私立普通教育机构（4 890 名学生）。2012—2013 学年，私立普通教育机构数量增加到 52 个，其中 23 个文科中学（8 797 名学生）、11 个特科中学（5 564 名学生）和 18 个私立普通教育机构（5 674 名学生）。

从表 5.3 可以看出，2015—2020 年，塔吉克斯坦私立普通教育机构的数

---

[1] 资料来源于塔吉克斯坦共和国总统统计署官网。

量和学生人数整体上一直保持上升的态势。2019—2020 学年，全塔共有 63
所私立普通教育机构，比上一学年增加 3 所，增长 5%，比 2015—2016 学年
增加 13 所，增长 26%。尽管如此，私立普通教育机构所占比例仍然不高，
占全塔普通教育机构总数的 1.62%，学生人数占总学生人数的 1.27%。

表 5.3 2015—2020 年塔吉克斯坦私立普通教育机构情况 [1]

学年	2015—2016	2016—2017	2017—2018	2018—2019	2019—2020
教育机构数量（所）	50	55	57	60	63
学生人数（人）	19 765	19 205	20 987	23 138	25 889
女生人数（人）	6 515	6 359	7 090	7 965	9 044
男生人数（人）	13 250	12 846	13 897	15 173	16 845

　　在教育评价制度方面，塔吉克斯坦普通教育机构使用五分制来评定学
生成绩，这一评价方法始于苏联时期。近年来，塔吉克斯坦教育部门为从
五分制向百分制的过渡做出了不懈的努力和尝试。2014 年 2 月 1 日，塔吉
克斯坦将杜尚别的 3 所普通教育机构作为百分制试点学校。2015 年，全塔
已有 20 所普通教育机构参与试点工作。

[1] 资料来源于塔吉克斯坦共和国总统统计署官网。

第二节 普通教育的特点和经验

一、普通教育的特点

（一）普通教育发展不平衡、不充分

塔吉克斯坦普通教育发展显著的特点是教育区域发展和教育阶段发展不平衡、不充分。

其一，教育区域发展不平衡、不充分。受经济社会发展和历史因素等影响，塔吉克斯坦各地的普通教育机构在办学规模、办学条件、师资队伍、教育投入等方面存在巨大差异，区域发展不平衡问题比较突出。从表5.4可以看出，2019—2020学年，全塔共3 884所普通教育机构，全塔学生人数203.39万人，其中戈尔诺-巴达赫尚自治州的机构数量为312所，仅占全塔机构总数的8%，学生人数3.81万人，仅占全塔学生总数的1.87%。区域之间的差距仍然存在，戈尔诺-巴达赫尚自治州仍有提升空间。

其二，教育阶段发展不平衡、不充分。中等（完全）普通教育阶段仍是教育发展中的短板和弱项。从表5.4可以看出，2019—2020学年，中等（完全）普通教育的学生人数为24.56万人，从基础普通教育到中等（完全）普通教育的过渡过程中，学生人数出现了锐减。据相关数据显示，目前很多学生九年级起开始辍学。只有约48%的适龄儿童和青少年接受了中等（完全）普通教育。中等（完全）普通教育阶段是提升劳动力素质和科教强国的基础。因此，解决好各级各类教育间的平衡与协调问题，是优化教育结构、实现教育现代化的重要方向。

表 5.4 2019—2020 学年塔吉克斯坦普通教育机构区域分布情况 [1]

区域	普通教育机构数量（所）	学生人数（万人）	初等普通教育学生人数（万人）	基础普通教育学生人数（万人）	中等（完全）普通教育学生人数（万人）
中央直属区	1 153	49.01	22.86	21.22	4.93
戈尔诺-巴达赫尚自治州	312	3.81	1.75	1.52	0.54
哈特隆州	1 345	75.27	33.96	31.52	9.79
索格特州	929	54.79	24.28	23.51	7.01
杜尚别	145	20.51	9.15	9.07	2.29
塔吉克斯坦共和国	3 884	203.39	92	86.84	24.56

（二）多语言课程教学模式

从普通教育机构的教学语言上看，塔吉克斯坦各类普通教育机构开设的语言有塔吉克语、俄语、英语、吉尔吉斯语、乌兹别克语、土耳其语、中文、土库曼语、阿拉伯语、德语等。塔吉克语是塔吉克斯坦的国语，是塔吉克斯坦普通教育机构的必修课程。俄语和英语也是普通教育机构的必修课程。俄语是族际交流语言，很多学生从小便掌握了俄语，因为他们的家长能流利地使用俄语。英语是国际通用语言，很多学生也可以很好地掌握英语。近年来，普通教育领域出现了新的趋势，有的教育机构开始使用英语教学，以英语教学的学生占总人数的 0.04%。

吉尔吉斯语学校和开设吉尔吉斯语的学校多数位于塔吉交界的城市。乌兹别克族是塔吉克斯坦的第二大民族，因此，塔吉克斯坦还有乌兹别克

---

[1] 资料来源于塔吉克斯坦共和国总统统计署官网。

语学校和开设乌兹别克语的学校。塔吉克斯坦还开设有俄语学校、土耳其语学校和英语学校。目前，塔吉克斯坦的普通教育机构也开始开设中文课。

（三）继承并发展重视精英教育的优良传统

独立后，塔吉克斯坦在大力普及九年义务教育的同时，继承并发展了苏联时期重视精英教育的优良传统。近年来，塔吉克斯坦为支持天才儿童和青少年的发展，在全塔增设天才儿童寄宿学校，努力提升学校的国际化合作水平。据塔吉克斯坦共和国总统统计署的数据显示，截至 2019—2020 学年，塔吉克斯坦共有天才儿童寄宿学校 5 所，在校学生人数 2 983 人，其中女生数量 633 人。[1]

1998 年 2 月 20 日，塔吉克斯坦共和国政府颁布法令，建立塔吉克斯坦共和国天才儿童总统寄宿学校，隶属于塔吉克斯坦共和国教育部。寄宿学校采用塔吉克语、俄语、英语三种语言教学。2018 年，学校共有 1 200 名学生，其中女生 472 名；教师 93 名，其中女性教师 63 名，外教 8 名。学校设有奥林匹克竞赛班，学生在国家和国际奥林匹克竞赛中多次取得令人瞩目的成绩。

2003 年 10 月 10 日，杜尚别塔俄天才儿童寄宿学校正式对外开放。该校旨在为塔吉克斯坦的天才儿童提供优质的、符合现代化标准的、深入全面的教育。学校可自行制定教学大纲，教学工作采用俄语开展，根据塔吉克斯坦和俄罗斯的普通教育标准开展教育教学工作。塔俄天才儿童寄宿学校涵盖初等、基础和中等（完全）普通三个阶段教育，即一至十一年级。主要教学科目有数学、物理、化学、计算机、生物和英语。目前，学校共有 72 名教职工，约 480 名学生。

---

[1] 资料来源于塔吉克斯坦共和国总统统计署官网。

2008 年 7 月 13 日，图尔松扎德鲁达基天才儿童总统学校正式对外开放，学校共有 18 间教室、体育场、礼堂和食堂，可容纳 320 名天才儿童就读。学校以塔吉克著名诗人鲁达基的名字命名，并在学校设有鲁达基雕像。

2009 年，契卡洛夫斯克[1] 天才儿童总统学校正式对外开放，学校可容纳 1 296 名学生，第一年该校通过选拔招收了索格特州各个市区的 696 名学生。

2019 年 8 月 30 日，杜尚别天才儿童第三学校正式对外开放。学校共有 65 间教室、4 个语言实验室和 2 个机房。主要的教学科目有物理、化学、地理、生物、音乐、军事训练、技术制图、劳动教育、织物加工、金属加工等。该学校还设有口腔专家和心理学家办公室。为了进一步培养学生的言语能力，促进学生智力和逻辑思维能力的发展，学校还设有言语治疗室和心理算术室，这是塔吉克斯坦普通教育机构的首次尝试。学校图书馆配有 25 台联网计算机。

二、普通教育的经验

（一）教育国际化水平不断提升

塔吉克斯坦在普通教育领域广泛借鉴国外的办学经验，与俄罗斯、土耳其、中国等国家积极开展教育合作与交流。随着教育国际化的不断深入，塔吉克斯坦的教育机构与国外的合作将会愈加紧密。普通教育领域的

---

[1] 契卡洛夫斯克是塔吉克斯坦的工业重镇，位于索格特州。2016 年 2 月，契卡洛夫斯克正式更名为"布斯通"。本书在 2016 年 2 月以前的相关事件描述中使用"契卡洛夫斯克"，在 2016 年 2 月以后的相关事件描述中使用"布斯通"。

国际合作不仅可以使塔吉克斯坦学习到国际化创新的教育教学模式，而且可以使其借助本土优势研发出国内优质的教育产品，努力提升国际竞争力。

1. 与俄罗斯在普通教育领域的合作

（1）俄语教学方面的合作。独立至今，塔吉克斯坦教育系统中俄语教学情况发生了一些变化。1991—2000 年，塔吉克斯坦普通教育机构和高等教育机构的学生对俄语学科的学习兴趣不断下降，主要原因有三点。第一，在塔吉克斯坦俄语的社会功能缩小。1989 年 7 月 22 日，塔吉克政府颁布了《塔吉克苏维埃社会主义共和国语言法》。文件规定，塔吉克语为国语，俄语为族际交流语言。2009 年 10 月 5 日，塔吉克斯坦政府颁布了《塔吉克斯坦共和国国家语言法》。文件规定，塔吉克语是塔吉克斯坦各类教育机构的必修课，是科研活动、文化活动和大众传媒用语。此外，实行国家语言规划政策，规范和编撰塔吉克语教材、教学参考书、词典等。第二，人口的迁移导致俄语语言环境显著减少，社会生活中用俄语沟通的客观需求减少。从学龄前儿童到 20—25 岁的年轻人日常沟通语言以塔吉克语为主。第三，塔吉克斯坦普通教育机构中以俄语教学的科目学时逐渐减少。

随着俄罗斯和塔吉克斯坦的政治、经济、文化和教育合作愈加紧密，2000 年起，塔吉克斯坦年轻人学习俄语的兴趣开始增长，普通教育机构中选择俄语作为教学语言的学生人数逐年增加。例如，2004—2005 学年，在杜尚别的学校一年级的学生中，入学时选择俄语为教学语言的学生人数达到近 50 名。

俄罗斯与塔吉克斯坦的教育合作拥有着深厚的人文基础，包括民族、历史、语言、文化、媒体等。塔吉克斯坦开设俄语学校和教授俄语有着悠久的历史。

目前，塔吉克斯坦有约 100 余所普通教育机构开设俄语相关课程，这些教育机构大体可分为三种类型：俄语学校、普通教育机构、多语学校。

俄语学校按照俄罗斯教育标准设立，截至 2017 年，塔吉克斯坦共有 31 所俄语学校。2019 年 4 月 17 日，俄罗斯和塔吉克斯坦签署了为期 5 年的政府间协议。协议指出，俄罗斯将在塔吉克斯坦的杜尚别、库利亚布、苦盏、博赫塔尔和图尔松扎德建设 5 所俄语学校。协议分阶段在上述 5 座城市建设可容纳 1 200 人的俄语学校，建校用地由塔吉克斯坦划拨，俄罗斯提供物质和技术支持。俄语学校的教学工作将按照俄罗斯的教育标准进行。2020 年 2 月 18 日，俄罗斯总统普京签署法令批准在塔吉克斯坦新建 5 所俄语学校并提供技术设施的协议。

目前，俄语是塔吉克斯坦普通教育机构的必修课程。塔吉克斯坦还有一些多语学校也教授俄语，主要有塔吉克语–俄语学校、塔吉克语–俄语–乌兹别克语学校、俄语–英语学校、塔吉克语–俄语–英语学校等。

近年来，塔吉克斯坦不断完善俄语教学。2003 年 12 月 2 日，塔吉克斯坦颁布了《塔吉克斯坦共和国 2004—2014 年完善俄语和英语教学与研究国家规划》。规划从资金、教材、师资、媒体等方面确定了 2004—2014 年塔吉克斯坦各部门完善俄语和英语教育教学工作的具体措施，规划同时指出塔吉克斯坦俄语和英语教学中存在的困难、解决方案和未来发展规划。

2014 年 7 月 3 日，塔吉克斯坦颁布了《塔吉克斯坦共和国 2015—2020 年完善俄语和英语教学与研究国家规划》，文件明确俄语和英语教学的目标、宗旨和方向，为学生和教育工作者提供人力、物力、财力保障。2019 年 8 月 30 日，塔吉克斯坦颁布了《塔吉克斯坦共和国至 2030 年前完善俄语和英语教学与研究国家规划》。规划强调俄语作为塔吉克斯坦的族际交流语言在培养创造能力、了解俄罗斯文化等方面的重要性，规划旨在为俄语和英语研究发展创造良好条件，根据塔吉克斯坦国家教育标准，确定改善教育机构俄语和英语教学和研究的方法。

近年来，俄罗斯政府大力支持塔吉克斯坦普通教育的发展。截至2020年7月，"俄罗斯世界"基金会，俄罗斯联邦独联体国家、侨居国外同胞和国际人道主义合作事务署等机构为塔吉克斯坦普通教育机构一至十一年级提供了6万余册俄语教材。

（2）俄语师资培养方面的合作。随着塔吉克斯坦与俄罗斯在教育领域的合作日益紧密，塔吉克斯坦普通教育机构对俄语教师的需求也逐年增加。塔吉克斯坦共和国教育与科学部部长穆罕默德尤素夫·伊莫莫佐达指出："塔吉克斯坦需要更多来自俄罗斯的教师。目前，俄罗斯的教师在塔吉克斯坦的23个普通教育机构中工作，教授俄语、物理、数学、生物等其他学科。"[1] 塔吉克斯坦共和国教育与科学部每年都会与俄罗斯科学与文化中心共同组织全塔俄语语言文学教师开展进修。

近年来，塔吉克斯坦重视对普通教育机构俄语专业教师的培养。培养单位包括中等职业教育机构以及塔吉克乌鲁格佐达国立语言学院、塔吉克艾尼国立师范大学、塔吉克斯坦民族大学、俄罗斯-塔吉克（斯拉夫）大学、苦盏加富罗夫国立大学、库利亚布鲁达基国立大学、霍罗格纳扎尔绍耶夫国立大学、博赫塔尔胡斯拉夫国立大学等高等教育机构。

2．与土耳其在普通教育领域的合作

土耳其高度重视与中亚国家的文化交流，尤其是教育领域的合作。1992年，在图尔松扎德成立了第一所塔土（耳其）联合学校。这种混合式教学形式获得了良好的效果，塔吉克斯坦政府继而在全国推广这种学校。随后的几年，在杜尚别、库尔干秋别、库利亚布、苦盏都建立了塔土（耳其）联合学校。塔土（耳其）联合学校的主要优势在于，教学过程中广泛应用

---

[1] 资料来源于俄罗斯国际新闻通讯社官网。

现代技术，教授英语并用英语教授化学、物理、数学、生物和计算机技术等学科。这种做法不仅开阔了学生的视野，还为毕业生在发达国家的知名高等学府继续深造奠定了基础。

3．与中国在普通教育领域的合作

2016 和 2018 年，由中国企业援建的杜尚别西纳区中塔友谊学校和丹加拉市中塔友谊学校正式落成。目前，塔吉克斯坦的普通教育机构开始开设中文课。2010 年，杜尚别第 15 学校和第 10 学校开设中文班，是塔吉克斯坦最先教授中文的普通教育机构。2015 年 5 月 20 日，卡夫拉特学校孔子课堂正式揭牌。卡夫拉特学校是塔吉克斯坦目前唯一设有孔子课堂的学校，学校为 3 个年级共 10 个班级的学生开设了中文课程。

总之，经过多年的努力，塔吉克斯坦在国际化合作方面积累了丰富的经验。展望未来，塔吉克斯坦还应继续提升普通教育的国际化水平，重点提升普通教育机构国际化水平，为培养高层次国际化人才打好基础，培养德智体美劳全面发展的、具有国际视野的新时代青少年。未来，政府可以为青少年多提供海外研学旅行、寒暑期夏令营和长短期互访交流机会，有助于青少年理解世界多元性，增强学生的跨文化交流能力。

（二）教育机构呈现多元化发展趋势

目前，塔吉克斯坦的普通教育机构除了传统的初等、基础和中等（完全）普通教育机构之外，还开设了大量的新型教育机构，包括文科中学、特科中学、孤儿寄宿学校、疗养寄宿学校、特殊教育学校、机关子弟学校、天才儿童寄宿学校、幼儿园直读小学校。其中，特科中学是指具有专业性培养方向的普通教育机构。特科中学的设立旨在扩大普通教育专业范围，特科中学引入了经济、法律、生态和社会学等学科。孤儿寄宿学校、疗养寄宿学校、特殊教育学校是专门针对特定群体开设的普通教育机构。此外，还陆续开设塔吉克斯坦与国外的联合办学机构，如塔土（尔其）联合学校。

独立后，塔吉克斯坦的新型教育机构数量呈现逐年上升的趋势。截至2019—2020学年，全塔共有文科中学75所、特科中学71所、孤儿寄宿学校20所、疗养寄宿学校2所、特殊教育学校11所、机关子弟学校4所、天才儿童寄宿学校5所、幼儿园直读小学校8所（见表5.5）。

表 5.5 2019—2020 学年塔吉克斯坦新型普通教育机构情况 [1]

教育机构类型	机构数量（所）	在校学生人数（人）	在校女生人数（人）
文科中学	75	53 308	20 108
特科中学	71	35 882	11 744
孤儿寄宿学校	20	4 752	1 520
疗养寄宿学校	2	227	69
特殊教育学校	11	2 140	617
机关子弟学校	4	1 458	420
天才儿童寄宿学校	5	2 983	633
幼儿园直读小学校	8	1 842	697

---

[1] 资料来源于塔吉克斯坦共和国总统统计署官网。

第三节 普通教育的挑战和对策

一、普通教育的挑战

普通教育在国家教育系统中发挥着十分重要的作用。塔吉克斯坦的普通教育延续了苏联教育体制的传统。近年来，塔吉克斯坦社会政治稳定，普通教育进入了发展的新阶段，然而在取得成绩的同时，普通教育领域仍然面临着诸多挑战。

（一）普通教育基础设施薄弱

2019—2020 学年，全塔共有 3 884 所普通教育机构，比 2015—2016 学年增加 37 所，增长 0.96%。尽管普通教育机构呈现逐年增长的态势，但是教育机构的增加仍然不能满足适龄儿童人数的增长。

目前，私立普通教育机构所占比例仍然不高。目前，全塔共有 63 所私立普通教育机构，仅占全塔普通教育机构总数的 1.62%，学生人数占总学生人数的 1.27%。尽管近年来塔吉克斯坦政府通过制定相应私立普通教育机构发展规划和采取各种措施鼓励私立教育机构的发展，但是收效有限。2020 年 8 月 17 日，塔吉克斯坦总统埃莫马利·拉赫蒙在知识日的讲话中指出："根据《2014—2020 年私立学前和中等普通教育机构发展规划》，2014—2019 年，塔吉克斯坦应建立 331 所私立普通教育机构。然而，时至今日只建立了 14 所，任务完成度仅为 4.2%。"[1]

---

[1] 资料来源于塔吉克斯坦共和国教育与科学部官网。

（二）教材和教学资料短缺

塔吉克斯坦普通教育领域面临的另一个挑战是教材和教学资料短缺。为了解决教材问题，塔吉克斯坦积极调动国内外资源。从 1998 年起，联合国儿童基金会开始在塔实施 11 种普通教育机构各年级教科书出版项目。2000 年起，世界银行也在塔开始实施教育创新项目，旨在为五至九年级的学生出版 18 种教材。然而，教材和教学资料短缺仍然是塔吉克斯坦普通教育面临的主要问题。时任塔吉克斯坦共和国教育部部长阿卜杜贾博尔·拉赫莫诺夫 [1] 在 2005 亚洲教育北京论坛上发言时指出："教材和教学资料不足也是目前我国中学面临的重要问题之一。当前我国缺少超过 1/5 的教材。在国家计划的基础上，我们正逐步解决这个问题。在现阶段，我们正在为学生准备电脑光盘形式的教科书。这对信息技术的发展大有帮助，同时可以吸引孩子们学习现代化的学习方法。"[2]

塔吉克斯坦的俄语、吉尔吉斯语、乌兹别克语、土库曼语等语言的教学缺乏本土教材。目前，塔吉克斯坦普通教育机构中俄语教学采用的是俄罗斯编写的教材，吉尔吉斯语教学采用的是吉尔吉斯斯坦编写的教材。

乌兹别克语和土库曼语教材问题更为突出。1993 年，乌兹别克斯坦和土库曼斯坦率先进行拉丁化改革，开始使用拉丁字母。1993 年 9 月 2 日乌第 12 届最高苏维埃第 13 次会议通过了卡里莫夫总统《乌兹别克斯坦共和国关于实行以拉丁字母为基础的乌兹别克字母表的法令》（以下简称《法令》）。[3] 同时还颁布了《法令》实施办法的决议，其中规定："国家印刷委员会应保障在 1995 年 8 月 1 日前出版新乌兹别克文教科书和其他参考书"[4]。

[1] 阿卜杜贾博尔·拉赫莫诺夫，全名阿卜杜贾博尔·阿济佐维奇·拉赫莫诺夫，语言学博士，2005—2012年任塔吉克斯坦共和国教育部部长。

[2] 拉赫莫诺夫. 塔吉克斯坦——新世纪教育发展战略：2005 亚洲教育北京论坛论文集 [C]. 北京：2005 亚洲教育北京论坛组委会，2005：59.

[3] 吴宏伟. 中亚文字改革问题 [J]. 语言与翻译（汉文），2002（3）：8.

[4] 吴宏伟. 中亚文字改革问题 [J]. 语言与翻译（汉文），2002（3）：8.

2000 年 1 月 1 日起，土库曼斯坦已经完全改用以拉丁字母为基础创制的本国民族文字。因此，现在乌兹别克斯坦和土库曼斯坦以拉丁字母编写的教材无法在塔吉克斯坦使用，塔吉克斯坦的乌兹别克语和土库曼语教材一直使用它们拉丁化改革之前以基里尔字母出版的教材。这就导致教材内容老旧，无法满足新时期普通教育发展的需求。

（三）普通教育的普及度有待提高

塔吉克斯坦普通教育普及度较低。《塔吉克斯坦共和国至 2020 年前国家教育发展战略》指出，普通教育是国家对适龄儿童和青少年实施的某种程度的普及教育。然而，目前塔吉克斯坦只有 84% 的适龄儿童和青少年接受了义务教育（基础普通教育），只有不到一半的适龄儿童和青少年（48%）接受了中等（完全）普通教育。[1]

此外，普通教育学制问题一直是塔吉克斯坦普通教育改革的重点。目前，塔吉克斯坦的普通教育机构学制为十一年，比世界上一些国家的普通教育的学制（十二年）要短。此外，普通教育机构的课时也要少于俄罗斯等国家。例如，目前普通教育机构 7—15 岁学生的一学年的课时要比俄罗斯同阶段的教学时数少 14%，比经济合作与发展组织成员国同阶段的课时少 25%。[2]

（四）普通教育公平需进一步关注

塔吉克斯坦政府和国际社会都十分关注教育公平的问题。公平地获得教育机会是联合国八项千年发展目标之一："争取到 2005 年消除小学教育和

---

[1] 资料来源于俄罗斯-塔吉克（斯拉夫）大学官网。

[2] 资料来源于俄罗斯-塔吉克（斯拉夫）大学官网。

中学教育中的两性差距，最迟于 2015 年在各级教育中消除此种差距"[1]。然而，如果将塔吉克斯坦与其他中亚国家的统计数据相比较，可以看出，尽管塔吉克斯坦近年来在教育公平方面取得了一些进展，但女童的普通教育参与率仍然低于哈萨克斯坦和吉尔吉斯斯坦的指标，尤其是在中等（完全）普通教育阶段，即十至十一年级。文科中学、特科中学等新型教育机构主要集中在城市，女孩在这些教育机构的平均就读率仅为男孩的一半左右。

（五）教育评估制度有待完善

教育评估是教育机构办学质量保障体系建设的重要环节。目前，塔吉克斯坦缺少普通教育教学质量评估制度。国家尚未建立用以评估普通教育机构教学成果的制度。全塔的普通教育机构采用的评估办法和程序没有得到统一。

二、普通教育的对策

（一）完善普通教育基础设施

近年来，塔吉克斯坦政府采取了一系列的措施不断完善普通教育基础设施，加大对普通教育的投入。未来，政府应进一步完善普通教育物质技术基础，加快普通教育机构包括私立普通教育机构的建设，推动落实《2014—2020 年私立学前和中等普通教育机构发展规划》等规划，提高普通教育普及度，以满足适龄儿童对普通教育的需求。

---

[1] 资料来源于联合国官网。

（二）加强教材的编写和出版工作

近年来，塔吉克斯坦在编写和出版教材方面做了大量工作。2005 年，塔吉克斯坦共和国教育部中小学教材工作委员会正式成立，工作委员会是专门负责组织中小学教材编写和出版工作的国家机构。工作委员会的职责包括确定教材编写成员、组织出版教材等。2006 年，塔吉克斯坦在过去 15 年来首次出版了塔吉克语编写的中学俄语教材。此外，近年来，塔吉克斯坦国家科学院下设的国家科学技术设备、工具和化学材料保障中心在解决教材供应问题上也做出了积极的努力。

在编写和出版纸质版教材的同时，政府也不断推进电子化教材建设。2019 年 9 月，塔吉克斯坦共和国教育与科学部在官网上发布了塔吉克语编写的一至十一年级电子版教材（PDF 版），为学生提供专门的线上教材服务，相关资源还在不断补充当中。

（三）提高普通教育普及度

近年来，塔吉克斯坦的普通教育普及化水平不断提高，尤其是义务教育阶段。未来，政府应继续加大中等（完全）普通教育（高中阶段教育）普及攻坚力度，加快普及中等（完全）普通教育步伐，提高全塔中等（完全）普通教育毛入学率。《塔吉克斯坦共和国至 2030 年前国家发展战略》指出，2015 年全塔普通教育机构的平均就读时间为 9.6 年，到 2020 年这一指标应提高至 10 年，2025 年提高至 11 年，2030 年提高至 12 年。[1]

---

[1] 资料来源于塔吉克斯坦共和国教育与科学部官网。

（四）进一步保障教育公平

近年来，塔吉克斯坦逐步完善教育发展政策，改善女童受教育环境，消除男女童受教育差距。未来，塔吉克斯坦教育工作需要进一步加强学校内的性别平等教育，将性别平等教育纳入普通教育机构教育内容和学校评价体系，以保证适龄女童能够平等接受普通教育，实现普及初等教育、消除教育中两性差距的目标。

（五）建立健全普通教育评估制度

教育评估不仅可以增强教育机构主动适应社会需要的能力，而且可以发挥社会对教育机构的监督作用，不断提高教育机构的办学水平和办学质量。塔吉克斯坦应重点建立健全普通教育评估制度，开设专门机构负责塔吉克斯坦普通教育机构的年度教学和项目评估，对全塔教育机构的办学水平、办学质量、办学条件等方面进行综合的或者单项的考核和评定。

第六章 高等教育

　　教育是百年大计，高等教育是百年大计的关键部分。高等教育承担着人才培养、科学研究、社会服务和文化传承创新的重要历史使命，在实现塔吉克斯坦国家发展战略中发挥着重要作用。

　　塔吉克斯坦的高等教育起步于苏联时期。1920 年 9 月 7 日，列宁签署法令，在塔什干创立中亚国立大学，中亚国立大学成为中亚各国高等教育机构的发源地。1931 年 7 月 18 日，中亚国立大学师范系改组为塔吉克高等农业师范学院，是今塔吉克国立艾尼师范大学的前身，这是塔吉克斯坦历史上的第一所高等教育机构。苏联时期，在塔吉克苏维埃社会主义共和国境内共建立了 13 所高等教育机构。

　　独立后，塔吉克斯坦政府相继出台《塔吉克斯坦共和国教育法》(1993年首次通过，2014 年修订)、《塔吉克斯坦共和国高等和大学后职业教育法》(2009 年)、《塔吉克斯坦共和国高等职业教育国家标准》(2017 年) 等法律法规，对独立后全国高等教育领域做出政策性规定。在保留原有体系的基础上，提出了适应时代发展的高等教育新形式和新标准。

　　塔吉克斯坦高等教育培养层次涵盖本科、硕士、副博士和博士，高等教育机构的教学计划和教学大纲逐渐与国际标准接轨。塔吉克斯坦中央和地方政府积极扶持高等教育机构的发展，许多高等教育机构纷纷开设分校。目前，塔吉克斯坦高等教育机构包括综合性大学、学院、专科学院等。高等教育颁发学士、硕士、高等职业教育专业人才证书。独立后，塔吉克斯坦一直沿用俄式学位制，学士学制四年，硕士学制两年，部分大学生经过五年本科阶段学习可获得高等职业教育专业人才证书。大学后职业教育授予的学位层次为副博士和博士，副博士学制三或四年。从 2013 年起，塔吉克斯坦进行学位制改革，计划放弃俄式学位制，采用西方国家普遍使用的学士—硕士—博士三级学位制，建立塔吉克斯坦共和国总统最高学位评定委员会。

随着塔吉克斯坦政府对高等教育领域的重视程度不断提升、对高等教育投入力度不断加大，高等教育在国民心目中的地位不断提高。塔吉克斯坦高等教育的发展呈现出高等教育机构数量增加、教育机构类型多样化、教育覆盖率不断提高、教育质量逐步提升、师资结构不断优化、教育经费的投入逐年增加、教育国际化程度不断加深等一系列发展态势。

第一节　高等教育的发展和现状

一、独立前的高等教育

独立前，塔吉克高等教育体系形成和发展大体可以分为三个阶段：第一阶段为 20 世纪 20 年代至苏联卫国战争前（20 世纪 20 年代至 1940 年），第二阶段为苏联卫国战争时期（1941—1945 年），第三阶段为苏联卫国战争后至独立前（1946—1991 年）。

（一）20 世纪 20 年代至苏联卫国战争前的高等教育（20 世纪 20 年代至 1940 年）

20 世纪 20 年代至苏联卫国战争前是塔吉克高等教育的形成和发展阶段。俄国十月革命前，塔吉克并没有设立高等教育机构。1920 年 9 月 7 日，列宁签署法令，在塔什干建立中亚国立大学，中亚国立大学成为中亚各国高等教育机构的发源地。1931 年 7 月 18 日，中亚国立大学师范系改组为塔吉克高等农业师范学院[1]，设历史经济与文学语言系，这是塔吉克斯坦历史上第一所高等教育机构。1931 年，在中亚国立大学基础上成立中亚果蔬学院[2]，校址在列宁纳巴德，设 13 个教研室。1932 年，成立苦盏国立高等师范学院[3]，开设化学生物和物理数学学部。1939 年 9 月 1 日，成立塔吉克医学院[4]。

这一时期，塔吉克高等教育实现了从无到有的飞跃。第一批高等教育机构成立，国家将高等教育纳入塔吉克教育体系，开辟了教育新领域和新层次，为塔吉克教育体系的构建和完善奠定了坚实基础。

（二）苏联卫国战争时期的高等教育（1941—1945 年）

苏联卫国战争时期是塔吉克高等教育史上的特殊阶段。战争形势要求

---

[1] 塔吉克艾尼国立师范大学校名变更：1931 年 7 月 18 日建校，最初称塔吉克高等农业师范学院；1932 年 9 月 1 日，更名为师范科学院；1934 年 4 月，更名为斯大林纳巴德师范学院；1939 年，更名为斯大林纳巴德舍甫琴科师范学院（后改为杜尚别舍甫琴科师范学院）；1992 年，更名为杜尚别杜拉耶夫国立师范大学；1997 年，更名为塔吉克朱拉夫国立师范大学；2007 年，更名为塔吉克艾尼国立师范大学。

[2] 绍赫捷穆尔国立农业大学校名变更：1931 年，中亚国立大学分出中亚果蔬学院，校址在苦盏；1933 年，学院改组并更名为塔吉克农业学院；1944 年 8 月 7 日，学院从列宁纳巴德迁至斯大林纳巴德；1992 年，更名为塔吉克农业大学；2009 年 10 月 31 日，更名为绍赫捷穆尔国立农业大学。

[3] 苦盏加富罗夫国立大学的校名变更：1932 年，成立苦盏国立高等师范学院；1938 年，更名为列宁纳巴德基洛夫师范学院；1991 年 6 月 13 日，更名为苦盏国立大学；1997 年 4 月 26 日，更名为苦盏加富罗夫国立大学。

[4] 塔吉克阿布阿里·伊本·西纳国立医科大学校名变更：1939 年 9 月 1 日，成立塔吉克医学院；1992 年，更名为塔吉克阿布阿里·伊本·西纳国立医科大学。

高等教育机构修订教学计划和教学大纲，开设新的专业和新的课程，以便为国民经济首先是国防工业培养人才。战争期间，高等教育机构培养的人才为国家的科学、技术进步，为加强国防力量做出了巨大贡献。战争期间，根据托姆斯克高等学校学者们的倡议，在苏联高等学校的各个中心成立了支援工业、交通、农业的学者委员会。[1] 这些委员会把高等学校和科学研究机关的活动协调起来，以便完成国民经济和国防建设中紧迫的任务。[2]

这一时期，塔吉克高等教育的特点是：①战争期间，很多苏联加盟共和国的高等教育机构和专家搬迁到东部地区，这为创建和发展新的高等教育机构奠定了基础；②战争期间，塔吉克高等教育培养高水平人才的制度经受住了实践的考验，特殊时期组织教育工作的宝贵经验成为战后塔吉克教育改革和发展的重要源泉。

（三）苏联卫国战争后至独立前的高等教育（1946—1991 年）

苏联卫国战争结束后，塔吉克的高等教育进入了一个崭新、活跃的发展阶段。国民经济的恢复和发展增加了对人才的需求，政府进一步加强高等教育机构网络建设。1947 年 3 月 21 日成立塔吉克国立大学 [3]，1948 年 9 月 1 日正式对外开放。

战后初期，塔吉克高等教育的发展面临着教学科研基础设施薄弱、师资短缺等一系列问题。例如，当时斯大林纳巴德师范学院的教室、办公场所十分紧张。学院的物理-数学系和地理系坐落在一栋学生宿舍楼里，实验室配备的设备和仪器状况不佳，教学科研人员严重短缺。

战后至 20 世纪 50 年代后期，随着国民经济的恢复和发展，塔吉克政府

[1] 叶留金. 苏联高等学校 [M]. 张天恩，曲程，吴福生，译. 北京：教育科学出版社. 1983：54.
[2] 叶留金. 苏联高等学校 [M]. 张天恩，曲程，吴福生，译. 北京：教育科学出版社. 1983：54.
[3] 塔吉克斯坦民族大学校名变更：1947 年 3 月 21 日，塔吉克国立大学成立；1997 年，更名为塔吉克斯坦民族大学。

采取各种措施解决战后高等教育面临的困难，取得了显著的成效。

第一，高等教育机构网络不断扩大。1953 年，在库利亚布教师培养学院的基础上，成立了库利亚布师范学院 [1]，设塔吉克语言文学系、历史系、物理-数学系、生物系和地理系。1956 年，成立了斯大林纳巴德理工学院。第二，高等教育机构基础设施不断完善。20 世纪 50 年代，全塔各高等教育机构开始新建教学楼、宿舍、图书馆、实验室等。第三，高等教育体制不断得到完善。例如，1948—1949 学年，塔吉克医学院将学制改为六年制，1952 年获批副博士学位授予点，1968 年获批博士学位授予点。第四，高等教育师资情况得到了改善。全塔高等教育机构教师数量明显上升，教师的学历也得到了提升，拥有副博士和博士学位的教师比重逐渐上升。第五，高等教育机构的学生数量逐年上升。

战后时期，发展和完善夜校教育和函授教育成为塔吉克高等教育的新特点。夜校教育和函授教育的发展对保证国民经济所需要的高水平人才发挥了巨大作用。战后许多塔吉克高等教育机构开始开展夜校教育和函授教育，学生数量迅速增加。

20 世纪 50 年代后期，塔吉克开始进行教育改革。1958 年 12 月 24 日，苏联最高苏维埃主席团通过了《关于加强学校同生活的联系和进一步发展全国国民教育制度的法律》。法律指出："苏联高等学校的使命是培养精通科学和技术的相应部门的具备多方面学识的人。必须特别注意进一步提高为工农业和建筑业培养专门人才的工作的质量。"[2]

20 世纪 60 年代是世界各国教育大发展和大变革的时代。从 1964 年开始，塔吉克的教育改革进入第二阶段。国家在高等学校毕业生分配、高等学校助学金评定和发放、高等学校科学研究工作等方面进行了一系列的改

---

[1] 库利亚布鲁达基国立大学的校名变更：1945 年，成立库利亚布教师培养学院；1953 年，更名为库利亚布师范学院；1992 年，更名为库利亚布鲁达基国立大学。

[2] 北京师范大学外国教育研究所. 苏联高等和中等专业教育法令汇编 [M]. 北京：北京师范大学出版社，1984：7.

革。1969 年 1 月 22 日，苏联部长会议批准《高等学校条例》。该条例对高等学校的学生，高等学校的教学人员、教学辅助人员和行政人员，教学工作及科学的教学法研究工作，科学研究工作，高等学校的权利，高等学校的组织，高等学校的领导等诸多方面做出了规定。

20 世纪 70 年代起，随着国民经济的发展，国家逐渐扩大高等教育网络，完善高等教育机构的物质技术基础，改善高等教育质量。1971 年 12 月 27 日，塔吉克政府颁布了《关于进一步改善高等和中等职业教育机构学生的物质和生活条件的措施》。1972 年 7 月 18 日，苏共中央和苏联部长会议通过了《关于进一步改进国家高等教育的措施的决议》，旨在提高高等教育质量，使培养的人才适应现代化需要。1979 年 9 月 12 日，塔吉克政府颁布了《关于进一步改善高等教育机构技术设备的措施》。1986 年 6 月 1 日，苏共中央发布了《高等和中等专业教育改革的基本方针（草案）》并于 1987 年 3 月 21 日正式公布。1990 年 11 月 5 日，塔吉克政府通过了《关于执行塔吉克苏维埃社会主义共和国最高苏维埃主席团决议的措施》。1990 年 11 月 15 日，塔吉克政府通过了《关于青年学生的若干问题》。1992 年 1 月 22 日，塔吉克政府通过了《关于高等和中等职业学校学生的社会保障措施》。这些法令和措施的颁布和实施极大地推动了塔吉克高等教育的发展。

20 世纪 70 年代至塔吉克斯坦独立前是塔吉克高等教育的加速发展阶段。这一时期，高等教育的特点有：高等教育机构和开设学科专业数量不断增加，教育基础设施逐步完善，师资力量不断增强，国际合作逐渐扩大。

20 世纪 70 年代起，塔吉克高等教育机构数量不断增加。1971 年，杜尚别舍甫琴科师范学院体育系改组为塔吉克加里宁体育学院（今塔吉克拉希莫夫国立体育学院）。1973 年，塔吉克国立艺术学院（今塔吉克图尔松扎德国立艺术学院）成立。1979 年，塔吉克国立俄语语言文学师范学院（今塔吉克乌鲁格佐达国立语言学院）成立。1987 年，西伯利亚苏联集体贸易研究院杜尚别分院成立。这一时期，许多高等教育机构也开始纷纷开设分校。

1978 年，在库尔干秋别开设杜尚别舍甫琴科师范学院库尔干秋别分校（今博赫塔尔胡斯拉夫国立大学）。

为了适应社会经济发展需要，塔吉克高等教育机构增设新的学科专业，包括轻工业机械与设备、天然与化学纤维纺丝、织布、供热供气与通风、自动化控制系统、水文与工程地质学、军事训练与体育教育、音乐、口腔学、水果蔬菜种植与葡萄栽培等。

随着国民经济的进一步发展，高等教育的基础设施不断完善。高等教育机构的教材、参考资料和其他文献不断得到补充。各高等教育机构开始新建或修缮教学楼、宿舍和食堂，学生的生活条件也得到了改善。

这一时期，高等教育机构的教师数量和素质不断提高。1966 年，全塔高等教育机构中共有 1 171 名教师，其中有 7 位博士和 242 位副博士。1971 年，教师数量增至 2 100 人，其中有 28 名博士和 531 名副博士。高等教育机构的招生人数也呈现上升趋势。1970 年，全塔高等教育机构招生人数为 9 956 人。到 1990 年，全塔共有高等教育机构 13 所，招生人数达到 13 398 人。

这一时期，塔吉克高等教育的国际合作不断扩大。塔吉克高等教育的国际合作史可以追溯到 20 世纪 30 年代，即塔吉克第一所高等教育机构成立之初。20 世纪 30—80 年代，塔吉克高等教育合作关系主要限于与苏联其他加盟共和国高等教育机构的合作，合作形式主要为互派学生和学术交流。从 20 世纪 80 年代下半叶起，塔吉克高等教育机构的国际合作范围逐步扩大，开始与阿富汗、美国、中国、伊朗、巴基斯坦等国家的高校签署合作协议。

苏联卫国战争后至独立前是塔吉克高等教育的改革和完善阶段，这一阶段的特点有：①塔吉克夜校教育和函授教育成为高等教育中发展迅速、实力雄厚的领域；②这一时期，塔吉克高等教育领域经历了三次改革，即1958 年教育改革、20 世纪 60—70 年代教育改革和 20 世纪 80 年代教育改革。这三次重大的教育改革使塔吉克的高等教育体系得到了发展和完善。

二、独立后的高等教育

1991 年 9 月 9 日，塔吉克斯坦共和国独立。独立初的内战期间，塔吉克斯坦的高等教育体系处于极其困难的境地，预算经费持续下降，教育机构基础设施老化，大量教育人才流失。

尽管在独立初期，塔吉克斯坦高等教育面临着一些困难，但整体上高等教育机构数量和在校学生人数呈现总体上上升的趋势。20 世纪 90 年代，塔吉克斯坦高等教育机构出现了更名潮，原来以"学院"命名的高等教育机构纷纷升级为"大学"。例如，1992 年，塔吉克理工学院更名为塔吉克技术大学（今奥西米国立技术大学），塔吉克医学院更名为塔吉克阿布阿里·伊本·西纳国立医科大学，杜尚别舍甫琴科师范学院更名为杜尚别朱拉耶夫国立师范大学（今塔吉克艾尼国立师范大学），塔吉克农业学院更名为塔吉克农业大学（今绍赫捷穆尔国立农业大学）。

近年来，塔吉克斯坦社会政治稳定，经济快速发展，高等教育在人才培养中发挥着越来越重要的作用。目前，塔吉克斯坦高等教育行业发展的现状是高等教育稳定发展，保持适当的发展速度，维持一定的增量。具体表现在通过高等教育法律法规和标准的颁布，高等教育机制不断完善，管理体系不断健全，改革工作不断推进，录取工作不断规范，高等教育机构规模不断扩大，学生数量不断增加，师资力量逐步壮大，学制结构不断完善，教育国际化程度逐渐加深，在线教学不断发展。

在高等教育立法方面，1993 年 12 月 27 日，塔吉克斯坦颁布了《塔吉克斯坦共和国教育法》（1993 年首次通过，2014 年修订），对高等和大学后职业教育的目标、实施主体、教育机构类型、学制等做出了规定。2009 年 5 月 19 日，塔吉克斯坦颁布了《塔吉克斯坦共和国高等和大学后职业教育法》，对高等教育领域的基本概念和原则、教育体系、教育机构的教学和科研活动、活动主体等方面做出了规定。2017 年 2 月 25 日，塔吉克斯坦颁布了《塔吉克斯坦共和国高等职业教育国家标准》，主要涵盖总则、高等职业教育机构和文件、高等职业教育机构总要求等 9 项内容。

在高等教育管理方面，鉴于独立后塔吉克斯坦高等教育的发展情况，有必要制定完善的高等教育质量保障体系。高等教育质量保障体系是高等教育制度的有机组成部分，其结构和运行机制必须与本国高等教育制度的特点相适应。

2007 年 3 月 3 日，塔吉克斯坦政府批准成立了塔吉克斯坦共和国教育部国家教育监督局。国家教育监督局的主要任务是对教育领域国家政策的实施情况进行监督，在所有教育机构中执行国家教育标准，监督教学和培养过程、学生的知识水平和质量、人才的培养等其他教育机构的活动，对国外学历学位进行认证。2010 年，教育部国家教育监督局理事会批准了《塔吉克斯坦共和国教育质量管理示范计划》。按照计划，塔吉克斯坦教育质量管理工作分两个阶段开展。第一阶段是高等教育机构在内部自我检查基础上实施教育质量管理计划，第二阶段是高等教育机构在外部认证基础上实施教育质量管理计划。高等教育机构质量管理应按照欧洲高等教育质量保障联合会（ENQA）和 ISO9000 质量管理体系执行。

在高等教育改革方面，独立后，塔吉克斯坦一直进行高等教育改革，努力提高高等教育质量，积极融入全球教育体系。在高等教育机构中实施学分制是塔吉克斯坦立足本国需求、积极参与教育国际化的主要表现之一。2004 年 9 月 22 日，根据塔吉克斯坦共和国教育部部长令，将塔吉克国立商业大学和塔吉克斯坦理工大学作为学分制改革试点高校。2005 年 1 月，成立学分制改革工作组，工作组由两所试点学校和塔吉克斯坦共和国教育部的代表组成。工作组对世界上现行的学分制进行研究和分析，并结合塔吉克斯坦的教育发展情况，最后确定欧洲学分互认体系（ECTS）是最适合塔吉克斯坦高等教育现状的体系。根据这一体系，工作组制定了一套在试点学校引入学分制的具体措施，对本硕博教学规划的学制、教学大纲中的学分等进行了规定。

在实施学分制的过程中，塔吉克斯坦高等教育机构面临着一些困难。例如，资金问题限制了某些高校现代化教学设备的购置，阻碍了教学过程的实施；教学资料匮乏阻碍了学生的自主学习过程等。尽管在实施过程中出现了一些困难，但试点高校的学分制改革仍取得了一系列良好的效果。和传统的教育制度相比，学分制激发了学生学习的主动性和独立性，提高了教师和学生使用现代化信息技术的能力。在学分制度下，教师和学生能够更为积极地参与国际合作项目，促进了师生流动。同时，高等教育机构开设的科目也更为丰富。例如，新开设的就业指导类课程使学生可以与雇佣者直接对话，高等教育机构培养的人才也因此更加适应劳动力市场的需求。

2013 年，塔吉克斯坦政府提议对《塔吉克斯坦共和国教育法》进行修订，包括引入"学分制"概念等多项内容。目前，塔吉克斯坦学分制改革工作还在推进中，未来发展方向是根据国际教育标准制定塔吉克斯坦教育质量保障标准，加强塔吉克斯坦高校与国外高校的国际合作。

在高等教育录取工作方面，塔吉克斯坦改革考试形式和内容。2011 年 7月 28 日，塔吉克斯坦政府与世界银行国际开发协会签署协议，旨在改善塔吉克斯坦高等教育机构的学生录取制度，提高各个阶段的教育质量，并为建立国家学生知识评估体系奠定基础。

2014 年，塔吉克斯坦开始实施全国统一考试。实施全国统一考试是近年来在塔吉克斯坦社会引起广泛反响的教育改革措施。2014 年以前，塔吉克斯坦的普通教育机构毕业生需参加两次考试。一次是普通教育机构毕业考试，各个普通教育机构独立完成。另一次是高等教育机构入学考试，由各高等教育机构独立完成。2014 年起，塔吉克斯坦实施全国统一考试。2015年 4 月 30 日，塔吉克斯坦共和国教育与科学部颁布了全国统一考试专业目录，专业种类共计 575 种。

高等教育机构的招录工作由塔吉克斯坦共和国总统国家考试中心负责。考试通常在每年 5 月底 6 月初举行，持有普通教育机构毕业证书的学生可以参加大学入学考试，考生一般在考试前三个月可以向高等教育机构申报材料。考试中心对申请人的知识和技能进行客观和公正的评估，根据考试结果、所选专业和招生计划，将申请人分配给塔吉克斯坦的高等教育机构。

以塔吉克斯坦实施全国统一考试的第一年（2014 年）为例，塔吉克斯坦共和国总统国家考试中心在全塔 11 个城市和地区设置了 20 个报名点。3 月 1 日起报名工作开始启动，一直持续到 4 月 30 日。截至当年 4 月 30 日，已注册 52 521 名申请者，其中有 35 023 名男生，17 498 名女生 [1]。

为保证全国统一考试的公开性和透明性，考试中心在各个考场均安装了摄像机，并在考试中心的礼堂进行全程直播，家长和其他感兴趣的人均可在礼堂观看。2014 年，共有 29 694 名考生的成绩高于及格线。从考生的生源地来看，在达到及格线的 29 694 名毕业生中，杜尚别的生源学生占 13.3%，中央直属区占 17.2%，索格特州占 30.2%，哈特隆州占 34.1%，戈尔诺-巴达赫尚自治州占 5.2%。[2] 通过与当年各地区普通教育年级的毕业生数量进行比较，可以看出，来自杜尚别市和戈尔诺-巴达赫尚自治州的毕业生参加全国统一考试的积极性更高。

2014 年全国统一考试的实践表明，全国统一考试发挥了考试招生在促进学生全面健康发展方面的作用，使考试形式和内容更加科学、更加符合人才培养和选拔规律。任课教师给出的成绩与学生的真实知识水平存在一定差距，即学生的知识水平低于任课教师给出的分数。这种情况也说明，教师在评分时需要增加责任感。2014 年，考生申报的专业集中在医学、法律、经济以及国际关系专业。

在高等教育评价方面，塔吉克斯坦独立后，国家积极构建新的教育质

[1] 资料来源于塔吉克斯坦共和国总统网。
[2] 资料来源于塔吉克斯坦共和国总统网。

量评价体系。2003 年 2 月 5 日，塔吉克斯坦政府颁布了《关于塔吉克斯坦共和国教育机构进行考核、认证和授权程序的决议》。塔吉克斯坦高等教育评价体系由塔吉克斯坦共和国教育部下属的考核管理委员会负责。考核管理委员会由高等教育机构教师、学者、教育部代表和其他行业管理机构的代表组成。

教育机构的评价流程包括三个阶段：授权、考核和国家认证。第一阶段是授权。它允许并给予高等院校在符合现代要求现有条件的基础上从事教育活动的权利。[1] 第二阶段是考核，即对高等教育的内容和质量进行评价。第三阶段是国家认证，即对培养专业人才结果的评价和确定高校的等级。

塔吉克斯坦所有类型的高等教育机构，不论其所有权形式和部门从属形式，均每 5 年接受一次认证。该认证由塔吉克斯坦共和国总统教育与科学监察署负责。为了对塔吉克斯坦共和国的高等教育机构进行认证，教育与科学监察署制定了认证的年度计划和五年计划。国家认证是国家监督高等教育机构教育质量的主要形式，旨在确保高等教育机构的教学内容、水平和质量符合国家教育标准。

在高等教育机构规模方面，2015—2020 年，高等教育机构的数量呈现增长态势。2015—2016 学年，全塔高等教育机构共 38 所。2019—2020 学年，全塔高等教育机构共 40 所，比上学年增加 1 所，增长 2.56%，比 2015—2016 学年增加 2 所，增长 5.26%（见图 6.1）。综合上述数据可以看出，塔吉克斯坦高等教育机构已由高速增长阶段转向重视质量的集约型增长阶段，教育事业发展更加重视内涵建设，这是现阶段高等教育发展的一个突出特点。

---

[1] 拉赫莫诺夫 . 塔吉克斯坦——新世纪教育发展战略：2005 亚洲教育北京论坛论文集 [C]. 北京：2005 亚洲教育北京论坛组委会，2005：58.

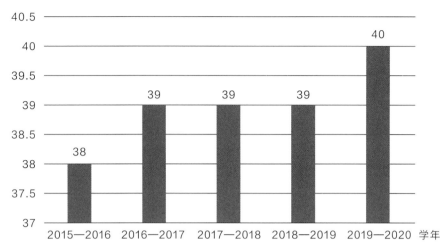

图 6.1 2015—2020 年塔吉克斯坦高等教育机构数量变化情况
（单位：所）[1]

2019—2020 学年，全塔高等教育机构 40 所（包括分校）。主要的高等教育机构有塔吉克斯坦民族大学、塔吉克艾尼国立师范大学、奥西米国立技术大学、塔吉克阿布阿里·伊本·西纳国立医科大学、绍赫捷穆尔国立农业大学、俄罗斯-塔吉克（斯拉夫）大学等。

在高等教育机构师资方面，一方面，高等教育机构教师数量不断增多，2015—2020 年，塔吉克斯坦高等教育机构教师基本呈现上升态势。2019—2020 学年，塔吉克斯坦高等教师总人数为 11 681 人，比上学年增加 1 100 人，增长 10.4%，比 2015—2016 学年增加 1 729 人，增长 17.37%（见图 6.2）。另一方面，高等教育机构教师的学历不断提高，2015—2000 年，高等教育机构教师中拥有副博士和博士学位的人数逐年增加。2019—2020 学年，塔吉克斯坦高等教育机构中拥有副博士学位的教师为 2 939 人，占总人数的 25.16%，拥

---

[1] 资料来源于塔吉克斯坦共和国总统统计署官网。

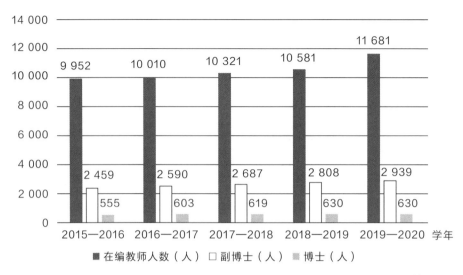

图 6.2 2015—2020 年塔吉克斯坦高等教育机构师资数量变化情况 [1]

有博士学位的教师为 630 人，占总人数的 5.39%（见图 6.2）。

在高等教育学生规模方面，2015—2020 年，塔吉克斯坦高等教育学生规模不断扩大，保持逐年上升的态势。2019—2020 学年，高等教育机构学生共 22.96 万人，比上年增加 1.98 万人，增长 9.4%，比 2015 年增加 5.31 万人，增长 30.08%。其中，招生人数和毕业人数基本呈现逐年上升的趋势（见图 6.3）。

2015—2020 年，塔吉克斯坦每 1 万人口中的高等教育机构在校生人数也呈逐年上升趋势，女生人数和占比同样呈现上升趋势。2019—2020 学年，每 1 万人口中的高等教育机构在校生人数为 249 人，女生人数 8.65 万人，占在校学生总数的 37.7%。2019—2020 学年，塔吉克斯坦高等教育机构教师与学生的比例为 1∶20。

[1] 资料来源于塔吉克斯坦共和国总统统计署官网。

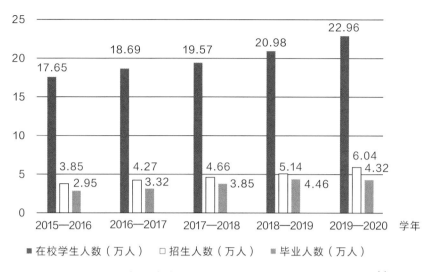

图 6.3 2015—2020 年塔吉克斯坦高等教育机构学生数量变化情况[1]

目前，塔吉克斯坦共有 24 所教育机构可以提供大学后职业教育，其中高等教育机构 19 所、科研院所 5 所。截至 2019 年，全塔研究生数量为 758 人，其中在高等教育机构的研究生为 510 人、科研院所为 248 人。

在高等教育学位制方面，独立后，塔吉克斯坦高等教育一直沿用俄式学位制，接受高等教育的机构有三类，分别为综合性大学、学院和专科学院，可授予学士、硕士、副博士和博士学位。高等职业教育包括学士、高等职业教育专业人才、硕士。大学后职业教育包括副博士和博士。

如图 6.4 所示，目前，塔吉克斯坦高等职业教育实施两种教育学制结构：二级教育学制结构和传统教育学制结构。二级教育学制结构包括学士学位教育和硕士学位教育。第一级为学士学位教育，旨在根据学生所选的高等教育专业方向培养"学士学位"人才，经考核合格授予学士学位，学士学位教育学制四年。第二级为硕士学位教育，获学士学位的学生可以继

[1] 资料来源于塔吉克斯坦共和国总统统计署官网。

续接受硕士学位教育，经考核合格授予硕士学位，硕士学位教育学制两年。传统教育学制结构是指高等教育机构按照教育大纲实施具有特定专业资格的教育，根据塔吉克斯坦国家高等教育标准，高等职业教育专业人才保留原来的学制（五年）。学校向按规定修完高等职业教育专业人才资格教育全部课程、通过考试和答辩并经考核合格的学生颁发高等职业教育专业人才证书。

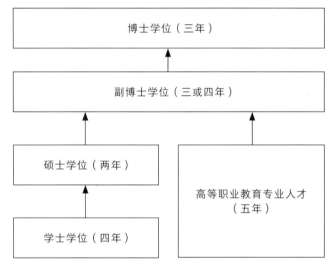

图 6.4 塔吉克斯坦高等教育学制

获得硕士学位或高等职业教育专业人才证书的毕业生可报考研究生，攻读副博士学位。副博士学制为三或四年（面授为三年，函授为四年），通过考试和答辩，经考核合格的学生可获得副博士学位，获得副博士学位的毕业生可继续攻读博士，最高学位为博士，博士学制为三年。

从 2013 年起，塔吉克斯坦进行学位制改革，计划放弃俄式学位制，采用西方国家普遍使用的学士—硕士—博士三级学位制，建立由总统直属的塔吉克斯坦共和国总统最高学位评定委员会。2013 年，塔吉克斯坦通过了博士论文答辩条例，从 2015 年 1 月起，塔吉克斯坦共和国总统最高学位评定委员会开始授予博士学位的工作。因此，目前，塔吉克斯坦接受不少于三年硕士课程并经考核合格后的毕业生可获得硕士学位，获得硕士学位的毕业生可直接攻读博士（PhD）。[1]

在高等教育机构教学内容方面，目前，塔吉克斯坦高等教育机构的教学计划根据专业的不同分为四个模块。第一模块包括普通人文学科和社会经济学科，第二模块是普通数学和自然科学学科，第三模块是普通职业课程，第四模块是专业课程。[2]第一模块和第二模块的课程设置由塔吉克斯坦共和国教育与科学部负责，第三模块和第四模块由各高等教育机构相关教研室负责。

在学生激励机制方面，为了鼓励学生勤奋学习，塔吉克斯坦政府设立了各个类型的奖学金。目前，塔吉克斯坦共有 5 类国家级奖学金：总统奖学金、总统国际奖学金、本科生国家奖学金、研究生国家奖学金和命名奖学金。

总统奖学金颁发给优秀的中学生、一或二年级全日制公费本科生和研究生，每学年评选一次。1997 年 2 月 12 日，塔吉克斯坦颁布《塔吉克斯坦共和国总统奖学金实施条例》，决定设立"总统奖学金"。2003 年 5 月 2 日，塔吉克斯坦颁布《塔吉克斯坦共和国关于授予高等职业教育机构学生总统奖学金的实施条例》。2009 年 4 月 2 日，塔吉克斯坦通过法令，批准设立"总统国际奖学金"，以支持和鼓励塔吉克斯坦学生、教学科研人员出国留学。本科生国家奖学金和研究生国家奖学金颁发给塔吉克斯坦高等教育机构中在学习和科研方面有突出成绩的本科生和研究生。命名奖学金是国家教育主管部门、地方政府机构、乡镇自治机构以及个人和法人设立的奖学金，主要颁发品学兼优的学生。

---

[1] 资料来源于塔吉克斯坦共和国教育与科学部官网。

[2] 拉赫莫诺夫. 塔吉克斯坦——新世纪教育发展战略: 2005 亚洲教育北京论坛论文集 [C]. 北京: 2005 亚洲教育北京论坛组委会，2005: 58.

在高等教育国际合作方面，独立后，塔吉克斯坦的高等教育机构面临的任务是为该国的国民经济发展提供高素质的人才，以及在经济改革过程中最大限度地扩大高等教育机构的活动领域。近年来，塔吉克斯坦一直积极融入国际教育一体化空间，高等教育机构与国际组织和世界其他国家的高等教育机构开展合作，主要合作形式有联合办学、互派师生、学术交流等。

塔吉克斯坦与国际组织积极开展合作，其中包括欧盟、联合国开发计划署、国际移民组织、德国国际合作社、世界银行、科威特基金、亚洲开发银行、美国国际开发署、联合国儿童基金会、欧安组织等。塔吉克斯坦参与了众多国际教育项目和计划，其中 TEMPUS 计划和伊拉斯谟世界计划（Erasmus Mundus）是塔吉克斯坦高等教育国际合作的重要项目。TEMPUS计划是欧盟教育项目之一，于 1990 年创立，旨在促进巴尔干地区国家以及东欧和中亚地区国家的高等教育改革和发展，以便使这些国家的教育能够适应市场经济需要。TEMPUS 计划的三个工作重点是教育计划的发展与调整，改革高等教育结构、机构和管理体制，开发培训项目。伊拉斯谟世界计划是欧盟委员会于 2003 年通过的一个高等教育项目计划，旨在促进和落实"博洛尼亚进程"。这两个项目在促进塔吉克斯坦高等教育改革、提升高等教育的国际能见度、开展高等教育领域国际合作方面发挥着重要作用。

在实施教育领域发展战略和规划的过程中，塔吉克斯坦一直努力向国际化教育水准靠拢，目前已与世界 40 多个国家和地区在教育领域开展合作。

近年来，塔吉克斯坦高等教育的在线教学逐渐起步和发展。在高等教育国际化的今天，利用互联网技术实现在线教学已是大势所趋。塔吉克斯坦最早开始进行远程教育的高等教育机构是塔吉克国立商业大学和奥西米国立技术大学苦盏分校。2016—2018 年，在奥西米国立技术大学苦盏分校举办了全塔远程教育体系形成和发展学术研讨会，会上讨论了在全塔构建远程教育体系等若干问题。2018—2019 学年，全塔高等教育机构的函授学习形式均改为远程教学模式。

塔吉克斯坦高等教育改革的脚步从未停歇。《塔吉克斯坦共和国至 2030 年前国家发展战略》指出："高等教育应与其他各级教育保持平衡，反映劳动力市场的需求。鉴于需要采用清洁能源技术以确保可持续发展，在教育领域需要相关专业的教育和培训。同时，在优化教育结构方面，需要增加工程、技术专业和自然科学领域的毕业生人数。2030 年前，高等职业教育的覆盖率应提高至 30%。"[1]

第二节 高等教育的特点和经验

一、高等教育的特点

（一）部门原则居于主导地位

塔吉克斯坦高等教育的显著特点是在培养人才方面部门原则居于主导地位。这一原则与塔吉克斯坦的经济结构密切相关，它体现着国民经济各个部门的相互联系性。高等教育是社会活动的一个领域，它既具有本质的特点，也承担着重要的社会职能。

纵观塔吉克斯坦高等教育的历史，可以发现，高等教育机构按其学科门类可分为以下几类：综合性大学、工业高等教育机构、农业高等教育机构、师范高等教育机构、医学高等教育机构、专业性人文科学高等教育机构（经济学院和法学院）、文化艺术高等教育机构、体育高等教育机构。这

---

[1] 资料来源于塔吉克斯坦共和国教育与科学部官网。

些高等教育机构都具有一定的本质特点。根据这些特点，可以把它们看成高等教育的专门部类，体现了这些高等教育机构的专业设置、人才培养方向等诸多特点。当然，高等教育机构的专门部类并非一成不变的，机构的学科设置会随着经济社会发展需要和人才培养的规律以及学科、专业本身发展变化而变化。

1. 综合性大学

综合性大学是塔吉克斯坦高等教育机构的主导部门，在数量和规模上占据绝对优势地位。塔吉克斯坦综合性大学拥有着丰富的历史传统。综合性大学主要有塔吉克斯坦民族大学、苦盏加富罗夫国立大学、库利亚布鲁达基国立大学、霍罗格纳扎尔绍耶夫国立大学、博赫塔尔胡斯拉夫国立大学、丹加拉国立大学等。

塔吉克斯坦民族大学是塔吉克斯坦第一所综合性大学，是塔吉克斯坦最古老的大学之一。1947 年 3 月 21 日建校，校址在杜尚别，当时称塔吉克国立大学。1948 年 9 月 1 日正式对外开放，1997 年更名为塔吉克斯坦民族大学。该校共有 15 个系、1 个出版社、1 个图书馆和 1 个植物园。经过几代人的努力，如今塔吉克斯坦民族大学与莫斯科罗蒙诺索夫国立大学、圣彼得堡国立大学、塔什干大学等世界一流大学建立了校际合作关系，是欧亚大学联盟和中亚大学联盟成员单位。学校为塔吉克斯坦培养了大量的人才，知名校友有塔吉克斯坦共和国现任总统埃莫马利·拉赫蒙、院士 А. Д. 朱拉耶夫、院士 М. Н. 拉贾博夫等。

苦盏加富罗夫国立大学成立于 1932 年，前身是苦盏国立高等师范学院。1938 年，更名为列宁纳巴德基洛夫师范学院，开设化学生物和物理数学两个部。苏联时期，列宁纳巴德基洛夫师范学院是列宁纳巴德仅有的一所高等教育机构。1991 年 6 月 13 日，列宁纳巴德基洛夫师范学院更名为苦盏国立大学。1997 年 4 月 26 日，为纪念巴巴疆·加富罗夫院士，学校更名为苦盏加富罗夫国立大学。目前，学校学生人数 12 000 人，学校共有 17 系、77个教研室、9 个大学教研室、1 个技术园和 1 个中央图书馆，共有 74 个培养方向和专业。

2．工业高等教育机构

工业高等教育机构为满足国家经济发展需要，培养科学技术人才发挥了重要作用。塔吉克斯坦工业高等教育主要有奥西米国立技术大学、塔吉克斯坦理工大学、塔吉克斯坦冶金学院、奥西米国立技术大学苦盏分校等。

奥西米国立技术大学成立于 1956 年 1 月 6 日，校址在杜尚别，当时称斯大林纳巴德理工学院。建校第一年共有 3 个系，8 个专业，招收 200 名学生。首任院长为著名政治家、科学和教育工作者 M. C. 奥西米。在 M. C. 奥西米院长的带领下，学校克服了初建时期的重重困难，很快跻身于苏联负有盛名的高等学府行列。学院曾是苏联著名的工学院，为中亚和苏联培养了大量的高水平工科人才。1961 年，斯大林纳巴德理工学院更名为塔吉克理工学院。1992 年，在 20 世纪 90 年代高等教育机构的更名潮中，塔吉克理工学院最先升级为"大学"，更名为塔吉克技术大学。1997 年 2 月 7 日，为了纪念学院的首任院长，大学以 M. C. 奥西米的名字命名，更名为奥西米国立技术大学。

目前，学校共有 7 个系：能源系、建筑系、创新技术系、信息与通信技术、运输系、管理与运输通信系、白俄罗斯国立技术大学和塔吉克技术大学的联合工程与技术系。学校还设有苦盏分校。奥西米国立技术大学拥有先进的技术设备和高水平的师资队伍，学校共 8 000 多名学生，教职工 430余人，其中包括 20 名教授、155 名副教授。

3．农业高等教育机构

塔吉克斯坦农业高等教育机构的发展是同整个国民经济、社会发展和科技进步紧密联系在一起的。塔吉克斯坦农业高等教育机构主要有绍赫捷穆尔国立农业大学，它也是塔吉克斯坦唯一一所专门培养农业高水平人才的高等学府。

绍赫捷穆尔国立农业大学成立于 1931 年，是塔吉克斯坦历史最悠久的高等学府之一，校址在杜尚别。1931 年，中亚国立大学分出中亚果蔬学院，校址在列宁纳巴德。建院伊始共成立 13 个教研室，招收 25 名学生和工农速成中学的 336 名旁听生。首任院长是农艺师、生物学家科米利。1933 年，学院改组并更名为塔吉克农业学院。1944 年 8 月 7 日，塔吉克农业学院从列宁纳巴德迁至斯大林纳巴德。塔吉克农业学院是苏联时期著名高校，为苏联的农业领域培养了大量的专业人才。塔吉克斯坦独立前，学院隶属于苏联农业人民委员部。1992 年，塔吉克农业学院升级为"大学"，更名为塔吉克农业大学。2009 年 10 月 31 日，塔吉克农业大学开始以绍赫捷穆尔的名字命名，更名为绍赫捷穆尔国立农业大学。目前，学校共有 11 个系部：农业系、蔬果系、葡萄栽培与农业生物系、动物工程系、兽医学系、水土改良系、农机系、经济系、畜牧系、农业经济系、函授和留学生部。

4．师范高等教育机构

1930—1931 年，综合性大学的师范系陆续改组成独立的师范院校，塔吉克斯坦第一所师范院校由此应运而生。塔吉克斯坦高等教育的产生和发展是同它的活动联系在一起的。塔吉克斯坦师范高等教育机构主要有塔吉克艾尼国立师范大学、彭吉肯特师范学院等。

塔吉克艾尼国立师范大学成立于 1931 年 7 月 18 日，校址在杜尚别。最初校名为塔吉克高等农业师范学院，其前身为中亚国立大学师范系。1931年，中亚国立大学师范系改组为塔吉克高等农业师范学院，塔吉克斯坦历史上第一所高等院校正式成立。1932 年 9 月 1 日更名为师范学院。1934 年 4 月，更名为斯大林纳巴德师范学院。1939 年，更名为斯大林纳巴德舍甫琴科师范学院（后改为杜尚别舍甫琴科师范学院）。1992 年，更名为杜尚别朱拉耶夫国立师范大学。1997 年，更名为塔吉克朱拉耶夫国立师范大学。2007 年，学校使用塔吉克伟大诗人萨德理金·艾尼的名字，正式更名为塔吉克艾尼国立师范大学。

目前，塔吉克艾尼国立师范大学共有 14 个系：化学系、地理系、历史系、数学系、俄语语言文学系、经济和教育管理系、心理学和全纳教育系、学前和初等教育系、生物系、日耳曼语系、物理系、技术和商业系、塔吉克哲学系和英语系，共有 47 个教研室和 16 所校级教研室。

5．医学高等教育机构

塔吉克斯坦的医学拥有悠久的历史，塔吉克著名医学家、被称为"世界医学之父"的伊本·西纳对世界医学的发展有着深远的影响。1939 年，塔吉克建立了第一所医学高等教育机构——塔吉克医学院（今塔吉克阿布阿里·伊本·西纳国立医科大学）。目前，塔吉克斯坦医学高等教育机构共有两所：塔吉克阿布阿里·伊本·西纳国立医科大学和哈特隆国立医科大学。

塔吉克阿布阿里·伊本·西纳国立医科大学成立于 1939 年 9 月 1 日，校址在杜尚别，其前身是塔吉克医学院，是塔吉克斯坦医护人员的摇篮。1948 年起，医学院将学制变更为 6 年。1952 年，获批副博士学位授予点。1968 年，获批博士学位授予点。1992 年，塔吉克医学院开始以塔吉克著名医学家阿布阿里·伊本·西纳的名字命名，更名为塔吉克阿布阿里·伊本·西纳国立医科大学。

目前，医科大学共有 5 个系：医学系、口腔系、药学系、儿科系、公共卫生系，64 个教研室。全校教职工 600 余名，其中有 90 名博士、222 名副博士，院士、通信院士、博士、副博士占教职工总数的 50% 左右。医科大学还有来自俄罗斯、印度、哈萨克斯坦、吉尔吉斯斯坦、乌兹别克斯坦、丹麦、美国、巴基斯坦、土库曼斯坦、阿富汗、伊拉克、拉脱维亚、阿塞拜疆等国家和地区的留学生。医科大学与国外的高等教育机构和国际组织保持着密切的合作关系，还参与了许多国际投资计划。医科大学在世界上享有较高声誉，毕业生不仅在塔吉克斯坦工作，还在独联体各国、英国、德国、美国、伊朗、阿富汗、中国、土耳其、印度、也门等世界 40 多个国家和地区就职。

6. 专业性人文科学高等教育机构

塔吉克斯坦专业性人文科学高等教育机构主要有塔吉克国立商业大学，塔吉克国立法律、商业和政治大学，塔吉克财经大学，塔吉克国立商业大学经贸学院等。

7. 文化艺术高等教育机构

塔吉克斯坦文化艺术高等教育机构主要有塔吉克图尔松扎德国立艺术学院、塔吉克乌鲁格佐达国立语言学院、塔吉克萨托洛夫国家音乐学院等。塔吉克萨托洛夫国家音乐学院于 2003 年 5 月 10 日成立，是在塔吉克图尔松扎德国立艺术学院表演系的基础上建立的。

8．体育高等教育机构

塔吉克斯坦体育高等教育机构主要有塔吉克拉希莫夫国立体育学院。塔吉克拉希莫夫国立体育学院的前身是 1971 年成立的塔吉克加里宁体育学院。目前，塔吉克拉希莫夫国立体育学院是塔吉克斯坦唯一一所专门的体育高等教育机构，学校为国家培养体育技能人才和各教育机构体育师资做出了巨大贡献。

（二）高等教育发展不平衡和不充分

塔吉克斯坦高等教育发展显著的特点是教育发展不平衡和不充分，主要表现在高等教育机构区域发展和学科结构不平衡、不充分。

1．高等教育机构区域发展不平衡、不充分

受经济社会发展制约和历史因素等影响，塔吉克斯坦各地的高等教育机构在办学规模、办学条件、师资队伍、教育投入等方面存在巨大差异。从塔吉克斯坦的行政区划来看，塔吉克斯坦高等教育机构主要集中在杜尚别。2019—2020 学年，全塔共有 40 所高等教育机构（包括分校），其中杜尚别 24 所、索格特州 7 所、哈特隆州 6 所、戈尔诺-巴达赫尚自治州 2 所、中央直属区 1 所（见表 6.1）。杜尚别高等教育机构占全塔的 60%，杜尚别教育资源丰富，尤其是高水平大学集中，学科种类齐全。

从在校学生人数上来看，各地区高等教育入学机会存在较大的差异。2019—2020 学年，全塔高等教育机构在校生人数为 22.96 万人，其中在杜尚别高校学生的人数为 13.04 万人，占总人数的 56.8%。

表 6.1　2019—2020 学年塔吉克斯坦高等教育机构区域分布情况 [1]

区域	高等教育机构数量（所）	在校学生人数（万人）
中央直属区	1	0.35
戈尔诺-巴达赫尚自治州	2	0.423
哈特隆州	6	4.394
索格特州	7	4.753
杜尚别	24	13.04
塔吉克斯坦共和国	40	22.96

2．高等教育学科结构不平衡、不充分

高等教育学科结构指不同学科领域的高等教育构成状态。目前，塔吉克斯坦高等教育机构和科研院所的学科包含工学、农学、经济学、卫生和体育学、教育学、文化和艺术学、安全和军事学。塔吉克斯坦高等教育学科结构分布不平衡、不充分，主要表现在人文学科和社会学科在校生占比高，其他学科在校生占比仍然偏低。

2012 年，高等教育机构中人文学科和社会学科两大学科的学生占比高达 52%，自然学科学生占比 16%，而工程和建筑学科的学生比重为 15%，农业学科占比仅为 3%，服务业学科占比仅为 1%。[2]

2016—2017 学年，高等教育机构在校生共计 186 914 人，其中工业学科学生人数为 25 234 人，占总人数的 13.5%；农业学科学生人数 11 113 人，占总人数的 5.94%；经济学科学生人数 53 620 人，占总人数的 28.69%；卫生和体育学科学生人数 17 083 人，占总人数的 9.14%；教育学科学生人数 72 597

---

[1] 资料来源于塔吉克斯坦共和国总统统计署官网。

[2] 资料来源于俄罗斯-塔吉克（斯拉夫）大学官网。

人，占总人数的 38.84%；文化和艺术学科学生人数 3 768 人，占总人数的 2.02%；安全和军事学科人数 3 499 人，占总人数的 1.87%。[1]

2019—2020 学年，高等教育机构在校生共计 229 626 人，其中工业学科学生人数为 27 744 人，占总人数的 12.08%；农业学科学生人数 10 003 人，占总人数的 4.36%；经济学科学生人数 59 641 人，占总人数的 25.97%；卫生和体育学科学生人数 20 860 人，占总人数的 9.08%；教育学科学生人数 102 293 人，占总人数的 44.55%；文化和艺术学科学生人数 4 686 人，占总人数的 2.04%；安全和军事学科人数 4 399 人，占总人数的 1.92%。[2]

整体来看，2016—2020 年，虽然塔吉克斯坦高等教育学科结构一直处于不断调整和变革之中，但高等教育机构中各学科之间发展不平衡、不充分现象比较明显。

高等教育区域发展和学科结构不平衡的矛盾会直接制约各地方经济、社会、文化的发展和全塔教育生态的良性运行。在国家教育发展战略和教育国际化大背景下，亟待实施更为积极的高等教育区域均衡发展战略。

二、高等教育的经验

塔吉克斯坦在高等教育国际合作方面拥有丰富的经验，特别是与俄罗斯的高等教育机构保持着最为紧密的联系。俄罗斯的高等教育水平一直居世界前列，随着全球高等教育的国际化进程不断加深，将俄罗斯优质的高等教育资源作为一项重要的服务产品向其他国家和地区输出既是俄罗斯高等教育国际化重要内容，同时也是国家文化战略的重要组成部分。在俄罗斯和塔吉克斯坦高等教育合作中，俄罗斯的教育体制及其标准仍然为塔吉

---

[1] 资料来源于塔吉克斯坦共和国总统统计署官网。
[2] 资料来源于塔吉克斯坦共和国总统统计署官网。

克斯坦所效仿或移植,在教育合作中俄罗斯保持着绝对的优势地位。俄罗斯属于跨境高等教育输出国,塔吉克斯坦属于跨境高等教育输入国。这符合世界上现阶段跨境办学的基本形态——"北-南"形态,即欧美发达国家高等教育机构向亚洲发展中国家进行跨境教育输出。俄罗斯的跨境教育输出大体可以分为三种模式:联合办学(包括在境外开设分校)、学生流动和远程教育。[1]这三种模式也正体现在俄塔高等教育合作中。

在联合办学方面,目前,塔吉克斯坦有一所俄塔联合高等教育机构——俄罗斯-塔吉克(斯拉夫)大学和三所俄罗斯高等教育机构分校——莫斯科罗蒙诺索夫国立大学分校、俄罗斯国家研究型技术大学(莫斯科钢铁合金学院)分校和莫斯科动力学院分校(见表6.2)。

表 6.2 俄罗斯和塔吉克斯坦高等教育合作联合办学情况

序号	学校名称	校址	建校时间
1	俄罗斯-塔吉克(斯拉夫)大学	杜尚别	1996 年 4 月 5 日
2	莫斯科罗蒙诺索夫国立大学分校	杜尚别	2009 年 5 月 6 日
3	俄罗斯国家研究型技术大学(莫斯科钢铁合金学院)分校	杜尚别	2012 年 4 月 17 日
4	莫斯科动力学院分校	杜尚别	2013 年 9 月 17 日

1996 年 4 月 5 日,俄罗斯联邦政府和塔吉克斯坦共和国政府联合成立了俄罗斯-塔吉克(斯拉夫)大学,这是塔吉克斯坦发展俄罗斯文化教育的中心。学校设有语文系、经济系、法律系、历史和国际关系系、管理和信息技术系、外语系共 6 个系和 30 个教研室。教学形式包括全日制和函授两种。目前学校共有 6 000 名学生,其中 4 000 名全日制学生,2 000 名函授学

[1] КОСЕВИЧ А.В. Экспорт образовательных услуг сферы высшего образования: мировой опыт и российская практика [D]. М.: МИЭП, 2006:187.

生。学校可授予学士、高等职业教育专业人才和硕士学位。本科学制 4—5 年，专业人才学制 5 年，硕士学制 2—2.5 年。学校可为外国留学生提供为期一年的预科。本科培养方向有：生物学、新闻学、历史学、文化学、语言学（英语、德语、中文）、数学、国际关系、管理学、教育学、俄语语言文学、应用信息学、旅游、物理、语文学、化学、经济学和法学。高等职业教育专业人才培养方向是翻译和翻译学。研究生培养方向有：历史与考古、大众传媒和信息图书馆学、经济与管理、语言学和文学。

俄罗斯-塔吉克（斯拉夫）大学与世界 157 个国家和地区的教育机构建立了合作关系，合作形式主要有师生互换，参与国际学术会议、论坛、圆桌会议，邀请国外优秀的教师来校讲座等。2019 年，共有 27 位国外大学的优秀教师来校交流。截至 2019 年，有来自世界 13 个国家和地区的 574 名外国留学生在该校学习，同时该校也派遣了 54 名教师和 40 名学生到国外大学交流学习。俄罗斯-塔吉克（斯拉夫）大学是独联体网络大学、上海合作组织大学、中国-中亚国家大学联盟成员单位。此外，大学与世界开发银行、联合国开发计划署等国际组织也保持着密切的交流合作。

2009 年 5 月 6 日，莫斯科罗蒙诺索夫国立大学分校在杜尚别成立。2010 年 10 月 6 日，塔吉克斯坦总统埃莫马利·拉赫蒙签署了在杜尚别开设莫斯科动力学院分校和俄罗斯国家研究型技术大学（莫斯科钢铁合金学院）分校的法令。签署该法令旨在"进一步完善高等教育对高素质人才的培养，并发展高等教育领域的国际合作。"[1] 2012 年 4 月 17 日，俄罗斯国家研究型技术大学（莫斯科钢铁合金学院）分校在杜尚别成立。2013 年 9 月 17 日，莫斯科动力学院分校在杜尚别成立。

2015 年，数百名塔吉克斯坦公民获得了俄语语言、俄罗斯历史和俄罗斯联邦立法基础方向的毕业证书，其中莫斯科罗蒙诺索夫国立大学分校毕

---

[1] 资料来源于俄罗斯国际新闻通讯社官网。

业 367 人、莫斯科动力学院分校毕业 110 人、俄罗斯国家研究型技术大学（莫斯科钢铁合金学院）分校毕业 56 人。

在学生流动方面，俄罗斯高等教育机构高水平的师资力量、卓越的科研水平和高质量的教学使俄罗斯成为塔吉克斯坦学生的主要留学目的地。目前，俄罗斯已成为塔吉克斯坦学生的第一大留学目的地国。据塔吉克斯坦共和国教育与科学部公布的数据显示，2020 年，塔吉克斯坦出国留学人数共计 34 065 名，在俄留学生共计 24 604 人，占塔留学生总数的 72.2%。在塔吉克斯坦留学生生源国排前 11 名的国家依次是：俄罗斯（24 604 人）、中国（4 075 人）、白俄罗斯（1 151 人）、哈萨克斯坦（959 人）、吉尔吉斯斯坦（698 人）、美国（321 人）、波兰（293 人）、土耳其（283 人）、乌克兰（220 人）、德国（172 人）、印度（147 人）。

在远程教育方面，目前塔吉克斯坦和俄罗斯在远程教育合作方面发展迅速。特别是在后疫情时代，高等教育开展远程开放教学已成为必然之举。2020 年 9 月 4 日，俄罗斯–塔吉克（斯拉夫）大学开设信息技术和远程学习中心。该中心旨在提高师生的计算机水平和获得信息技术和编程的基本知识。目前该中心已安装了 120 台联网计算机。

塔吉克斯坦与俄罗斯高等教育领域保持着最为紧密的合作，主要原因有以下五点。

第一，塔吉克斯坦与俄罗斯的高等教育合作拥有着深厚的人文基础，沙皇俄国和苏联这两个特殊的历史发展阶段使得塔吉克斯坦和俄罗斯在文化教育领域存在着难以割舍的历史渊源，具体体现在民族、语言、文化等多个方面。塔吉克斯坦的很多教育机构开设俄语相关专业或将俄语作为教学语言。目前，塔吉克斯坦有 10 所高等教育机构中设有俄语语文系或俄语语言文学专业。

第二，塔吉克斯坦与俄罗斯的教育体系契合度较高，教育改革方向趋同。苏联时期，塔吉克建立起从学前教育、普通教育到职业教育一整套完备的教育体系，塔吉克斯坦的高等教育也正是在苏联时期开始起步。独立后，虽然塔吉克斯坦和俄罗斯都进行了高等教育改革，但两国现行的教育体系整体上延续了苏联时期的教育体系，契合度较高，两国在教育改革的总方向上也趋同。例如，在教育财政领域实施多元化筹措机制，鼓励私人办学；教育内容方面实施教育的国家标准；教育国际化方面积极融入教育国际化进程。2003 年，俄罗斯正式加入"博洛尼亚进程"，开启了俄罗斯高等教育国际化的新篇章。如今，塔吉克斯坦也在积极地融入"博洛尼亚进程"。通过在全塔实行"学分制"等措施，努力加入国际教育一体化空间。教育体系的高契合度和相同方向的教育改革为塔吉克斯坦和俄罗斯教育合作奠定了坚实的基础。

第三，塔吉克斯坦与俄罗斯高等教育的密切合作与俄罗斯的教育输出计划相关。近年来，俄罗斯积极地推进教育输出项目，优先方向是独联体各国的高等教育机构。部分具有实力的俄罗斯高等教育机构向其他国家进行不同模式的教育输出，以提升自身的国际化水平。2017 年，俄罗斯政府发布"教育输出"优先发展项目，旨在提升俄罗斯教育在国际教育市场上的吸引力和竞争力。项目执行期为 2017 年 5 月至 2025 年 11 月。项目的实施应提高俄罗斯教育对外国公民的吸引力，改善其在俄罗斯学习的条件，并提高俄罗斯教育在国际教育市场上的知名度和品牌地位，从而增加教育服务出口收益。为了提高对外国公民的教育吸引力，有必要制定和实施大学在教育出口方面的教育模式，该模式将首先在 20 所大学中实施，并从 2021 年开始在全国所有大学实施。根据教育输出项目设定的目标，"在俄罗斯大学全日制学习的外国学生人数应从 2017 年的 22 万人增至 2025 年的 71 万人，俄罗斯教育机构在线课程的外国学生人数应从 110 万人增至 350 万人。预计到 2025 年，接受补充教育课程的外国学生人数将比 2016 年翻一番"。[1]

---

[1] 资料来源于俄罗斯联邦政府官网。

第四，塔俄高等教育的密切合作是塔吉克斯坦加强国家能力建设的需要，是国家经济社会发展的必然需求。引进俄罗斯优质的高等教育资源、实现跨境高等教育将有助于增加塔吉克斯坦的教育供给，也为专业的拓展、人力资源的开发以及经济的发展提供机会和可能，从而提高本国的高等教育质量和经济的国际竞争力。

第五，独联体统一教育空间的构建为塔俄高等教育合作提供了可能性。从 1996 年开始，独联体统一教育空间逐步构建，独联体各国教育一体化的进程加速推进。1997 年 1 月 17 日，独联体成员国俄罗斯、哈萨克斯坦、吉尔吉斯斯坦、摩尔多瓦、塔吉克斯坦、阿塞拜疆、亚美尼亚、白俄罗斯签署了《形成独联体统一教育空间的构想》。文件确立了建构独联体统一教育空间的章程、基本原则、基本方向以及实施步骤。该构想指出，形成统一的教育空间是独联体成员国的优先方向之一。[1]1997 年，上述独联体成员国签署了《关于独联体成员国形成统一教育空间的国家间合作协议》。近年来，在独联体统一教育空间的框架下，塔俄两国在互认教育体系、学术流动、共享教育资源、共同创办教育机构等方面开展了积极的合作。

塔吉克斯坦与俄罗斯高等教育合作为深化塔吉克斯坦高等教育改革、实现教育创新提供了平台，对塔吉克斯坦高等教育事业的发展产生了深远的影响。

第一，与俄罗斯的高等教育合作顺应高等教育国际化发展趋势，有助于加速塔吉克斯坦高等教育国际化进程。教育全球化要求塔吉克斯坦的高等教育迅速走上国际化轨道，而与俄罗斯的高等教育合作是实现塔吉克斯坦高等教育国际化的重要途径。通过联合办学等途径进一步深化了相互了解，以此为基础进行全方位的合作与交流，缩小了塔吉克斯坦与发达国家高等教育水平上的差距。与俄罗斯的高等教育合作解决了塔吉克斯坦高等

---

[1] 刘淑华，姜炳军. 独联体统一教育空间的建构 [J]. 比较教育研究，2014（1）：101.

教育的供需矛盾，增加了教育供给的多样性和选择性。

第二，与俄罗斯的高等教育合作可以进一步推动塔吉克斯坦高等教育管理体制改革。合作的过程也是互相学习教育理念、管理方式和教学方法的过程。塔吉克斯坦的高等教育目前正需要吸收和融合高水平的高等教育资源。

第三，与俄罗斯的高等教育合作使塔吉克斯坦引进了国内经济社会发展急需的学科和专业。目前，塔吉克斯坦高等教育领域面临的比较重要的问题是高等教育学科结构不平衡和不充分、高等教育人才与劳动力市场需求的匹配度不高。与俄罗斯的高等教育合作考虑经济社会发展需求，积极引入塔吉克斯坦目前急需的学科领域，开展联合办学，这在一定程度上缓解了部分专业和学科教育需求，帮助解决学科结构不平衡的问题，同时帮助塔吉克斯坦原有专业进行改革，培养符合市场需求的国际化人才。

第四，与俄罗斯的高等教育合作可以促进培养一批具有国际化视野的人才。塔俄联合办学机构和俄罗斯高等教育机构的分校在塔吉克斯坦实施的高等学历教育已经纳入塔吉克斯坦全国统一考试，这些学校对外语水平要求较高，因此，生源质量较高。此外，塔俄联合办学大多采用的是双校园 "2+2" 或 "3+1" 模式。例如，莫斯科罗蒙诺索夫国立大学分校的学生一年级至三年级在杜尚别分校学习，大学四年级时赴莫斯科罗蒙诺索夫国立大学继续学习。

第三节 高等教育的挑战和对策

一、高等教育的挑战

目前，塔吉克斯坦高等教育的发展面临着内部和外部的双重挑战。内部挑战主要来自人才流失、高等教育基础设施和信息化水平、人才与劳动力市场的匹配度、教学和科研工作协调度等方面。外部挑战主要来自教育全球化。

（一）内部挑战

第一，在生产要素日益全球化的今天，人才的国际流动成为不可逆转的潮流，各国之间的竞争也越来越激烈。近年来，随着留学教育的发展以及发达国家优越的生活条件、现代化的科研条件、充足的科研经费的吸引，大量的塔吉克斯坦人才外流到发达国家。塔吉克斯坦本国职位空缺少，工资收入普遍不高。有些毕业生毕业后选择到俄罗斯、哈萨克斯坦或其他国家工作。

第二，塔吉克斯坦高等教育基础设施相对薄弱，教材等教学材料缺乏。高等教育信息化基础设施建设仍不够完善，学校的网络建设水平不高，信息化建设的软硬件配套设施方面比较薄弱。远程教育体系目前仍处于起步建设阶段。

第三，高等教育人才的供给与国家经济社会发展需求方面存在矛盾，高等教育人才与劳动力市场需求的匹配度不高。随着劳动力市场对实际应用型人才的需求越来越高，如何向市场输送符合经济社会发展要求的高水平人才是高等教育面临的一个挑战。

第四，高等教育机构的科研水平不高，高层次人才培养能力薄弱，这会影响国家人才培养的质量，降低国家的科研发展潜力。目前，塔吉克斯坦在打造致力于培养高层次人才、具备高水平科研能力的研究型大学方面还有待加强。

（二）外部挑战

进入 21 世纪以来，随着经济全球化不断加深，高等教育国际化成为发展大势。与此同时，高等教育国际化为塔吉克斯坦的高等教育提出了新的使命和挑战，也提供了前所未有的发展契机。在高等教育国际化大背景下，"博洛尼亚进程"对于塔吉克斯坦提升教育质量，加入全球统一的高等教育空间有着重要的意义。众所周知，"博洛尼亚进程"始于 1998 年，旨在整合欧洲高等教育系统，致力于打造一个易读且拥有可比度的高等教育系统。

融入"博洛尼亚进程"可以为教育未来的发展提供更大的发展空间。然而还有一些人认为，基于塔吉克斯坦的国情，目前加入"博洛尼亚进程"将导致塔吉克斯坦本身优秀的高等教育传统丧失。因此，目前对于塔吉克斯坦高等教育国际化而言，最大的挑战是如何在借鉴和实践国际教育标准的同时保留塔吉克斯坦优秀的传统高等教育。

虽然目前塔吉克斯坦还没有正式签署《博洛尼亚宣言》，但已开始在具体领域引进一些"博洛尼亚进程"的规则。例如，建立三级学位制度；在塔吉克斯坦高等教育机构中推行学分制，学生在进行学历层次转换时可以根据累积的学分进行专业或学校的选择；高等教育机构的学生可以按照学生流动方案在欧洲高校进修一学年或一学期；为教师和学生流动提供资金支持；参照欧洲国家教育大纲和教育标准，更新塔吉克斯坦的教育大纲和标准；制定具有可操作性的全国高校排名标准；逐渐提高塔吉克斯坦高校教师的待遇，努力向国际标准看齐等。此外，融入"博洛尼亚进程"意味着塔吉克斯坦的高等教育机构颁发的毕业证书在欧洲具有同等效力。因此，塔吉克斯坦需要通过设置专门的考试来使本国高等教育机构颁发的证书获得国际认可，这也是目前塔吉克斯坦共和国教育与科学部重要的工作内容之一。

二、高等教育的对策

（一）调整和优化高等教育资源

独立后，塔吉克斯坦的高等教育得到了快速发展。然而，必须看到，高等教育资源布局不协调是一个亟待解决的现实问题。使优质的教育资源惠及大众，增加塔吉克人民幸福感，提高高等教育普及度是关乎塔吉克人民切身利益的大事。

第一，近年来，塔吉克斯坦政府采取了一系列措施着力改善这一局面，为解决高等教育资源分布不平衡问题提供了政策空间和现实可能。2001 年 4 月 19 日，塔吉克斯坦颁布了《关于 2001—2005 年塔吉克斯坦共和国高等教育机构录取女生总统限额令的决议》。2003—2004 学年，在高等教育机构中分配了 527 个女生入学名额。

第二，鉴于高等教育资源分布不平衡与当地的经济社会发展水平相关，国家在教育资源布局时，应充分考虑到生源数量、经济总量、办学条件等因素，适当完善各地区的教育经费投入、招生指标分配等方面的政策。在改善区域不平衡的同时，高等教育也要注重特色发展。因此，既均衡又有特色地发展高等教育有利于实现塔吉克斯坦教育发展战略，是实现塔吉克斯坦国家发展战略目标的可行途径。

（二）加强教育基础设施和信息化建设

近年来，塔吉克斯坦政府采取了一系列的措施不断改善高等教育基础设施，加大对高等教育的投入。信息技术的发展要求在知识传播方式上有质的飞跃，教育信息化已成为主要趋势。因此，政府可以运用大数据、云计算和人工智能等先进互联网技术为塔吉克斯坦教育领域提供信息化建设的支持。在高等教育领域贯彻"互联网＋教育"发展理念，借鉴国外优秀的"互联网＋教育"发展模式，将优势的互联网技术、智慧教学产品与经验引进到塔吉克斯坦高等教育领域。在这个问题上，高等教育机构的工作重点是找到现代的教学方法，广泛应用现代化信息通信技术，使塔吉克斯坦教育和科研机构的物质技术基础符合国际标准。

（三）提高人才与劳动力市场匹配度

针对目前高等教育人才与劳动力市场需求的匹配度不高的问题，塔吉克斯坦高等教育机构应以市场需求为导向，积极调整人才培养结构、培养模式、课程设置，不断增强专业方向的基础性和实用性，开设符合国民经济发展要求的培养方向和专业，不断提高不同专业之间的可融通性。加强与企业的合作，在国内的企业设立学生实习中心，培养符合市场需求的合格人才。在高等教育中可以考虑运用"产学研用"合作教育模式，全面整合优势资源，结合科研院所的协作和用人单位的反馈，合作培养应用型和创新型人才。

（四）立足本国需求，提高教育国际化水平

随着全球化的深入发展，教育领域的国际交流合作不断加深，交往范

围持续扩大。高等教育国际化已经成为经济全球化的重要组成部分，也是衡量一个国家全球化程度的重要指标。近年来，塔吉克斯坦在高等教育领域进行一系列的改革，在高等教育中引入"学分制"等概念；积极融入"博洛尼亚进程"，提升高等教育国际化水平。在提升国际化水平的同时，坚持"走出去"与"引进来"相结合，争取全球优质资源，主动拓展国际办学空间，积极参与高等教育国际竞争，大胆探索境外办学，提升自身办学能力和教育品质。

教育国际化发展任重而道远，展望未来，从国家层面，应把握教育国际化的机遇，迎接教育国际化的新挑战，把国际优质的教育资源和先进的教育理念融入塔吉克斯坦高等教育的人才培养体系，同世界一流大学和科研机构开展合作，提升塔吉克斯坦高等教育的国际影响力和竞争力。从院校层面，应进一步制定和落实校级层面的教育国际化发展规划，制定服务国家战略和区域发展的国际化人才合作交流计划，提高高校师生的国际化意识，培养国际化管理人才。

第七章 职业教育

职业技术教育是以培养符合职业或劳动环境所需要的技能型人才为目标的一种教育类型。[1]塔吉克斯坦职业教育体系包括初等、中等和高等职业教育三个阶段。初等、中等职业教育分别由初等、中等职业教育机构实施。根据当代塔吉克斯坦教育体系的分类，本章主要论述塔吉克斯坦的初等职业教育和中等职业教育。

塔吉克斯坦的初等职业教育包括职业技术学校、职业中学、专业课程培训学校、夜校以及相当水平的其他教育机构，招收具有初等普通教育学历的学生，学制三年。中等职业教育包括中等技术专科学校和部分高级中等专科学校两大类型。中等技术专科学校招收具有基础普通教育学历和中等（完全）普通教育学历的学生。对于基础普通教育学历的学生兼施中等（完全）普通教育，学制为四年。对于中等（完全）普通教育学历的学生，学制为三年。对于从医学和文化领域的教育机构毕业的人员，根据其专业的特点，学制一般为四年。部分高级中等专科学校的学生毕业后可参加全国统一考试接受高等职业教育。

20世纪20年代至苏联卫国战争前是塔吉克职业教育体系的形成和发展阶段。1921年，在杜尚别等城市组织了教师短期培训班，这是职业教育机

---

[1] 杨汉清. 比较教育学 [M]. 3 版. 北京：人民教育出版社，2015：309.

构的雏形。这一时期，全塔陆续建立起综合、师范、工业、工艺、图书馆、金融、体育、医学、纺织等各领域的中等技术学校。教育机构还陆续开设函授部，为在职教师开展函授教育。

苏联卫国战争时期是塔吉克职业教育发展的特殊阶段。尽管战争时期塔吉克教育领域遇到了种种困难，但是职业教育机构的教学活动并没有因战争而停止，培训人员的数量不减反增。

苏联卫国战争后至独立前是塔吉克职业教育体系的发展和完善阶段。20世纪50—60年代，职业教育机构网络在全塔迅速铺开，招生人数急剧增加。塔吉克政府在教育领域进行了若干次改革，不断完善职业教育体系。

独立后，塔吉克斯坦政府相继出台《关于高等和中等职业学校学生的社会保障措施》（1992年）、《塔吉克斯坦共和国教育法》（1993年首次通过，2014年修订）、《关于调整塔吉克斯坦共和国高等和中等职业教育机构的结构的决议》（2001年）、《塔吉克斯坦共和国中等职业教育法》（2015年首次通过，2017年修订）等法律法规，对独立后全塔的职业教育领域做出政策性规定。随着经济社会的发展和教育改革的推进，塔吉克斯坦职业教育的发展呈现出初等职业教育逐渐萎缩、中等职业教育缓慢发展、教育机构类型多样化等一系列发展态势。

第一节　职业教育的发展和现状

一、独立前的职业教育

独立前，塔吉克职业教育体系的形成和发展大致可以分为三个阶段：第一阶段为20世纪20年代至苏联卫国战争前（20世纪20年代至1940

年 ）, 第二阶段为苏联卫国战争时期（1941—1945 年），第三阶段为苏联卫国战争后至独立前（1946—1991 年）。

（一）20 世纪 20 年代至苏联卫国战争前的职业教育（20 世纪 20 年代至 1940 年）

塔吉克斯坦的职业教育始于 20 世纪 20 年代。在此之前，塔吉克并没有专门的职业教育机构。20 世纪 20 年代起，塔吉克教育领域的一项重要任务就是建立和发展初等和中等职业教育体系，为国民经济的发展培养专业人才。

塔吉克最早的职业技术培训始于师范领域。1921 年，在杜尚别等城市组织了教师短期培训班，这是职业教育机构的雏形。1921 年，在塔什干创办的中等师范学校成为最早的职业教育机构，在办学动因、办学宗旨和课程教学方面具有鲜明的特点，为近现代中等职业教育的发展奠定了基础。1924 年 12 月，塔吉克教育学院在塔什干成立。

1924 年 10 月 14 日，根据中亚民族区域划界，塔吉克苏维埃社会主义自治共和国成立，隶属于乌兹别克苏维埃社会主义共和国。塔吉克苏维埃社会主义自治共和国成立之后，塔吉克开始组织各领域的职业教育机构。最初的组织形式为短期培训班和工厂学徒学校。工厂学徒学校旨在培养具有劳动职业技能的工人，教授七年制学校分量的普通知识。1924 年，在卡尼巴达姆开设了塔吉克第一所工厂学徒学校。

20 世纪 30 年代起，塔吉克职业教育体系得到了进一步的发展。这一时期，函授教育得到了推广和发展，职业教育培训逐渐从短期培训课程过渡到专门的职业教育机构培训，全塔各类初等和中等职业学校数量迅速增加。

20 世纪 30 年代，塔吉克的中等师范学校、师范专科学校和师范学院陆续开设函授部，为在职教师开展函授教育。1934 年，全塔共有 8 个师范机构开设函授部，到 1936 年开设函授部的机构数量已增至 28 所，学习人数达 2 760 人。

20 世纪 30 年代初，在列宁纳巴德、斯大林纳巴德和库利亚布成立了农业中等技术学校，在斯大林纳巴德和列宁纳巴德成立了医学中等技术学校，在列宁纳巴德成立了戏剧音乐中等技术学校。这些教育机构为塔吉克的工业、农业、医疗、文化、教育等领域培养了大量合格的专家。1940—1941 学年，全塔共有 30 所中等技术学校，在校学生人数 5 919 名。

（二）苏联卫国战争时期的职业教育（1941—1945 年）

苏联卫国战争时期是塔吉克职业教育发展的特殊阶段。尽管战争时期塔吉克教育领域遇到了种种困难，但初等和中等职业教育机构的教学活动并没有停止，培训的人员数量反而大大增加了。1943 年，塔吉克恢复了中等职业技术学校的正常教学工作。同年，政府为战争时期离开学校从事工农业生产的青年开办了工农青年学校。据统计，苏联卫国战争期间，全塔中等师范教育机构共培养了 2 096 余名教师，其中 1 772 名教师接受了函授教育。

（三）苏联卫国战争后至独立前的职业教育（1946—1991 年）

20 世纪 50—60 年代是塔吉克职业技术教育发展最为迅速的时期。在此期间，为了满足国民经济对合格人员的需求，中等职业教育机构的网络在全塔得以迅速扩展。主要的教育机构有中等专业学校和职业技术学校，例如，中等综合技术学校、中等工业技术学校、中等工艺技术学校、中等图书馆技术学校、中等金融技术学校、中等体育技术学校、中等医学技术学校、中等纺织技术学校、中等统计技术学校、中等音乐技术学校、中等艺术技术学校等。截至 1961 年，各类职业技术教育机构为全塔培养了超过六千余名各个领域的专家。

1970 年 9 月 8 日，苏联部长会议批准了《普通中学章程》。根据这项文件，"学生在八年级结业后，发给八年制教育毕业证书，凭此证明书有权进入普通学校九年级、中等专业学校和职业技术学校。学生在普通中学毕业后，发给中学毕业证书，持此证书有权进入高等学校、技术学校及短期中等专业学校。"[1]1971 年 12 月 27 日，塔吉克政府颁布了《关于进一步改善高等和中等职业教育机构学生的物质和生活条件的措施》。

这一时期，普通中学的毕业生人数大大超过了中等职业教育机构的招生人数。为了保证中学毕业生能够接受专业的技术培训，中等职业教育机构开设了分部，分部学制两至三年，旨在为拥有中等（完全）普通教育学历的学生提供技术培训。苏联卫国战争期间开设的工农青年学校在这一时期也得到了发展，培养的毕业生毕业后可以从事工农业生产劳动，也可以选择到高等教育机构继续接受教育。

这一时期，综合技术教育的理论研究也得到了进一步的发展。种种内容丰富的教学法著作和关于综合技术教育理论的巨著问世。[2]

20 世纪 80 年代以前，塔吉克职业人才培养工作也得到了苏联其他加盟共和国的大力支持。到 1991 年塔吉克斯坦独立时，全塔初等职业教育机构共 81 所，在校学生人数 4.19 万人。中等职业教育机构 43 所，在校学生人数 4.07 万人。[3]

独立前塔吉克的职业技术教育有以下两个特点。其一，职业教育由原来的"有计划培训人才促进社会经济发展"转变为"根据劳动力市场的实际需求组织培训"。其二，这一时期，塔吉克职业教育领域的国际合作在

---

[1] 北京师范大学外国教育研究所.苏联普通教育和职业教育法令汇编 [M].北京：北京师范大学出版社，1985：171.

[2] 康斯坦丁诺夫，等.苏联教育史 [M].吴式颖，周蕖，朱宏，译.北京：商务印书馆，1996：504.

[3] 资料来源于塔吉克斯坦共和国总统统计署官网。

培养人才中发挥着重要作用，但此时的教育合作还局限在苏联加盟共和国内部。

二、独立后的职业教育

近年来，塔吉克斯坦社会政治稳定，经济快速发展，职业教育在人才培养中发挥着越来越重要的作用。目前，塔吉克斯坦职业技术教育行业发展的现状是职业技术教育稳定发展，保持适当的发展速度，维持一定的增量，但是发展速度缓慢，传统意义上的初等职业技术教育出现萎缩的趋势。政府颁布了一系列的法律法规、标准和规划，职业教育机制不断完善，职业改革工作不断推进。

在职业教育立法方面，独立后，塔吉克斯坦制定和颁布了一整套法律法规和纲要规范。1992 年 1 月 22 日，塔吉克斯坦颁布了《关于高等和中等职业学校学生的社会保障措施》。2001 年 7 月 1 日，塔吉克斯坦颁布了《关于调整塔吉克斯坦共和国高等和中等职业教育机构的结构的决议》。2006 年 6 月 3 日，塔吉克斯坦颁布了《关于批准塔吉克斯坦共和国 2006—2015 年初等职业教育体系改革国家行动计划的决议》。文件强调，初等职业教育可以为国家经济、社会和文化生活的发展做出贡献。

2010 年 8 月 2 日，塔吉克斯坦颁布了《关于批准中等职业教育专业目录的国家标准》。2012 年 5 月 7 日，塔吉克斯坦颁布了《塔吉克斯坦共和国 2012—2020 年初等和中等职业教育领域改革和发展国家规划》，文件指出了目前塔吉克斯坦初等和中等职业教育的发展现状、问题和前景。

2015 年 8 月 8 日，塔吉克斯坦颁布了《塔吉克斯坦共和国中等职业教育法》（2017 年 8 月 28 日修订）。文件明确了塔吉克斯坦在中等职业教育领域执行国家政策的原则，规定了中等职业教育体系、国家标准、分类标准、教育教学标准、实施主体、教育机构的活动章程、招生规范以及中等职业教育体系的管理等内容。

2016 年 10 月 1 日，塔吉克斯坦颁布了《塔吉克斯坦共和国关于中等职业教育的国家标准和中等职业教育方向和专业的国家分类》。文件主要包括中等职业教育的国家标准，开设的专业目录和说明、课程规定以及相应的最低教育教学标准。中等职业教育的专业目录涵盖了经济、技术、教育、卫生、文化和服务领域。

在职业教育学位制方面，塔吉克斯坦的初等职业教育机构实施主体主要是职业技术学校，招收具有初等普通教育学历的学生，学制三年。初等职业教育承担着为国民经济各个部门培养合格专家的任务。

目前，塔吉克斯坦共和国的中等职业教育机构以国立、非国立、联合和国际形式开展活动。中等职业教育目前是塔吉克斯坦职业教育的主体，其定位是在义务教育的基础上培养大量技能型人才与高素质劳动者。

塔吉克斯坦中等职业教育的实施主体有技术专科学校和部分高等专科学校。中等技术专科学校招收具有基础普通教育学历和中等（完全）普通教育学历的学生。根据生源类型和专业的不同，中等职业技术教育的学制也有所不同。对于基础普通教育学历的学生兼施中等（完全）普通教育，学制为四年。对于中等（完全）普通教育学历的学生，学制为三年。对于从医学和文化领域的教育机构毕业的人员，根据其专业的特点，学制一般为四年。中等职业教育机构的教学组织形式包括全日制、函授、夜校、远程学习和自学考试，教学形式由教育领域的国家授权机构决定。目前，中等职业教育机构的教学过程由传统的培训制度和学分制并行实施。

在职业教育录取工作方面，中等职业技术教育机构的录取工作由塔吉克斯坦共和国总统国家考试中心负责。塔吉克斯坦共和国总统国家考试中心对申请人的知识和技能进行客观和公正的评估，组织和实施全国统一考试，根据考试结果、所选专业和招生计划，将申请人分配给塔吉克斯坦的中等职业教育机构。每年，塔吉克斯坦共和国总统国家考试中心会公布本年度的《中等职业教育机构专业一览表》，拥有基础普通教育学历（九年级）、中等（完全）普通教育学历（十一年级）和初等职业教育学历的学生可以根据专业方向进行报考。《2020—2021 学年中等职业教育机构的专业一览表》中共包含 5 大学科门类：①自然科学和技术学；②经济学和地理学；③语文学、教育学和艺术学；④社会学和法学；⑤医学、生物学和体育学。[1]

在职业教育机构规模方面，1991—1992 学年，全塔初等职业教育机构共 81 所。2019—2020 学年，初等职业教育机构共 62 所。[2]2019—2020 学年比 1991—1992 学年减少了 19 所，下降 23.5%。1991—1992 学年，塔吉克斯坦中等职业教育机构共 43 所。2015—2016 学年，全塔中等职业教育机构共 66 所。2019—2020 学年，中等职业教育机构共 74 所，比上学年增加 4 所，增长 5.71%，比 2015—2016 学年增加 8 所，增长 12.12%（见图 7.1）。

从统计数字上可以看出，塔吉克斯坦职业教育事业发展的现状是初等职业教育出现了萎缩的趋势，中等职业教育呈现缓慢的增长态势，增长速度也远低于高等职业教育机构的增长速度。其主要原因是当前社会和科学技术迅速发展，对劳动力素质的要求越来越高，随着高等教育的发展，具有高等教育学历的人数逐渐增多，他们在劳动力市场上相对占据优势地位，这一切都使得职业技术教育领域受到了一定程度的冲击。

2019—2020 学年，全塔中等职业教育机构 74 所，学科方向主要包括信息技术、矿业、冶金、师范、统计、体育、医学、农业等。塔吉克斯坦主要的中等职业教育机构有：杜尚别信息与计算机技术中等职业学校、杜尚别尤苏波娃矿业中等职业学校、杜尚别工程与师范中等职业学校、塔吉克艾尼国立师范大学中等师范学校、奥西米国立技术大学中等职业技术学校、杜尚别中等职业技术学校、图尔松扎德冶金中等职业技术学校、努罗博德

---

[1] 资料来源于塔吉克斯坦共和国总统国家考试中心官网。

[2] 资料来源于塔吉克斯坦共和国总统统计署官网。

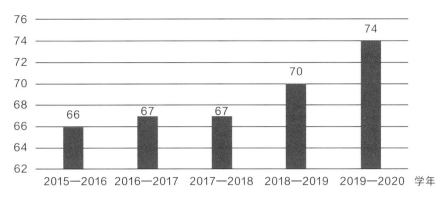

图 7.1 2015—2020 年塔吉克斯坦中等职业教育机构数量变化情况
（单位：所）[1]

区工程中等职业技术学校、瓦赫达特区统计中等职业技术学校、拉什特区
中等师范学校等。

此外，近年来，私立中等职业教育机构得到了快速发展，在塔吉克斯
坦各大城市陆续开设私立教育机构。目前全塔共有 14 所私立中等职业教育
机构，如杜尚别医疗服务与社会保障中等职业学校、鲁达基区医学中等职
业学校、图尔松扎德医学中等职业学校、苦盏创新中等职业学校、彭吉肯
特技术创新中等职业学校等。

在职业教育机构师资方面，2015—2020 年，塔吉克斯坦中等职业教育
机构教师数量基本呈现上升趋势。2019—2020 学年，塔吉克斯坦中等职业
教育在编教师总人数为 6 527 人，比上一学年增加 857 人，增长 15.11%，比
2015—2016 学年增加 2 300 人，增长 54.41%。兼职教师人数大体呈现下降趋
势，2019—2020 学年，塔吉克斯坦中等职业兼职教师总人数为 1 109 人，比
上一学年减少 365 人，下降 24.8%，比 2015—2016 学年减少 476 人，下降 30%
（见图 7.2）。

---

[1] 资料来源于塔吉克斯坦共和国总统统计署官网。

图 7.2 2015—2020 年塔吉克斯坦中等职业教育机构师资数量变化情况 [1]

在职业教育学生规模方面，1991—1992 学年，塔吉克斯坦初等职业教育机构在校学生人数 4.19 万人，招生人数 2.68 万人，毕业人数 2.6 万人。2019—2020 学年，初等职业教育机构在校学生人数 2.23 万人，招生人数 1.45 万人，毕业人数 1.17 万人。[2]

从统计数字上可以看出，塔吉克斯坦初等职业教育在办学规模、在校学生人数、招生人数和毕业人数方面都出现了严重的萎缩。主要原因在于初等职业教育机构缺乏足够的吸引力，主要体现在家长对初等职业教育的支持程度不高，学生对初等职业教育的接受程度不高，企业对初等职业教育的认可程度不高。然而，初等职业教育的萎缩并不意味着整个职业技术教育在教育系统中不再占有重要地位。恰恰相反，随着初等职业教育的萎缩，中等职业教育特别是高等职业教育迅速发展起来。也就是说，塔吉克斯坦职业技术教育的重心出现了上移态势。

如图 7.3 所示，2015—2020 年，塔吉克斯坦中等职业教育学生规模不断

---

[1] 资料来源于塔吉克斯坦共和国总统统计署官网。

[2] 资料来源于塔吉克斯坦共和国总统统计署官网。

扩大，保持逐年上升的态势。2019—2020 学年，中等教育机构学生共 9.04 万人，比上年增加 0.39 万人，增长 4.51%，比 2015 年增加 2.15 万人，增长 31.20%。其中，2015—2020 年招生人数波动上升，2015—2019 年毕业人数呈现逐年上升的趋势，2018—2019 学年和 2019—2020 学年的毕业人数持平。

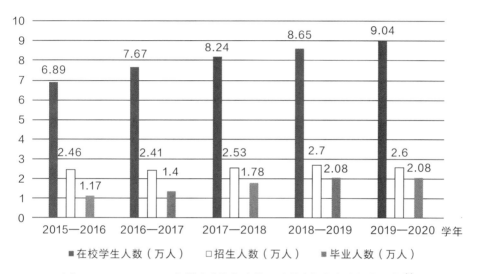

图 7.3 2015—2020 年塔吉克斯坦中等职业教育机构学生规模走势[1]

此外，2015—2020 年，塔吉克斯坦每 1 万人口中的中等职业教育机构在校生人数也呈逐年上升趋势，女性学生的人数和占比同样呈现上升趋势。2019—2020 学年，每 1 万人口中的中等职业教育机构在校生人数为 98 人，女性在校学生人数 5.88 万人，占在校学生总数的 65%。

职业教育是面向大众的教育，每个人都可以接受职业教育。从图 7.4 可以看出，塔吉克斯坦中等职业教育机构的学生年龄分布主要集中在 18—24 岁，这个年龄段的学生实践动手能力强，年龄小，可塑性强，这些人通过职业教育的培养可以逐渐成长为各个行业的技术型人才。

---

[1] 资料来源于塔吉克斯坦共和国总统统计署官网。

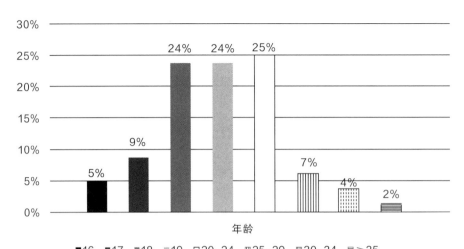

图7.4 2019—2020学年塔吉克斯坦中等职业教育机构学生年龄分布情况 [1]

第二节 职业教育的特点和经验

一、职业教育的特点

（一）职业教育层次不断上移

目前，塔吉克斯坦的职业教育包括初等、中等和高等三个层次，随着经济社会发展、科技进步、产业结构升级以及国民受教育程度不断提高，职业教育层次呈现不断上移的趋势。20世纪20年代出现初等和中等职业教育，30年代出现高等职业教育。塔吉克斯坦有计划地布局和发展高等职业

---

[1] 资料来源于塔吉克斯坦共和国总统统计署官网。

教育，逐渐形成了包含专科、本科、硕士和博士各个层次上下衔接、相对完整的高等职业教育体系。尤其是独立后，塔吉克斯坦高等职业教育飞速发展。1991—1992 学年，全塔高等职业教育机构共 13 所，在校学生人数6.93 万人。2019—2020 学年，高等职业教育机构增至 40 所，在校学生人数增加 2.3 倍，增至 22.96 万人。

随着高等职业教育快速发展，独立后，塔吉克斯坦初等职业教育出现萎缩趋势，中等职业教育呈现缓慢发展趋势。据相关数据显示，1991 年，初等和中等职业教育机构招生人数占职业教育机构总招生人数的 47.9%，2010 年，该指标下降了一半。[1]

职业教育层次上移是国际职业教育发展的一种普遍趋势，但是由于各国经济发展水平不同，职业教育各层次在职业教育体系中所占的比例也不尽相同。在今后相当长的一段时间内，塔吉克斯坦会把中等和高等职业教育作为职业教育的重点。

（二）职业教育发展不平衡、不充分

塔吉克斯坦职业教育发展显著的特点是教育发展不平衡、不充分，主要表现在职业教育机构区域发展和学科结构不平衡、不充分。

1. 职业教育机构区域发展不平衡、不充分

受经济社会发展制约和历史因素等影响，塔吉克斯坦各地的中等职业教育机构在数量、规模、办学条件、师资队伍、学生人数等方面存在巨大差异。从塔吉克斯坦的行政区划来看，2019—2020 学年，全塔共有 74 所中

---

[1] 资料来源于俄罗斯–塔吉克（斯拉夫）大学官网。

等职业教育机构，在校学生人数 90 442 人，其中戈尔诺-巴达赫尚自治州1 所，在校学生人数 290 人；哈特隆州 21 所，在校学生人数 26 247 人；索格特州 22 所，在校学生人数 21 903 人；杜尚别 14 所，在校学生人数 23 410人；中央直属区 16 所，在校学生人数 18 592 人（见表 7.1）。从在校学生人数上来看，各地区中等职业教育入学机会存在较大的差异。戈尔诺-巴达赫尚自治州学生的人数为 290 人，仅占总人数的 0.3%。

表 7.1 2019—2020 学年塔吉克斯坦中等职业教育机构区域分布情况 [1]

区域	中等职业教育机构数量（所）	在校学生人数（人）
戈尔诺-巴达赫尚自治州	1	290
哈特隆州	21	26 247
索格特州	22	21 903
杜尚别	14	23 410
中央直属区	16	18 592
塔吉克斯坦共和国	74	90 442

从中等职业教育机构的数量变化上看，2015—2020 年，全塔中等职业教育机构从 66 所增加至 74 所，其中戈尔诺-巴达赫尚自治州和中央直属区的中等职业教育机构近 5 年来数量保持不变，分别为 1 所和 16 所。哈特隆州从 15 所增至 21 所。索格特州和杜尚别的中等职业教育机构近 5 年来分别增加了 1 所（见图 7.5）。

---

[1] 资料来源于塔吉克斯坦共和国总统统计署官网。

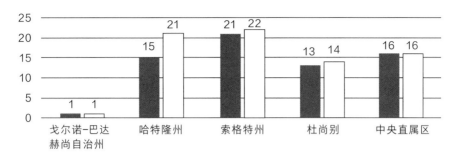

图7.5 2015—2016学年和2019—2020学年塔吉克斯坦中等职业教育机构区域发展情况（单位：所）[1]

从统计数字上可以看出，近5年来在塔吉克斯坦所有行政主体中哈特隆州的中等职业教育机构增加的情况最为明显。主要原因在于近年来国家对哈特隆州教育的重视和大力支持。2016年11月26日，塔吉克斯坦颁布了《2017—2021年哈特隆州教育机构国家发展规划》。该规划确定了2017—2021年国家在哈特隆州的教育政策发展方向、重点、任务和实施机制，包括完善哈特隆州的教育管理系统、改善教育的物质技术基础、保障教育公平等。

2．职业教育学科结构不平衡、不充分

职业教育学科结构指不同学科领域的职业教育构成状态。塔吉克斯坦职业教育机构中学科包含工学和建筑学、农学、经济学、卫生和体育学、教育学、文化和艺术学、社会安全保障。目前，塔吉克斯坦职业教育学科结构最大的特点是学科结构不平衡、不充分，主要表现在人文学科和社会学科在校学生占比高，卫生和体育学科以及教育学科两大学科的在校学生

---

[1] 资料来源于塔吉克斯坦共和国总统统计署官网。

人数占总人数的 79.7%，其他学科在校生占比仍然偏低，难以满足经济、社会迅速发展的需求。

2015—2016 学年，中等职业教育机构在校生共计 68 867 人，其中工业和建筑学科学生人数为 9 532 人，占总人数的 13.8%；农业学科学生人数 1 347 人，占总人数的 2%；经济学科学生人数 3 136 人，占总人数的 4.5%；卫生和体育学科学生人数 36 202 人，占总人数的 52.6%；教育学科学生人数 16 475 人，占总人数的 23.9%；文化和艺术学科学生人数 2 175 人，占总人数的 3.2%。[1]

2019—2020 学年，中等职业教育机构在校生共计 90 442 人，其中工业和建筑学科学生人数为 10 283 人，占总人数的 11.4%；农业学科学生人数 1 491 人，占总人数的 1.6%；经济学科学生人数 3 599 人，占总人数的 4%；卫生和体育学科学生人数 50 248 人，占总人数的 55.5%；教育学科学生人数 21 876 人，占总人数的 24.2%；文化和艺术学科学生人数 2 439 人，占总人数的 2.7%；安全和军事学科人数 506 人，占总人数的 0.6%。[2]

整体来看，2016—2020 年，虽然塔吉克斯坦中等职业教育学科结构一直处于不断调整和变革之中，但中等职业教育机构中各学科之间发展不平衡、不充分的现象比较明显。

中等职业教育区域发展和学科结构不平衡会直接制约各地方经济以及社会文化的发展和全塔教育生态的良性运行。在国家教育发展战略的指引下，亟待实施更为均衡合理的中等职业教育区域均衡发展战略。

---

[1] 资料来源于塔吉克斯坦共和国总统统计署官网。

[2] 资料来源于塔吉克斯坦共和国总统统计署官网。

二、职业教育的经验

（一）完善教育立法，提高法律执行力

从一定意义上说，世界职业技术教育的发展过程，就是职业技术教育不断法制化的过程。[1] 从塔吉克斯坦职业教育的历史和现状来看，塔吉克斯坦十分重视教育立法，制定法律法规使职业教育工作有法可依、有章可循，为本国的职业教育发展提供了政策性保障。

独立后，塔吉克斯坦政府不断完善法律调节机制，注重发挥政策的整体功效，陆续制定和颁布了一整套法律法规和多项部门纲要规划用于规范职业教育领域的教育教学活动。例如，《关于高等和中等职业学校学生的社会保障措施》（1992 年 1 月 22 日）、《关于调整塔吉克斯坦共和国高等和中等职业教育机构的结构的决议》（2001 年 7 月 1 日）、《关于批准塔吉克斯坦共和国 2006—2015 年初等职业教育体系改革国家行动计划的决议》（2006 年 6 月 3 日）、《关于批准中等职业教育专业目录的国家标准》（2010 年 8 月 2 日）、《塔吉克斯坦共和国 2012—2020 年初等和中等职业教育领域改革和发展国家规划》（2012 年 5 月 7 日）、《塔吉克斯坦共和国中等职业教育法》（2015 年 8 月 8 日首次通过，2017 年 8 月 28 日修订）、《塔吉克斯坦共和国关于中等职业教育的国家标准和中等职业教育方向和专业的国家分类》（2016 年 10 月 1 日）等。这些法律法规的颁布和实施不仅推动了塔吉克斯坦职业教育的发展，而且都注重结合自己面临的实际情况进行探讨，继而进行稳妥的修订。

[1] 杨汉清. 比较教育学 [M]. 3 版. 北京：人民教育出版社，2015：317.

（二）关注教育公平

近年来，塔吉克斯坦十分重视职业教育中的教育公平问题。近年来，塔吉克斯坦政府采取各种措施提高职业教育机构中女性学生的比例。从图7.6可以看出，塔吉克斯坦中等职业教育机构中女生的比例呈现逐年上涨的趋势，从2015—2016学年的60%增长至2019—2020学年的65%。

《塔吉克斯坦共和国至2030年前国家发展战略》指出，塔吉克斯坦教育领域的发展方向包括提高初等和中等职业教育的覆盖率，尤其需要加大对农村地区女性的教育覆盖率，进一步促进教育公平。[1]

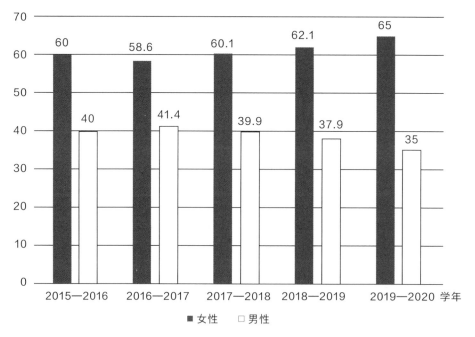

图7.6 2015—2020年塔吉克斯坦中等职业教育机构学生性别比例（单位：%）[2]

---

[1] 资料来源于塔吉克斯坦共和国教育与科学部官网。

[2] 资料来源于塔吉克斯坦共和国总统统计署官网。

第三节 职业教育的挑战和对策

一、职业教育的挑战

独立后，职业教育为塔吉克斯坦的经济社会建设培养了众多初等和中等技术人才，为全塔经济的发展做出了巨大贡献。然而，当前塔吉克斯坦职业教育发展还面临不少挑战和制约因素。

（一）职业教育基础设施薄弱

塔吉克斯坦职业教育发展的核心瓶颈是基础设施问题，主要表现在教学场所不足，教学设施陈旧。时任塔吉克斯坦共和国教育部部长阿卜杜贾博尔·拉赫莫诺夫在 2005 亚洲教育北京论坛上发言时指出："现在在我们的一些中学里还存在着学生上课三班倒的现象，特别是在城市中。为解决这个问题，未来必须建设不少于 741 所学校。"[1] 以哈特隆州为例，2016 年，由于缺少教室，在哈特隆州 666 249 名学生中，只有 21 136 名学生（3.2%）可以保障正常一班制的教学，601 010 名学生（90.2%）上课需要两班倒，44 103 名学生（6.6%）上课需要三班倒。[2]

（二）职业教育专业教师短缺

目前，塔吉克斯坦初等和中等职业教育机构专业教师短缺，教师专业

---

[1] 拉赫莫诺夫. 塔吉克斯坦——新世纪教育发展战略: 2005 亚洲教育北京论坛论文集 [C]. 北京: 2005 亚洲教育北京论坛组委会，2005: 59.

[2] 资料来源于塔吉克斯坦共和国教育与科学部官网。

素质有待提高。这不仅限制了学生接受职业教育的机会，也影响了职业教育质量的进一步提升。

（三）职业教育出现生源危机

当前塔吉克斯坦职业教育发展面临的一个重大的挑战是生源危机。初等和中等职业教育吸引力不足是职业教育发展的主要瓶颈，其主要原因在于以下三点。第一，随着社会经济的发展和科学技术的进步，一些低技术含量的职业与其他职业的收入差距不断拉大，社会上可提供的就业岗位少，就业后稳定性低。第二，近年来，塔吉克斯坦高等教育发展迅速，改革工作继续推进，录取工作不断规范，各类高等教育机构逐渐扩招。第三，职业教育体系灵活度较低。目前，塔吉克斯坦中等职业教育机构与高等教育机构之间、中等职业教育机构与普通教育机构、高等教育机构与市场和企业之间存在普遍的割裂现象。这导致了各级各类教育不能很好地衔接，培养的人才不能很好地适应劳动力市场的需求。

（四）校企合作、产教融合不够深入

近年来，职业教育领域出现的新趋势是由原来的"学校本位的职业教育"逐渐向"企业本位的职业教育"过渡。然而，目前塔吉克斯坦的企业对职业教育的参与度普遍不高，校企合作机制尚不完善，产教没有做到深度融合。一方面，部分职业教育机构的专业设置与当地企业发展对人才的需求之间契合度不高，教育机构难以找到对口的合作企业；另一方面，受当地社会经济和企业发展水平所限，没有足够的岗位和经费来支撑职业教育的发展。

二、职业教育的对策

根据塔吉克斯坦职业教育的人才培养目标、现状以及面临的挑战，政府从实践层面提出了一些建设性的对策及具体措施，努力探索一条具有可操作性的、适应塔吉克斯坦基本国情的职业人才培养之路。

（一）完善职业教育基础设施

近年来，塔吉克斯坦不断加强职业教育的基础设施建设，积极改善办学条件，推进规范化教育机构建设。2019—2020 学年，全塔中等职业教育机构共 74 所，比 2015—2016 学年增加 8 所，增长 12.12%。未来，塔吉克斯坦将进一步加强职业教育的基础设施建设，以满足不断增长的教育需求。《塔吉克斯坦共和国至 2030 年前国家发展战略》指出，近年来，塔吉克斯坦人口自然增长率快，据相关专家预测，需接受初等和中等教育的适龄青年人数将以每年平均 2.3% 的速度增长，到 2030 年将达到 258 万，至少有 30% 的普通教育机构毕业生（每年约 1 000 人）需要接受初等和中等职业教育，为此国家需要将初等和中等职业教育能力提高近一倍。[1]

（二）加强师资队伍建设

近年来，塔吉克斯坦政府采取各种措施加强职业教育师资队伍建设，工作取得了一定的成效，教师数量稳步提高，师生比进一步优化，教师培训体系初步形成，有力地保障了职业教育的改革与发展。

第一，教师数量稳步提高。2015—2020 年，塔吉克斯坦中等职业教育机

---

[1] 资料来源于塔吉克斯坦共和国教育与科学部官网。

构教师基本呈现上升趋势。2019—2020 学年，全塔中等职业在编教师总人数共 6 527 人，比上一学年增加 857 人，增长 15.11%。此外，职业教育机构还积极面向社会聘请专业技术人员兼职任教。第二，塔吉克斯坦中等职业教育机构的师生比进一步优化。综合中等职业教育教师规模和学生规模的数据来看，2015—2016 学年，中等职业教育机构的师生比为 1：16，2016—2017 学年为 1：15，2017—2018 学年为 1：15，2018—2019 学年为 1：15，2019—2020 学年为 1：14。[1] 第三，教师培训体系初步形成。从 20 世纪 20 年代起建立独立的师范学院，到独立后不断完善的初等、中等和高等师范院校的培训体系，塔吉克斯坦在师资培训方面进行了大量的探索实践，积累了师资培训的宝贵经验。

　　未来，为了适应职业教育扩大规模和提高质量的双重需要，一方面，国家需要完善教师队伍建设的政策和措施，建立促进专业教师队伍发展的长效保障机制；另一方面，将提高教师整体素质作为工作重点，推动师资培养体系建设，创新教师队伍建设机制。

（三）提高职业教育吸引力

　　近年来，塔吉克斯坦政府制定并实施一系列国家政策，改善职业教育发展现状。面对初等职业教育不断被边缘化的现状，塔吉克斯坦总统埃莫马利·拉赫蒙在 2011 年国情咨文中强调了初等职业教育对国家发展的重要性，他指出："初等职业教育也是教育领域的重要阶段之一，它为国民经济培养了合格的专家，为国家社会经济和文化生活的发展做出了重大贡献。"[2]

　　近年来，塔吉克斯坦政府不断规范职业教育招生工作，将中等职业教育招生纳入全国统一考试，考试由塔吉克斯坦共和国总统国家考试中心负

---

[1] 资料来源于塔吉克斯坦共和国总统统计署官网。

[2] 资料来源于塔吉克斯坦共和国总统网。

责。未来，政府需做好职业教育机构的招生工作，适度扩大职业教育招生规模，努力拓宽生源渠道，进一步提高职业教育的吸引力，着重提高家长对于职业教育的支持程度，提高学生对于职业教育的接受程度以及提高企业对于职业教育的认可程度。

（四）推动"校企合作、产教融合"

社会经济的发展决定着职业教育的发展模式。从工业经济时代到知识经济时代，中等职业教育模式更趋灵活，更富有弹性。在世界许多国家，职业技术教育已改变了对口进行狭隘的职业技术培训、为企业输送急需的技术工人或初级技术人员的设置初衷，职业技术教育观念发生了重大变化。[1]

因此，未来塔吉克斯坦职业教育机构仍需继续重视实践技能的训练，并以此为基础不断深化校企合作和产教融合，提高职业教育与产业发展的契合度，增强职业教育服务国家经济和社会发展的能力。特别是在教育国际化大背景下，塔吉克斯坦职业教育要致力于提高人才培养质量，构建一个科学合理、能够不断适应国内外市场变化的职业教育人才培养模式。当然，在推进职业教育改革的同时要充分考虑塔吉克斯坦社会经济发展的现状，探索出一条适合本国国情的职业教育发展之路。

---

[1] 王英杰. 试谈世界职业技术教育发展趋势及我国职业技术教育的困境与出路 [J]. 比较教育研究，2001（3）：51.

第八章 成人教育

成人教育作为一种教育形式，不同于普通全日制教学形式，教育目的不仅限于提高成年人的知识和能力，而是更侧重于提高技能和资格的强化。成人教育是塔吉克斯坦教育体系的重要组成部分，是构建终身教育和学习型社会的必要条件。

塔吉克斯坦的成人教育分为学历教育和非学历教育两种形式。学历教育的办学形式主要有夜校教育和函授教育，学历教育的实施主体主要有普通教育机构、中等职业教育机构和高等职业教育机构。接受成人学历教育的学生在学制规定的年限内完成相应学习计划，成绩合格，教育机构颁发相应层次的毕业证书。非学历教育大多数指大学后继续教育，主要以岗位培训、职业培训为主。

塔吉克的成人教育始于 20 世纪 20 年代。当时，为了满足社会对教师的需要，在杜尚别、加尔姆等城市开设了短期的教师培训班。20 世纪 20 年代，苏联政府在塔吉克开展大规模的扫盲运动。苏联卫国战争结束后，塔吉克高等教育机构开始开展夜校教育和函授教育，通过成人教育培养了大批人才。

独立后，塔吉克斯坦的成人教育不断得到发展和完善。2004 年，成立了塔吉克斯坦职业教育和培训支持基金。自 2006 年起，一些国际和国外组织开始在塔吉克斯坦实施成人教育资助项目。2006 年、2007 年和 2008 年分别颁布了塔吉克斯坦成人教育领域的三项法令，对塔吉克斯坦成人教育做出政策性规定。2017 年 2 月 24 日，塔吉克斯坦制定并颁布了《塔吉克斯坦共和国成人教育法》，为塔吉克斯坦成人教育体系的建立奠定了政策性基础。

第一节　成人教育的发展和现状

一、独立前的成人教育

塔吉克的成人教育可以追溯到 20 世纪 20 年代。当时，在杜尚别、加尔姆等城市开设短期的教师培训班，面向社会招收学员。20 世纪 20 年代，苏联政府在塔吉克开展大规模的扫盲运动，全国推行初级义务教育，塔吉克斯坦的现代成人教育由此发端。

第二次世界大战结束后至 20 世纪 60 年代为世界成人教育体系形成时期。第二次世界大战后，随着世界经济的恢复和发展，欧美工业化国家的成人教育取得了很大的发展，发展中国家的成人教育发展更加迅速，世界各国都十分重视成人教育，在教育机构、办学形式、教学内容、学科门类、科学研究等方面取得长足进步，在世界范围内形成了覆盖基础教育到高等教育、与普通学校教育相区别的独立的成人教育体系。[1] 这一时期，塔吉克的高等教育机构十分重视发展和完善夜校教育和函授教育。战后，许多塔吉克高等教育机构开始开展夜校教育和函授教育，学生数量迅速增加。仅在 1955 年，全塔就有 4 500 多人在师范和教师学院接受了夜校教育和函授教育。从 1959 年起，国家规定所有高等教育机构都要开展夜校教育和函授教育。

---

[1] 李进. 教师教育概论 [M]. 北京：北京大学出版社，2009：228.

20世纪70年代至塔吉克斯坦独立前，在终身教育理论的指导下，形成了国际成人教育迅猛发展的热潮，为塔吉克斯坦成人教育发展提供了经验借鉴和理论来源。

二、独立后的成人教育

独立后，塔吉克斯坦政府十分重视成人教育的发展，普通教育机构的夜校数量不断增加，中等职业教育机构和高等职业教育机构中接受函授教育的学生人数也不断增加。此外，政府十分重视加强成人教育法制化、制度化建设，加强与国外和国际组织在成人教育领域的国际合作。

2004年，塔吉克斯坦成立了职业教育和培训支持基金。2006年起，一些国际和国外组织开始在塔吉克斯坦实施成人教育项目，向塔吉克斯坦成人教育领域投资以支持其发展。2006—2007年，欧洲教育基金开始支持职业教育的发展，为培训提供基金支持，他们对塔吉克斯坦职业教育领域的劳动力市场方面的专家进行培训，教授如何根据塔吉克斯坦劳动力市场的现实需求制定成人教育计划，180多名塔吉克斯坦职业教育领域的专家参加了培训。

2006年，政府在戈尔诺-巴达赫尚自治州霍罗格市开设了继续职业教育学校。该校旨在促进该地区的经济、社会和文化发展，学校重点向山区的青年和成人提供高等职业教育。学校的培训专业方向包括企业管理、信息技术、应用语言、公共和社会部门管理、职业教育、大学的预科和学术课程。2006年10月至2007年3月，该校为约1 000名学员提供了培训。

根据塔吉克斯坦政府2006年12月28日第600号决议，塔吉克斯坦共和国劳动和居民社会保障部[1]是负责管理塔吉克斯坦成人教育的国家机

---

[1] 根据《塔吉克斯坦共和国关于完善国家权利执行机构体系的总统令》，2013年11月19日，塔吉克斯坦共和国劳动和居民社会保障部改组为塔吉克斯坦共和国劳动、移民和就业部。

构。2007 年 6 月 30 日，塔吉克斯坦颁布决议，分出初等职业教育的部分硬软件设施以建立国家成人教育中心，并组建成人教育中心网络。2008 年 3 月 5 日，塔吉克斯坦颁布决议，成立全国成人教育中心，并在全国四个地区设立分支机构。这三项法令对塔吉克斯坦成人教育的发展起到了至关重要的作用。

成人教育中心自成立以来为塔吉克斯坦成人教育的发展做出了重大贡献。成人教育中心的宗旨是：扩大成人受教育的机会，为社会经济和文化进步做出贡献；提高劳动者素质，以适应社会经济变化；提高劳动力资源的国际竞争力；减少贫困。成人教育中心的任务有：为非政府组织开展成人教育提供支持，建立成人教育认证机制，为成人教育机构提供物质和技术支持，扩大塔吉克斯坦成人教育机构网络，为塔吉克斯坦成人教育吸引国内外资金，推广成人教育领域的成功经验。

2017 年 2 月 24 日，塔吉克斯坦颁布了《塔吉克斯坦共和国成人教育法》。该法律由 8 章 33 条组成，规定了塔吉克斯坦成人教育的体系、管理、教学过程的组织、成人教育机构的资金活动和物质技术基础。该法律明确规定了塔吉克斯坦成人教育的术语、法律基础、目标、任务、国家政策的基本原则、成人接受教育的权利、成人教育体系、成人教育的国家标准等。终身学习被确定为成人教育的主要原则。

目前，塔吉克斯坦成人教育的体系由以下七部分组成：国家教育标准、职业教育方向和专业分类、成人教育机构、教学大纲、教育的形式和规范、成人教育领域的教育主体、成人教育管理机关。塔吉克斯坦实施成人教育的机构有政府组织、非政府组织和国际或国外组织。成人教育面向全体社会成员，主要覆盖范围包括专业领域的工作人员、失业人员、自营职业人员、病退人员、归国劳务人员、有意愿更换工作的人员等。成人教育的实施主体有中等普通教育机构和教学中心，初等、中等和高等职业教育机构，大学后职业教育机构，继续教育机构和其他实施成人教育的机构。

塔吉克斯坦的成人教育分为学历教育和非学历教育两种形式。学历教育的办学形式主要是夜校教育和函授教育。非学历教育大多数指大学后继续教育，主要以岗位培训、职业培训为主。

2015—2020 年，塔吉克斯坦普通教育机构夜校的数量和学生人数在波动中基本保持稳定。截至 2019—2020 学年，塔吉克斯坦的普通教育机构夜校共 8 所，夜校就读人数 0.13 万人（见表 8.1）。

表 8.1 2015—2020 年塔吉克斯坦普通教育机构（夜校）情况 [1]

学年	2015—2016	2016—2017	2017—2018	2018—2019	2019—2020
夜校数量（所）	9	9	9	8	8
学生人数（万人）	0.14	0.10	0.14	0.09	0.13

塔吉克斯坦几乎所有中等职业教育机构和高等教育机构均开设了函授教育。2015—2020 年，中等职业教育机构中接受函授教育的人数也基本保持稳定。截至 2019—2020 学年，中等职业教育机构函授教育人数 1.6 万人，其中女性学生 0.23 万人，毕业人数 0.48 万人（见表 8.2）。

表 8.2 2015—2020 年塔吉克斯坦中等职业教育机构函授教育情况 [2]

学年	2015—2016	2016—2017	2017—2018	2018—2019	2019—2020
函授学生人数（万人）	1.43	1.65	1.71	1.59	1.60
女生人数（万人）	0.46	0.38	0.28	0.19	0.23

[1] 资料来源于塔吉克斯坦共和国总统统计署官网。
[2] 资料来源于塔吉克斯坦共和国总统统计署官网。

学年	2015—2016	2016—2017	2017—2018	2018—2019	2019—2020
毕业人数（万人）	0.28	0.23	0.34	0.46	0.48

2015—2020 年，高等教育机构中接受函授教育人数呈现逐年上升的趋势。截至 2019—2020 学年，高等教育机构中接受函授教育的人数为 7.79 万人，比上一学年增加 1.28 万人，增长 19.66%，比 2015—2016 学年增加 2.19 万人，增长 39.11%。其中，女生人数 1.7 万人，比上一学年增加 0.64 万人，增长 60.38%，比 2015—2016 学年增加 0.97 万人，增长 132.88%；其中男生人数 6.09 万人，比上一学年增加 0.64 万人，增长 11.74%，比 2015—2016 学年增加 1.22 万人，增长 25.05%（见表 8.3）。综合上述数据可以看出，近年来，女生的增长速度明显快于男生。塔吉克斯坦在成人教育方面注重向女生倾斜，这有助于促进教育公平的实现。

表 8.3 2015—2020 年塔吉克斯坦高等教育机构函授教育情况 [1]

学年	2015—2016	2016—2017	2017—2018	2018—2019	2019—2020
函授学生人数（万人）	5.60	5.95	6.20	6.51	7.79
女生人数（万人）	0.73	0.67	0.87	1.06	1.70
男生人数（万人）	4.87	5.28	5.33	5.45	6.09
毕业人数（万人）	0.92	1.06	1.25	1.73	1.46

[1] 资料来源于塔吉克斯坦共和国总统统计署官网。

非学历教育的岗位培训和职业培训面向全体社会成员，包括失业人员、国家机构工作人员等。失业人员的职业教育和再培训由国家就业服务机构负责。据统计，2007 年，全塔失业人员的培训人数为 8 152 人，总投入 152.43 万索莫尼。国家机构工作人员的培训由国家机构专门部门负责，培训课程根据国家机构的相关要求制定。2007 年，国家机构工作人员培训人数 15 893 人，总投入 310.68 万索莫尼。此外，为了提升政府工作人员的专业水平，促进其职业发展，2002 年 10 月 9 日，成立了政府工作人员职业发展学院。2007 年，职业发展学院培训学生 1 431 人，总投入 48.4 万索莫尼。

目前，塔吉克斯坦不断推进成人教育领域的国际合作，国家不断为成人教育领域的国际合作创造有利条件。塔吉克斯坦成人教育领域的国际合作伙伴网正在扩大，合作伙伴有德国技术合作公司、欧洲教育基金、国际劳工组织、国际移民组织等。

提高劳动力资源的专业素质是塔吉克斯坦减贫战略和塔吉克斯坦国家发展战略的优先发展方向之一。在经济全球化、产业结构不断调整、市场竞争日趋激烈的背景下，塔吉克斯坦成人教育领域未来发展方向是扩大成人教育网络，完善成人教育基础设施，培训成人教育师资团队，建立成人教育国家数据库，建立成人教育资格认证中心，加强成人教育的国际合作。这些措施将有助于解决塔吉克斯坦劳动力过剩问题，降低失业率，提高劳动者在国内外劳动力市场上的竞争力。

第二节 成人教育的特点和经验

一、成人教育的特点

（一）多学科和多规格

塔吉克斯坦中等职业和高等职业教育机构和研究所开设的学科门类中，大部分的学科门类都开设了成人学历教育，主要有工学、农学、经济学、卫生和体育学、教育学、文化和艺术学、安全和军事学科。

以高等职业教育机构中接受函授教育学生的学科门类为例，2019—2020学年，高等职业教育机构中接受函授教育学生共计7.79万人，其中工业学科学生人数占总人数的6.8%，农业学科学生人数2.9%，经济学科学生人数占总人数的24.9%，卫生和体育学科学生人数占总人数的1.8%，教育学科学生人数占总人数的59.3%，文化和艺术学科学生人数占总人数的2.3%，安全和军事学科人数占总人数的2%。[1]

非学历成人教育实施主体举办的各个学科类型的短期培训班、研讨班都是根据市场发展形势的需求而设立的，因而更体现了多学科的特点。根据社会的需要，一些短期培训班和研讨班还经常跨越学科联合组织教学。

学历成人教育的学历层次因学科门类的培养目标和教学计划不同而不完全一致。非学历教育学制长短不一，办学形式也有所差异。时间长的有1—2年，短的只有1周。有些短期培训班把学员请到教育实施主体来开展教学活动，有些则是教师到学员所在地去授课办学，有些则是通过远程教育的形式办学。成人教育这种灵活多样的办学形式大大增加了塔吉克斯坦成人教育对社会需求的适应性。

---

[1] 资料来源于塔吉克斯坦共和国总统统计署官网。

（二）成人教育的发展与经济社会的发展紧密相连

长期以来，经济社会发展是成人教育发展的根本动力。塔吉克斯坦成人教育发展最主要的内生动力是解决劳动力过剩问题、提高就业率、减少贫困。塔吉克斯坦传统上就是一个劳动力过剩的国家。塔吉克斯坦出生率高，人口自然增长快。1960—1980 年是塔吉克人口增长最快的时期，人口翻了一番。20 世纪 70 年代至独立前，塔吉克是人口增长最快的苏联加盟共和国。

独立后，塔吉克斯坦人口自然增长速度在独联体国家中居首位。此外，独立后，塔吉克斯坦向市场经济过渡，劳动力市场也随之发生结构性转变。独立初期的内战使得许多企业倒闭、工人失业，失业率的提高也加剧了劳动力过剩的情况。在一些人口密集地区，特别是农村和中小城市所能提供的就业岗位有限，劳动力使用部门的增长速度远落后于劳动力资源的增长速度，造成就业率低下，劳动力严重过剩。[1] 从表 8.4 可以看出，2013—2017 年，塔吉克斯坦的人口增长了 9.46%，劳动力资源增长了 9.61%，而就业人数仅增长了 4.33%。

表 8.4 2013—2017 年塔吉克斯坦劳动力资源 [2]

年份	2013	2014	2015	2016	2017
人口总数（万人）	798.74	816.11	835.2	855.12	874.28
劳动力资源总数（万人）	485.9	498.3	511.1	522.4	532.6

[1] 张真真. 塔吉克斯坦 [R] // 中亚国家发展报告（2020）. 孙力，主编. 北京：社会科学文献出版社，2020：286.

[2] 资料来源于塔吉克斯坦共和国总统统计署官网。

年份	2013	2014	2015	2016	2017
就业人口（万人）	230.7	232.5	238	238.5	240.7

1992 年，塔吉克斯坦失业人数共 8 000 人，失业率为 0.4%。到 1998 年失业人数快速增加，失业率也不断上升。从 1999 年起，这一指标开始下降。进入 21 世纪以后，个别年份除外，大部分年份的失业人数和失业率保持稳定，略有下降的趋势（见表 8.5）。2017 年，塔吉克斯坦官方确认的失业人数为 5.3 万，失业率为 2.2%。

表 8.5 1992—2017 年塔吉克斯坦失业人数和失业率 [1]

年份	1992	1998	2000	2013	2014	2015	2016	2017
官方确认的失业人数（万人）	0.8	5.9	4.9	5.5	5.6	5.7	5.4	5.3
失业率（%）	0.4	5.2	2.7	2.3	2.4	2.3	2.3	2.2

需要指出的是，从官方统计数据上看，塔吉克斯坦的失业率并不高，但这里所说的失业人数是到政府官方部门登记注册的人数，还有不少失业者出于一些原因在失业后没有到官方机构登记注册，因此，实际失业人数会大于官方统计数字。

据塔吉克斯坦共和国总统统计署的数据显示，"截至 2019 年 12 月，塔吉克斯坦劳动力（已就业和正式登记失业）人数为 238.12 万人。截至 2019 年 12 月，塔吉克斯坦正式登记的失业人数为 4.9 万人，与 2018 年 12 月相比增加了 3%。在登记的失业人数中，妇女占 44.7%（2.19 万人）。官方登记

---

[1] 资料来源于塔吉克斯坦共和国总统统计署官网。

的失业人数占劳动力人数的 2.1%"。[1]

然而，在正式登记的失业人员中，很大一部分是没有受过专业培训或由于长期待业而失去专业技能的人，这些人占登记失业人数的 86.9%（4.34 万人）。此外，约有 64.9%（3.18 万人）的登记失业者仅具有基础普通和中等（完全）普通教育程度，即初中和高中学历。这些因素使失业者难以找到工作。目前，塔吉克斯坦每年会有 1.8 万至 2 万个职位空缺，主要是因为没有与这些职位匹配的专业技术人才。此外，当代的劳动力市场和生产技术的不断发展要求工作人员需要具备相应水平的专业资格，因此定期进行培训成为劳动力的必然选择。

提高劳动力资源的专业素质，使其适应劳动力市场的需求，从而提高就业率是减少贫困的主要因素之一。《塔吉克斯坦共和国 2007—2009 年减贫战略》和《塔吉克斯坦共和国至 2015 年前国家发展战略》都指出，开发劳动力资源和完善成人教育体系是塔吉克斯坦的优先发展事项之一。这为推动塔吉克斯坦成人教育的发展提出了目标和任务。

（三）成人教育注重向女性劳动力倾斜

塔吉克斯坦成人教育的特点是重点向女性劳动力倾斜。塔吉克斯坦女性的经济参与度、女性的月平均工资要低于男性。

在苏联和塔吉克斯坦独立初期，女性人数占总人口数的一半以上，然而许多部门女性职工很少达到 50%。2003—2013 年，塔吉克斯坦女性的经济参与度要低于男性。此外，女性的失业率要高于男性。在失业人口统计中，很多地区和部门女性的比重都超过了 50%，有的甚至达到 80%。

从就业部门来看，女性从业者主要工作在农业、教育和卫生三个部门。

---

[1] 资料来源于塔吉克斯坦共和国总统统计署官网。

根据 2017 年劳动力市场调查，2017 年，在这些部门就业的女性占女性从业者总数的 83.82%，其中农业部门占 41.15%，教育部门占 27.27%，卫生部门占 15.4%。只有两个部门的女性就业率高于男性：卫生部门和教育部门。然而，农业、教育和卫生是塔吉克斯坦收入最低的部门。在高薪经济部门，女性从业者的比例非常低。塔吉克斯坦各级管理人员中男性是女性人数的 4 倍，高级专业人员中男性从业者数量是女性的 1.5 倍，高级工业技术人员中男性是女性的 6.7 倍。中等专业人员中女性从业者占多数，比男性多 10.2%。

基于上述情况，为了促进塔吉克斯坦劳动力市场上的性别平衡，目前塔吉克斯坦的成人教育特别重视失业公民，尤其是女性劳动力的需求。《塔吉克斯坦共和国至 2030 年前国家发展战略》指出，塔吉克斯坦女性工资与男性工资的比例 2020 年前提高至 0.65：1，2025 年前提高至 0.7：1，2030 年前提高至 0.75：1。[1]

2007 年初，在欧盟委员会塔西斯计划（TACIS）的框架下，荷兰红十字会与塔吉克斯坦红新月会进行合作，在塔吉克斯坦 5 个地区开展面向妇女的培训工作，旨在对妇女进行培训，使其获得新的专业技能从而带来就业机会。项目进行的培训课程有裁剪和缝纫基础、烹饪和合理膳食基础以及计算机基础。培训课程是根据塔吉克斯坦共和国劳动和居民社会保障部的要求制定的。2006 年 11 月至 2007 年 12 月，参加培训的女性总数为 3 069 人，其中参与裁剪和缝纫基础课程的有 1 294 人，参与计算机基础课程的有 299 人，参与烹饪和合理膳食基础课程的有 1 476 人。

2011 年，塔吉克斯坦教育科学院开展了"针对未接受普通教育机构教育女性的创业和劳动技能培训"项目。在该项目框架内，塔吉克斯坦教育科学院在杜尚别为 15 名 14—18 岁的普通教育机构肄业女性提供了成人教育课程。课程内容涵盖创业和劳动技能两方面。创业课程主题包括诸如"如

---

[1] 资料来源于塔吉克斯坦共和国教育与科学部官网。

何成为企业家""创业类型""市场研究""供求关系""缝纫和编织技能"
等，这些主题通过各种实践练习以通俗易懂的语言呈现给学生。除了创业
课程，她们还可以学习到一些必要的工作技能，如缝纫和烹饪。同时，为
了加强扫盲和通识教育，项目还设置了母语课和数学课。塔吉克斯坦教育
科学院编纂了塔吉克语和数学成人教学材料。该项目的总体目标是加强女
性的经济参与度以及鼓励女性积极参与社会生活。

2017 年 11 月 22 日，在塔吉克斯坦哈特隆州扎米区开设妇女缝纫中心。
2018 年 5 月 16 日，在哈特隆州古绍尼约恩区开设妇女缝纫培训中心，中心
旨在提高妇女技能、促进妇女就业。目前塔吉克斯坦多个州市已经成立了
妇女缝纫培训中心。

此外，为了使更多女性愿意接受成人教育，从而实现从再教育到工作
的成功过渡，引导她们正确认知劳动力市场和正确选择职业是关键性因素。
目前，塔吉克斯坦居民职业指导中心为失业者提供职业选择方面的指导。
中心的主要任务是进行就业服务登记，向失业者提供职业指导。中心每年
向大约 3 万名失业者提供职业指导服务。2020 年 12 月，塔吉克斯坦共和国
劳动、移民和就业部开设了专门的招聘网站，用塔吉克语和俄语为求职者
提供权威的招聘信息。

未来，国家应继续出台政策加大投入，在女性学习成长、就业保障等
方面创造良好的条件，建立女性职业发展成人教育基地，使女性劳动力更
广泛地参与成人教育。

二、成人教育的经验

（一）注重加强成人教育的法制化、制度化建设

塔吉克斯坦在发展成人教育的过程中，十分注重成人教育的法制化建设，不仅进行了成人教育立法，还设立了一系列成人教育配套法规。2017年2月24日，塔吉克斯坦颁布了《塔吉克斯坦共和国成人教育法》。《塔吉克斯坦共和国成人教育法》的颁布标志着塔吉克斯坦成人教育体系有了政策性基础，成人教育的法制化、制度化建设为该领域的发展提供了重要保障。

（二）注重发挥社会组织的作用

塔吉克斯坦在成人教育的形成和发展过程中积累了丰富的经验，在这一过程中社会组织发挥了非常重要的作用，其中做出较大贡献的是塔吉克斯坦成人教育协会。协会自成立以来，积极推动塔吉克斯坦成人教育的发展，在成人教育领域开展一系列的活动，努力探索适合女性特点的各种成人教育和技能培训，有力地促进了《塔吉克斯坦共和国成人教育法》的制定和实施。

塔吉克斯坦成人教育协会成立于 2007 年，在塔吉克斯坦共和国司法部注册。协会的宗旨是为塔吉克斯坦的成人创造学习和技能提升的条件，同时考虑到劳动力市场的需求，通过职业和其他类型的教育方式来提高成人的文化和教育水平，在塔吉克斯坦促进形成一种完善有效的成人教育模式。该协会是塔吉克斯坦一个公共的非营利组织，具有社会、慈善、教育和文化性质。协会在全塔范围内开展活动，领导机构是协会成员大会和协会理事会，执行机构是执行理事会。协会的最高理事机构是协会会员大会，有

权审议与协会活动有关的所有事务。

协会任务包括通过建立成人教育系统，增加就业，减少贫困；在成人教育领域促进政府机构、雇主和公共组织的合作；协助制定和推动成人教育的相关法律法规；提高成人的教育、文化和专业水平，促进其运用现代教育方法实现教育和自我教育；发展塔吉克斯坦的成人教育组织和机构与其他国家的伙伴关系；借鉴其他国家在成人教育中的成功经验；加强成人教育理念宣传，实现信息共享；制定和实施现代教育计划、咨询服务和信息技术系统，以提高成人教育教师的专业水平，对成人教育领域工作人员进行再培训。

协会从成立起便在塔吉克斯坦成人教育领域举行了一系列活动，分别于 2011 年、2013 年和 2016 年在塔吉克斯坦举行了全国成人教育科学和实践研讨会。会议期间，参会人员听取了成人教育组织和工作人员的报告，讨论了成人教育领域需要解决的问题。2016 年 12 月举行的第三次科学和实践研讨会的主题为"发展塔吉克斯坦成人教育以实现 2030 年可持续发展目标"，这次会议引起了教育界和社会各界的广泛关注。会议讨论了在塔吉克斯坦实现"2030 年可持续发展目标"背景下成人教育的发展问题。

协会每季度在杜尚别和其他州首府举行一次成人教育晚会，目的是在全国范围内宣传成人教育理念。参加晚会的有协会成员单位、政府机构和社会组织代表，晚会上讨论成人教育领域的重要问题及其在塔吉克斯坦的发展前景。

协会组织出版了《塔吉克斯坦成人教育》杂志。杂志刊登一些成人教育的文章以及学者、政府机构工作人员、社会组织和教育中心负责人的采访。2011 年 1 月起，塔吉克斯坦成人教育协会官网开始运营。协会成员积极地参加成人教育领域的国际论坛。目前，该协会共有 11 家成员单位。

第三节 成人教育的挑战和对策

一、成人教育的挑战

（一）成人教育基础设施薄弱

目前，塔吉克斯坦成人教育面临着物质技术基础薄弱、教材和教学资源短缺等挑战。物质技术基础是指实施成人教育过程中所需要的物质和技术保障，包括教学设备、工具、模型等。塔吉克斯坦成人教育的物质技术基础比较薄弱，国家在这方面的投入还比较有限。

此外，塔吉克斯坦成人教育的教学计划还有待完善。教学计划是成人教育系统的关键组成部分之一，它直接影响成人教育的质量，关系到毕业生的专业技能以及他们在劳动力市场上的就业情况。近年来，塔吉克斯坦的劳动力市场发生了质的变化，私营部门逐渐增多，用人单位对劳动力的专业素质的要求不断提高。但是，当前的教育内容在过去的 20 年中几乎没有变化，并不能很好地适应市场的发展。目前成人教育领域使用的教学材料大都是在 20 世纪 80 年代初开发的。从教学和技术的角度看，它们都不符合现代发展要求。

（二）劳务移民的成人教育机制有待健全

塔吉克斯坦的劳务移民问题给成人教育带来了较大的挑战。一方面，塔吉克斯坦劳务移民出国前没有接受足够的成人教育，导致某些国家用人单位对他们的专业技能及水平表示不信任；另一方面，塔吉克斯坦劳务移民回国后，国内缺少成人教育专业资格认证机制，这成为限制归国劳务移民就业的重要因素。

劳务移民是塔吉克斯坦劳动力市场上一个很明显的现象。塔吉克斯坦是一个传统上劳动力资源过剩的国家，因此，很多塔吉克斯坦劳动力纷纷到国外寻找工作。独立初期，塔吉克斯坦有大量的劳动力到俄罗斯、哈萨克斯坦等国工作。从国外汇回国内的务工收入在最高年份曾达到 30 亿美元，占塔吉克斯坦国民生产总值的 54%。这些劳务移民绝大多数都是年轻力壮的男性劳动力。据塔吉克斯坦共和国总统统计署的统计数据显示，2017 年，塔吉克斯坦到国外务工的劳务移民有 48.77 万人，其中男性劳动力 41.97 万人，女性劳动力 6.8 万人。[1] 目前，塔吉克斯坦的财政收入仍然有很大一部分依赖侨汇。2019 年，由俄罗斯到独联体国家的侨汇达到 128.9 亿美元，塔吉克斯坦侨汇收入为 25.76 亿美元。[2]

然而，劳务移民的专业水平普遍不高、缺少成人教育和工作经验，给劳务移民在他国就业造成了阻碍。塔吉克斯坦沙克研究中心（Shark）2006 年进行的一项研究结果显示，塔吉克斯坦 27.5% 的劳务移民在离开祖国之前没有过工作经历，62.8% 的劳动力移民从事专业不对口的职业，也就是说，90% 以上的劳务移民需要接受专业教育。

2008 年国际金融危机之后，从国外汇回国内的务工收入也随之减少。最近几年，有不少务工人员返回塔吉克斯坦开始就业或者创业。这些国外回来的务工人员大多都是年轻力壮的劳动力，他们在国外就业的过程中学习了先进的知识，获得了较高水平的专业技能，他们回到祖国工作无疑会对国家的发展起到促进作用。然而，目前塔吉克斯坦对从国外回来务工人员的专业技能认证机制尚未建立。归国的劳务移民在国外工作过程中获得的相关专业技能没有证明文件或证书，这导致他们回国后无法正式就业。

---

[1] 资料来源于塔吉克斯坦共和国总统统计署官网。

[2] 资料来源于俄罗斯银行官网。

（三）成人教育和社会经济发展匹配度不高

塔吉克斯坦成人教育的主要任务有：扩大和满足成人教育的需求，保障教育服务质量，满足成人获得职业、技能、提高专业素质、更换职业、获得劳动所需的专业技能等。这就要求塔吉克斯坦成人教育的培养目标要适应本国的社会经济发展需求。

塔吉克斯坦有近 2/3 的劳动力从事着农业领域的工作。然而，许多农业领域从业人员的专业水平不高，农业生产技术和商业技能均有待提高。现代农业技术的进步和劳动力市场的发展要求农业从业人员具备相应水平的专业资格，区别于以往的传统农业，现代农业是高科技的农业。因此，成人教育有必要针对一些农业技术企业、农业部门的中小型企业特别是植棉业、马铃薯种植和蜂蜜生产方面的企业。在国民经济其他部门，如水电站建设、铝制造企业、石油提炼、宝石加工、纺织企业等都需要培养具有先进技术的人才，这些部门同样需要成人教育的覆盖。

二、成人教育的对策

鉴于塔吉克斯坦成人教育领域的现状和面临的挑战，未来促进成人教育发展的对策主要有以下三个方面。

（一）完善成人教育基础设施

从中长期发展来看，国家需要加大对成人教育领域的投入，不断吸引外资在塔吉克斯坦实施成人教育计划；对成人教育机构、教学设施设备进行全面统计，并对基础设施进行完善和升级；制定并建设成人教育基地；

建立成人教育技术中心。

制定科学的成人教育教学计划，使其最大限度地反映劳动力市场的需求。有必要制定新版的教科书、学习指南以及其他教学材料，制定专门针对成人教育的图书出版计划，并给予资金上的支持。总之，成人教育的内容和教学过程组织需要提高灵活性，考虑塔吉克斯坦的社会经济发展状况，最大限度地符合劳动力市场的需求。

未来，塔吉克斯坦成人教育在师资基础方面的主要任务有：根据目前的市场需求为成人教育系统创建新一代的师资队伍，培训合格的师资；对成人教育教师的资格进行认真审查，引进新形式的资格认证机制；创建和开发成人教师培训系统，为成人教育的工作人员进行专业再培训，包括培训教学和管理人员，为特殊学科的培训人员组织额外的教学教育；更新教学人员，吸引新的专家从事教学事业；掌握新的教育技术；制定和执行成人教育专项计划等。

（二）制定和实施针对劳务移民的成人教育计划，推进劳务移民的资格认证工作

塔吉克斯坦需要加强对劳务移民的培训，提高其专业技能，提高劳动力的国际竞争力。需要推进劳务移民的资格认证工作，制定和实施针对劳务移民在专业、法律和文化三个方面的成人教育计划，开展针对失业公民尤其是劳务移民的商业教育，为劳务移民回国后的就业提供保障。

（三）保持成人教育和社会经济发展的匹配度

未来，塔吉克斯坦成人教育还要针对重点的农业企业开展成人教育，建立农业专业教育的教育基地，为塔吉克斯坦培养适合本国社会经济发展

的高水平人才。此外，国家还应创新成人教育内容，打破传统角色定型，培养适应高技术和数字经济发展的创新型人才，特别注意根据劳动者的需求，加强职业技能培训，提升劳动者的就业率和市场适应能力，不断提高就业层次。

第九章 教师教育

　　"教师教育"的提出是在终身教育思想指导下，拓展一条从教师的培养、任用、进修各个阶段有连贯性地提高教师的专业水平和资质能力之道，即从终身学习理念出发，按照教师专业发展的不同阶段，有机地统合教师的职前培养教育和在职培训进修，使两者能在"教师教育"之概念上得以融合与升华。[1]

　　塔吉克教师教育的历史可以追溯到 20 世纪 20 年代。20 世纪 20 年代至苏联卫国战争前是塔吉克教师教育的起步和形成阶段，这一时期，塔吉克的教师教育主要包括职前培训和在职培训。职前培训的主要方式包括开办教师短期培训班和开设师范类教育机构。在职培训的主要方式有中等师范学校、师范专科学校、师范学院开设函授部对在职教师开展函授教育和开办教师进修学院。苏联卫国战争前，塔吉克已基本形成三级教师教育体系，其中师范学校主要负责培养小学教师，师范专科学校主要负责培养初中教师，师范学院负责培养高中教师。苏联卫国战争期间是塔吉克教师教育的特殊阶段。这一时期，为了解决战时教师短缺的问题，塔吉克缩短了师范教育学制并开始对所有九年级和十年级进行师范教育培训，学制两年。苏联卫国战争后至独立前是塔吉克教师教育的发展和完善阶段。这一时期，

---

[1] 李进. 教师教育概论 [M]. 北京：北京大学出版社，2009：3.

塔吉克通过了一系列法律法规，师范教育体系得到了进一步完善。

　　独立后，塔吉克斯坦的教师教育在经历了由内战导致的政治、经济形势动荡和内战后政府重新启动教育改革等一系列的复杂过程后，发生了比较大的变化。1993 年 12 月 27 日，通过了《塔吉克斯坦共和国教育法》，随后又出台了一系列政策，使塔吉克斯坦的教师教育又回归制度化轨道。近年来，塔吉克斯坦共和国教育与科学部不断加大教育投入，提高了教师工资，改善了教师的生活待遇。目前看来，塔吉克斯坦各教育机构的教师数量逐年有所上升，教师的专业知识结构不断提高，教师的国际化培养较之独立初期有了较为明显的发展。

第一节　教师教育的发展和现状

一、独立前的教师教育

　　独立前，塔吉克教师教育体系形成和发展大体可以分为三个阶段：第一阶段为 20 世纪 20 年代至苏联卫国战争前（20 世纪 20 年代至 1940 年），第二阶段为苏联卫国战争期间（1941—1945 年），第三阶段为苏联卫国战争后至独立前（1946—1991 年）。

（一）20 世纪 20 年代至苏联卫国战争前的教师教育（20 世纪 20 年代至 1940 年）

　　塔吉克教师教育的历史可以追溯到 20 世纪 20 年代，在此之前，塔吉克并没有专门的中等和高等教育机构培养教师。20 世纪 20 年代，在杜尚别、库利亚布等城市举办了教师短期培训班，培训班一般为期 2 个月，它们在塔吉克教师教育的形成和发展中发挥了重要作用。

1921 年，在塔什干开设中等师范学校，开展专业教师教育，这对中亚教师教育的发展起到了一定的作用。1921 年，在杜尚别举行了教育代表大会，并组织了教师短期培训班，有 1 141 名学员参加。1921 年，在杜尚别组织了为期 3 个月的教师短期培训班。

1924 年 12 月，塔吉克教育学院在塔什干成立，最初隶属于乌兹别克苏维埃社会主义共和国教育人民委员部。1927 年 4 月 14 日，乌兹别克苏维埃社会主义共和国教育人民委员部将塔吉克教育学院的管辖权移交给塔吉克苏维埃社会主义自治共和国教育人民委员部。塔吉克教育学院是一所教育机构，实际上履行了中等师范学校的职能，旨在培养一至三年级的小学教师，学制四年。塔吉克教育学院是 20 世纪 20 年代第一所以塔吉克语为教学语言的师范教育机构。

1925 年 9 月 30 日，塔吉克苏维埃社会主义共和国教育人民委员部在政府扩大会议上发表《关于改善国民教育事业和教师培养的措施》的报告。报告指出，塔吉克未来教师教育工作应主要围绕两种方式开展：①继续开办教师短期培训班；②建立塔吉克中等师范学校。

其一，塔吉克教育主管部门继续在全塔开办教师短期培训班。1925 年，在杜尚别举办了有 50 人参加的教师短期培训班，在加尔姆举办了有 30 人教师短期培训班。20 世纪 20—30 年代，在全塔所有地区均开设了教师短期培训班。

其二，中等师范学校（后改为师范学校）在教师教育中发挥了重要作用，中等师范学校主要负责培养小学教师，属于中等教育程度。

1926 年 9 月 4 日，在杜尚别成立了杜尚别师范学校，学制四年，这是塔吉克的第一所师范学校。学校免费向学生提供宿舍、生活用品和学习用品。20 世纪 30 年代，学校还邀请了来自俄罗斯的经验丰富的教师进行授课。

中等师范学校的教学大纲和教育指导工作由塔吉克苏维埃社会主义共

和国教育人民委员部负责，塔吉克教育人民委员部十分重视塔吉克教师教育的发展。时任塔吉克苏维埃社会主义共和国教育人民委员部人民委员 [1] 阿博斯·阿利耶夫 [2] 曾不止一次强调，教育人民委员部的主要任务之一就是培养可以去群众中开展教育活动的塔吉克教师。

塔吉克政府始终不渝地发展中等师范学校网络，1928—1929 年，塔吉克共开设了 4 所师范学校，其中杜尚别 2 所（1 所男子师范学校和 1 所女子师范学校）、苦盏 1 所、卡尼巴达姆 1 所。1931 年，在塔吉克教育学院的基础上成立了师范学校，同时开设了高级师范班、工人学校和其他机构。

20 世纪 30 年代起，塔吉克进一步规范教师教育工作，1930 年，教育人民委员部制定了《师范学校条例》，于 1932 年 3 月获批。条例规定，师范学校学制三年，设有两个预备班，学生的专业化师范教学从一年级开始。该条例还规定了开展教师再培训工作的任务。这一时期，由于普及义务教育的速度超过了念完中等师范学校的教师毕业的速度，1931 年起，全塔陆续开办了众多教师短期培训班以培养小学教师。

20 世纪 30 年代起，塔吉克增设不同层次的师范教育机构。这一时期学校的教师教育工作由三个不同层次的教育机构开展：①师范学校；②师范专科学校；③师范学院。师范学校主要负责培养小学教师，相当于中学教育程度；师范专科学校主要负责培养五至七年级的教师，相当于短期高等教育程度；师范学院相当于四年制的大学本科教育程度。

20 世纪 30 年代，塔吉克的教师教育培养步入高等教育阶段。1931 年 7 月 18 日，中亚国立大学师范系改组为塔吉克高等农业师范学院，设历史经济与文学语言系。这是塔吉克斯坦历史上的第一所高等教育机构。1934 年 4 月，更名为斯大林纳巴德师范学院。1939 年，学校使用舍甫琴科的名

---

[1] 人民委员是指 1917—1946 年苏联各人民委员部的领导人。

[2] 阿博斯·阿利耶夫（1899—1958），历史学博士，塔吉克政治家，国家活动家，塔吉克苏维埃社会主义共和国教育人民委员部首任人民委员，学者，历史学家，翻译家。

字，更名为斯大林纳巴德舍甫琴科师范学院（后改为杜尚别舍甫琴科师范学院）。斯大林纳巴德师范学院仍不能彻底解决为塔吉克北部地区学校培养师资的问题。1932 年 1 月，全塔教育人民委员部扩大会议举行，会上决定成立苦盏国立高等师范学院。1938 年，苦盏国立高等师范学院更名为列宁纳巴德基洛夫师范学院。

斯大林纳巴德师范学院和列宁纳巴德基洛夫师范学院在建立之初面临着众多困难，如物质技术基础薄弱，教师和学生生活不稳定，学院组织结构不确定性突出，缺乏资金，缺乏科学和方法指南，缺乏经批准的统一和稳定的课程方案等。塔吉克政府采取一系列措施解决困难，经过多年的努力，师范学院的工作取得了显著的成绩。斯大林纳巴德师范学院和列宁纳巴德基洛夫师范学院在为塔吉克培养教师方面发挥着重要的作用。

塔吉克政府十分关注师范学院的发展，不断努力扩大师范机构网络。1928 年 3 月 1 日，苦盏师范专科学校成立。1930 年，彭吉肯特师范学校成立。1931 年 9 月 1 日，卡尼巴达姆师范专科学校成立。1931 年 12 月 14 日，霍罗格成立了一所师范专科学校。1934 年，斯大林纳巴德女子师范专科学校成立。1934 年 9 月 1 日，在穆尔加布开设一所师范专科学校。

1935 年 1 月 20 日，塔吉克苏维埃社会主义共和国中央委员会颁布了《塔吉克苏维埃社会主义共和国教师培训体系》。文件明确规定了未来几年塔吉克提高教师素质和发展教师教育的任务。1937 年 4 月 20 日，中等师范学校更名为师范学校。

苏联和塔吉克政府十分注重提高教师的威信和改善教师待遇。1935 年 4 月 9 日，苏联人民委员会和联共（布）中央通过了《关于提高教师和学校其他工作人员的工资》的决议，根据这项决议，各类教师的工资增加 0.5—1 倍。[1]

---

[1] 康斯坦丁诺夫，等. 苏联教育史 [M]. 吴式颖，周蕖，朱宏，译. 北京：商务印书馆，1996：457.

为了更好地适应教师教育的发展，对在职教师进行再培训，20 世纪 30 年代起，中等师范学校、师范专科学校和师范学院陆续开设函授部，为在职教师开展函授教育。全塔开始建立教师进修学院，致力于提高在职教师的业务水平。1934 年 11 月 28 日，塔吉克苏维埃社会主义共和国人民委员会颁布《关于为基什拉克 [1] 学校的教师组织函授技术学校》。文件指出，中等师范学校应为斯大林纳巴德、加尔姆、库利亚布、苦盏、彭吉肯特、卡尼巴达姆、扬吉巴扎尔等地农村学校的教师提供函授课程，建议塔吉克苏维埃社会主义共和国财政人民委员部和教育人民委员部为上述地区的农村学校提供资金支持。1936—1937 学年，全塔共有 23 个师范教育机构开设了函授教育，并制定了专门的教学大纲和教学计划。

1937 年 12 月 19 日，塔吉克政府颁布了《关于为培养小学教师举办培训班的法令》。1938 年，教育人民委员部在全塔各地区组织了教师培训班，这些培训班培训了大批中等教育程度的教师。1939 年 5 月 7 日，塔吉克政府颁布了《关于 1939—1940 学年教师培养和进修以及教师函授教育措施》的决议。

经过塔吉克政府和师范教育机构的多年努力，塔吉克教师教育得到了显著的发展。全塔各类教师数量逐年增加，教师再培训工作不断得到发展。尽管如此，塔吉克仍有许多教师没有接受必要的教育。塔吉克普通教育机构中的物理、数学、生物、文学、历史、地理老师仍然十分短缺。

20 世纪 20 年代至苏联卫国战争前是塔吉克教师教育的形成和发展阶段。如图 9.1 所示，这一时期塔吉克教师教育的工作从两个方面开展：职前培养和在职培训。职前培养主要通过教师短期培训班以及各类师范类教育机构（师范学校、师范专科学校和师范学院）进行。教师的在职培训主要通过师范类教育机构开展的函授教育和教师进修学院进行。

---

[1] 基什拉克指塔吉克斯坦的村子、村庄。

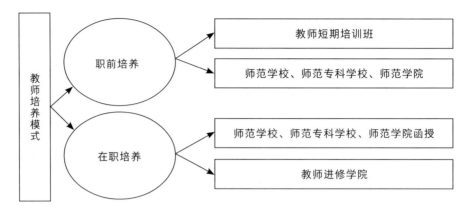

图 9.1 塔吉克教师教育培养模式

1940 年，全塔共有 17 所师范学校和师范专科学校，3 所教师进修学院和 2 所师范学院（斯大林纳巴德师范学院、列宁纳巴德基洛夫师范学院）。

（二）苏联卫国战争期间的教师教育（1941—1945 年）

苏联卫国战争期间，塔吉克有大量的教师奔赴前线。为了解决教师匮乏的问题，教育人民委员部开始加大教师培训工作，主要针对女性。例如，库利亚布的公共教育部门组织了教师短期培训班，共有 100 名女性参加。然而，短期培训班很难弥补师资的不足。随着受过中等教育青年人数增加，教育人民委员部规定，开始在中学的基础上建立师范学校，学制两年，对塔吉克的所有九年级和十年级学生进行师范教育培训，以便弥补战时造成的教师短缺。

苏联卫国战争期间，尽管条件极端困难，塔吉克高等师范院校并没有中断培养师资的工作。同其他所有高等院校一样，师范院校把教学工作纳入了战时轨道，缩短了学制。

（三）苏联卫国战争后至独立前的教师教育（1946—1991 年）

1946 年起，塔吉克政府采取措施来增加各类师范教育机构的数量和学生人数。1951 年，成立卡尼巴达姆女子师范学校。1953 年，成立斯大林纳巴德国立女子师范学院。1957 年，斯大林纳巴德国立女子师范学院与斯大林纳巴德舍甫琴科师范学院合并。1953 年，库利亚布教师培养学院更名为库利亚布师范学院。同时，塔吉克政府不断加强教师培训工作，教师培训班数量和参加培训人数逐年增加。

1957 年 3 月 27—28 日，第五届塔吉克苏维埃社会主义共和国最高苏维埃一次会议召开，会上讨论了《关于加强学校与生活之间的联系以及进一步发展塔吉克国民教育体系》的法律。法律指出了中等和高等职业教育机构在为国家培养高水平人才方面的作用，强调要重视吸引农村青年进入师范类、医学类和农业类大学学习，注重提升大学在培养师范类人才方面的作用。法律中还特别指出了进一步完善培训人才的途径，包括培养高等教育机构中的师范类人才。这一时期，国家十分注重组织高等学校的科研活动和对高等师范学校教师的培训。同时还强调培养教授专门学科教师的必要性。

1959 年 3 月 11 日，塔吉克颁布了《关于加强学校与生活之间的联系以及进一步发展塔吉克国民教育体系》的法律草案。草案制定了关于中学教育工作者培训和再培训方案，旨在提升教学人员的科学理论水平。

20 世纪 50 年代，斯大林纳巴德共有 5 所高等教育机构，即塔吉克国立大学、斯大林纳巴德理工学院、塔吉克农业大学、斯大林纳巴德舍甫琴科师范学院、塔吉克医学院以及 13 所中等专业技术学校。20 世纪 50 年代，师范教育机构的物质技术基础不断得到巩固，教师和学生的生活状况得到改善。很多学生可以获得奖学金和助学金，可以分到宿舍。良好的物质保障和不断提高的教育工作水平是教育质量的重要保障。

1956—1965 年这段时期的特点之一是为小学配备受过高等教育的教师，

这意味着政府工作的重点是所有普通教育机构的教师队伍都应配备高等教育学历的教师。1958 年，在列宁纳巴德基洛夫师范学院开设小学教师培训系，学制四年。

20 世纪 70 年代以后，塔吉克在完善高等和中等师范教育体系方面取得了重大进展，塔吉克教师教育发展进入稳定发展时期。在此期间，开设了 4 所高等师范教育机构，分别是：1971 年开设的塔吉克国立体育学院，为塔吉克普通教育机构培养体育教师；1973 年开设的塔吉克国立艺术学院，为塔吉克普通教育机构培养艺术类教师；1978 年在库尔干秋别开设的杜尚别舍甫琴科师范学院分校，重点培养数学和俄语语言文学教师；1979 年开设的塔吉克国立俄语语言文学师范学院，为塔吉克普通教育机构培养语言类教师。此外，许多高等教育机构都陆续开设师范教研室或师范系。1975 年，杜尚别舍甫琴科师范学院组建工业-师范系。

这一时期，师范类教育机构的吸引力逐渐增强，教师这一职业深受塔吉克青年的喜爱，师范类教育机构的毕业生明显增多。20 世纪 70 年代，塔吉克各类师范教育机构共培养 3.7 万名毕业生，他们大多数都留在普通教育机构和其他教育机构工作。据统计数据显示，90% 的毕业生都能在教育领域找到专业对口的教师岗位。

这一时期，塔吉克教师教育的理论研究也得到了较快的发展。全塔教育研究者对优化教学理念、教学过程等进行了一系列富有成效的研究工作。例如，列宁纳巴德基洛夫师范学院提出师范院校必须把未来教师专业能力的培养放在首位，尤其注重为农村学校培养合格的教师。师范学院开设社会学、心理学、教学法等系列讲座，还专门为四至五年级的学生开设教学法研讨课。此外，在学生学年论文、毕业论文以及在学术会议的报告中都广泛提出了有关为农村学校培养教师的问题。

独立前，塔吉克的教师进修体系基本形成。这一时期，从中央到地方的教师进修机构网络基本形成。进修机构包括 1 所中央教师进修学院、4 所州级教师进修学院和 1 所市级教师进修学院。全塔每年有 2 万多名教育工作者接受再培训课程。中央教师进修学院和列宁纳巴德教师进修学院已成为具有良好物质基础的教师教育教学方法论中心。

这一时期，除了教师进修学院，塔吉克高等师范教育机构也承担着教师进修的工作。例如，1974 年 3 月，杜尚别舍甫琴科师范学院开设中学校长进修系。师范学院的知名学者专家授课，举办了研讨会、讲习班以及其他文化活动。学员在进修期间撰写论文，参加全塔的教学法学术会议。进修系共计为 3 000 多名中学校长提供了培训，他们的科学、理论和专业水平都得到了提高。

这一时期，塔吉克教育部也支持教师的进修工作，提出支持教师进修的计划。根据此项计划，塔吉克中高等教育机构的教师可以在莫斯科、列宁格勒、基辅、沃罗涅什、塔什干、阿拉木图等城市的高等教育机构中接受一年的进修或者攻读非全日制研究生。

20 世纪 80—90 年代，塔吉克高等教育机构在完善和优化教师教育教学过程方面取得了显著的成绩。高等教育机构的物质技术基础得到明显改善。教育机构开始广泛使用现代化教育手段，建立了许多新的教研室、学院和实验室。教职人员中高学历高职称人数的占比越来越大，学校的管理体系不断优化；授课质量提高到了新水平；毕业生人数不断增加。

独立前，塔吉克教师教育的特点主要有：①实施正规的师范教育制度，开设师范学校、师范专科学校和师范学院，开展教师教育；②除了发展正规的师范教育，还积极进行短期的速成教育，注重在职教师的学习与进修；③师范类教育机构承担培养大量新教师和对在职教师进行再教育的双重任务。

二、独立后的教师教育

独立后，随着巨大的社会转型和制度变迁，塔吉克斯坦各类教育都经历了旧体系的继承和新秩序的建立过程，其中教师教育领域面临最为严峻的挑战。独立后，塔吉克斯坦面临着教育人才大量外流、教师地位下降、教师经济情况恶化、师范类教育机构在培养人才方面竞争力降低等问题。这一切都说明，教师教育领域的改革势在必行。

独立后，塔吉克斯坦人才外流现象十分严重。独立初期，塔吉克斯坦经历了内战，内战导致大量的教育人才流失。

教师收入微薄、社会地位下降等也是造成教育人才大量外流的重要原因，他们或弃教从商流向教育外系统，或远赴他国谋求发展。由于教育领域工作者整体（包括高等院校的教授和教师）社会地位普遍下降，吸引有才华的年轻人参加学术工作越来越困难。[1]

近年来，塔吉克斯坦教师教育行业发展的现状是教师教育发展稳定，保持一定的发展速度。具体表现在：教育法律法规和标准的颁布使教师教育机制不断完善；教师教育理念不断更新；改革工作不断推进；各类教育机构教师数量呈现逐年上升的趋势，但教师短缺现象仍比较突出；教师教育国际化程度不断加深。

在教育立法方面，塔吉克斯坦政府、教育家和教育工作者一直十分关注培养符合现代要求、合格、专业的教育工作者的工作。1993 年，塔吉克斯坦颁布了《塔吉克斯坦共和国教育法》（1993 年首次通过，2014 年修订）。1996 年 2 月 23 日，塔吉克斯坦颁布了《塔吉克斯坦共和国关于制定和实施高等职业教育标准的程序》。这些法律文件均提出了一系列措施来激发职业教育机构的教学科研潜力，提高培训专业人员的质量和效率。2004 年 11 月1 日，塔吉克斯坦政府批准了《2005—2010 年教师培养国家规划》。该规划的主要目标是完善教师培训体系，提高教师素质，为教育机构提供高素质的教师，完善中等和高等师范教育机构的物质和技术基础，提高教师待遇。

---

[1] 拉赫莫诺夫. 塔吉克斯坦——新世纪教育发展战略: 2005 亚洲教育北京论坛论文集 [C]. 北京: 2005 亚洲教育北京论坛组委会，2005: 58.

除了立法保障，提高教师威望的另一个方面体现在加强对教师的社会支持。1997 年，塔吉克斯坦启动教师鉴定工作，由专门的鉴定委员会依据教师所受的教育和适合做教育工作的表现进行鉴定和增加工资，促使教师提高业务水平、改善授课质量。

近年来，塔吉克斯坦政府一直致力于提高教师为教育事业做出贡献的责任感和使命感。塔吉克斯坦每年都会举办"塔吉克斯坦年度教养员"和"塔吉克斯坦年度教师"竞赛。近年来，两项竞赛已成为常态化赛事，为教师搭建了良好的交流与学习的平台。教师可以通过这些平台，共同研讨教学技艺，创新教学观念。竞赛既有效促进了教师能力的提升，又有助于提高教师威望、推动教育教学改革。2006 年，塔吉克斯坦设立了"塔吉克斯坦共和国总统教育奖"，表彰在教育领域做出卓越贡献的教育工作者。塔吉克斯坦于每年 10 月的第一个周日庆祝教师节，节日期间塔吉克所有教育部门和教育机构都会举行庆祝活动，塔吉克斯坦共和国教育与科学部还会向在教育领域做出突出贡献的教育工作者颁发奖状和证书。

在教师教育理念方面，独立后，塔吉克斯坦出台新的国家教育理念。国家教育理念规定了教师教育改革必须要遵循的原则：进行具有高度科学和实践意义的基础研究，揭示现代教育理念的实质，以新的教学大纲为基础实施教育过程；根据现有的国际教育规范，制定和完善新的国家教育标准；实现科学、教育和生产的真正融合；实施产学研一体化；实施有助于掌握科学、文化、技术成就并指导人的智力和道德发展的新技术；实现教育制度的现代化。

根据新的国家教育理念，教师教育的新任务是满足国家教育机构对教学人员的需求。教师教育目标和原则包括新的教师教学体系应该传授必要的知识，传授民族和人类价值观，尊重各个民族的传统和文化；保证科学、文化、技术、经济和生产的发展；满足长期教育发展需要；掌握知识、技能和新技术；为国家教育与世界教育一体化创造条件；改进学校管理和教育管理的新模式；编写符合世界观和民族观的新版课程和教科书；培养符合现代教育系统要求的合格教育工作者。教师教育的新目标、原则和内容在教师培养计划和培养方案中都有所体现。

从师范类教育机构的设置来看，独立后，塔吉克斯坦改组中等师范教育机构，将师范学校改组为师范学院。师范学院不断用新的教学理念完善中等师范教育工作，确保中等师范教育和高等师范教育的连续性，在师范教育机构中开设心理学、教育学、美学、文化、通识教育等选修课，以扩大和深化学生的专业水准。目前，塔吉克斯坦教师教育的实施主体主要是师范院校和进修学校。高等师范大学和师范学院以培养初高中教师为主，如塔吉克艾尼国立师范大学；中等师范学院以培养小学教师为主，如拉什特区中等师范学校；进修学校以教师进修和培训为主。

同时，塔吉克斯坦也不断扩大师范类高等教育机构规模。目前，塔吉克斯坦共有 3 所专门的师范类高等教育机构，即塔吉克艾尼国立师范大学、彭吉肯特师范学院和塔吉克斯坦拉什特区国立师范学院（见表 9.1）。塔吉克艾尼国立师范大学是塔吉克斯坦历史上第一所高等教育机构，它在为塔吉克培养教师的事业上发挥着重要的作用。塔吉克斯坦的其他高等教育机构同样开设师范系和师范专业，甚至很多高等教育机构的前身就是师范学院，具有良好的师范教育基础。例如，苦盏加富罗夫国立大学前身是苦盏国立高等师范学院。

表 9.1 塔吉克斯坦师范类高等教育机构

序号	学校名称	校址	建校时间
1	塔吉克艾尼国立师范大学	杜尚别	1931 年
2	彭吉肯特师范学院	彭吉肯特	1991 年
3	塔吉克斯坦拉什特区国立师范学院	拉什特区	2017 年

从各类教育机构的师资情况来看，在学前师资规模和学历方面，截至 2019 年，塔吉克斯坦学前教师总人数为 9 766 人。其中，拥有中等普通学历的学前教师占 34.4%，拥有本科以上学历的教师占 32.6%，拥有中等职业学历和拥有本科学历的教师分别占 26.4% 和 6.6%。[1]

在普通教育机构师资规模和学历方面，2019 年，塔吉克斯坦普通教育机构教师总人数为 124 268 人。其中，拥有本科以上学历的教师人数为 91 974 人，占总人数的 74.01%，拥有本科学历的教师为 7 364 人，占总人数的 5.93%，拥有中等职业学历的教师为 23 140 人，占总人数的 18.62%，拥有中等普通学历的教师人数为 1 790 人，占总人数的 1.44%。[2]

从塔吉克斯坦高等教育机构教师的学历和职称情况看，目前，塔吉克斯坦高等教育机构中的在编教师有 11 681 人，塔吉克斯坦高等教育机构中拥有副博士学位的教师为 2 939 人，占总人数的 25.16%，拥有博士学位的教师为 630 人，占总人数的 5.39%。[3]综合上述数据可以看出，在塔吉克斯坦高等教育机构中具有高学历的教师约占 30.55%。除此之外，塔吉克斯坦高等教育机构还聘请了一些具有高学历的科研机构和企业的非编内教学科研人员，这一部分人员有 1 179 人。

近年来，塔吉克斯坦注重发展教师的进修和再培训工作。2000 年 8 月 30 日，在杜尚别成立了教师进修中心。成立至今，每年有 1 000 多名教师参加进修。该中心定期举办研讨会和学术会议。2015 年起，该中心更名为全塔教师进修和教育工作者培训中心。

尽管各类教育机构教师数量呈现逐年上升的趋势，但教师短缺现象仍比较突出。目前，教育机构中几乎所有学科的教师都存在短缺情况。普通教育机构中包括俄语、英语和德语在内的外语老师以及化学、生物、数学、

---

[1] 资料来源于塔吉克斯坦共和国总统统计署官网。

[2] 资料来源于塔吉克斯坦共和国总统统计署官网。

[3] 资料来源于塔吉克斯坦共和国总统统计署官网。

物理、地理、体育老师比较缺乏。普通教育机构和寄宿学校还缺少心理学家、言语治疗师等。

近年来，塔吉克斯坦不断推进教师教育的国际合作，特别是与俄罗斯及其他独联体各国的合作。在独联体一体化空间内，塔吉克斯坦政府十分重视与各成员国在教师教育领域的合作。2020年10月21日，独联体国家教育合作理事会议重点分析了独联体国家在教育领域培训师资的状况和发展前景。会议审议了在2021年举行关于教育机构伙伴关系的科学和方法论专题讨论会的问题，并批准了提名国家教育工作者的候选人，以授予"独联体国家教育卓越奖"奖章。

第二节　教师教育的特点和经验

一、教师教育的特点

（一）教师发展不均衡现象比较突出

目前，塔吉克斯坦师资分布尤其是高学历教师发展不均衡现象比较突出。从高学历教师的分布情况看，在杜尚别集中了塔吉克斯坦的许多重点高等教育机构以及科研机构，在塔吉克斯坦40所高等教育机构中，有24所位于杜尚别。全塔高等教育机构教师队伍中有博士学位的教师大部分集中在杜尚别的重点院校和科研机构中。

长期以来，塔吉克斯坦地域经济、文化、教育等方面发展不平衡致使主要的教育机构主要分布在杜尚别、苦盏等几座大城市和塔吉克斯坦北部地区，因此，这些地区的高学历、高职称教师也相对集中。然而，长此以往，塔吉克斯坦各地区的差异会逐渐增大，最终导致经济发展的不平衡。近年来，塔吉克斯坦政府针对这种情况采取了一些措施，然而这种分布不平衡的情况并没有明显的改善。偏远地区教师缺乏现象仍然比较突出，这也限制了一些教师进行进修和再培训。

（二）更新教师继续教育机制，完善终身教师教育体系

独立后，塔吉克斯坦不断加深教师教育的科研工作，开设教师教育科研机构。2002 年 12 月，塔吉克斯坦成立了教育科学院，隶属于塔吉克斯坦共和国教育部。教育科学院下设教育科学研究院、共和国教育工作者进修培训学院和"教育"博物馆。教育科学院设有副博士和博士学术委员会，可授予普通教育学、教育史和教学理论和方法副博士和博士学位。2014 年，共和国教育工作者进修培训学院在戈尔诺-巴达赫尚自治州、索格特州、哈特隆州和杜尚别设立进修学院分院，进一步推进全塔的教师继续教育工作。

塔吉克斯坦一些高等教育机构也纷纷开设教师进修学院，负责在职教师的进修和培训。例如，2003 年 12 月，俄罗斯-塔吉克（斯拉夫）大学成立了教师进修学院，旨在是为俄语语言文学教师提供教学法方面的帮助。学院成立以来，已有 1 000 多名俄语语言文学教师参加了进修。学院还在杜尚别、库尔干秋别（2004 年）、库利亚布（2005 年）、苦盏（2006 年）、霍罗格（2008 年）、努列克（2015 年）等城市举办了培训课程。2011 年 3 月 3 日，塔吉克斯坦民族大学成立了高等院校教师进修学院，旨在提高高等院校教师的知识和技能水平。学院每年都会根据各地区的培训需求开设培训课程。学院与塔吉克斯坦国家科学院、塔吉克斯坦教育科学院以及 14 所高等教育机构在教师进修培训方面开展广泛合作。

二、教师教育的经验

（一）积极开展教师教育的国际合作

塔吉克斯坦在教师教育国际合作方面拥有丰富的经验，特别是与俄罗斯保持着最为紧密的联系。塔吉克斯坦教师教育领域的国际合作大体有两种模式：邀请国外教育机构的优秀教师到塔吉克斯坦工作，派遣塔吉克斯坦教师出国攻读学位或接受短期培训。

2017 年，俄罗斯和塔吉克斯坦联合教育项目正式启动。该项目由俄罗斯和塔吉克斯坦双方共同出资，用于支付教师工资、安家费，提供教材和教室等。每年俄罗斯会选派数十位教师到塔吉克斯坦各个地区工作，不仅包括俄语教师，还有文学、物理、生物等其他课程的教师。这极大地缓解了塔吉克斯坦各类教育机构教师不足的现状，同时，俄罗斯的教师和塔吉克斯坦的教师共同工作，这也使得塔吉克斯坦的教师在教学理念、教学方法、科研水平方面都得到了提高和发展。

塔吉克斯坦设立"科学院工资""总统奖学金"以鼓励年轻学者、研究人员到国外学习。每年都会有塔吉克斯坦教育工作者选择到俄罗斯或其他国家攻读学位或进行短期进修。

（二）更新教师鉴定制度

为促进教师职业技能的提高，完善教师教育培养体系，独立后，塔吉克斯坦不断探索实施新的教师鉴定制度。新的教师鉴定制度的实施，旨在确定教师进修的必要性，为教育工作者提供社会保障，激励教育研究人员提高职业技能，增加教师的责任感，提高教育质量。

2006 年 4 月 3 日，塔吉克斯坦政府颁布了《关于批准塔吉克斯坦共和国教育部门、教育管理部门、普通教育机构、学前教育机构和补充教育机构的工作人员的鉴定条例的决定》。

2017 年 6 月 7 日，塔吉克斯坦政府颁布了《塔吉克斯坦共和国关于教育机构教育科研人员鉴定程序的决定》[1]，根据这一决定，塔吉克斯坦教师教育工作由塔吉克斯坦共和国教育与科学部按照新的鉴定程序实施。教育工作者的鉴定每五年进行一次。新的教师鉴定程序的基本原则是公开、公正、客观。为了组织和进行鉴定工作，专门设立各级鉴定委员会，包括教育机构鉴定委员会，市、区行政管理部门和教育部门的鉴定委员会，戈尔诺-巴达赫尚自治州、索格特州、哈特隆州和杜尚别市教育部门鉴定委员会，塔吉克斯坦共和国教育与科学部鉴定委员会，设有教育机构的部委鉴定委员会，决定中还明确规定了各级鉴定委员会的工作范围和职责。

教育工作者技能类别有三种：高级技能、一级技能和二级技能。鉴定委员会根据被鉴定者的基本信息以问答形式开展鉴定工作。鉴定委员会的每个成员都有权向被鉴定者提出问题，并根据回答情况进行鉴定。鉴定委员会成员在鉴定表（见表 9.2）中给出被鉴定者分数，分数划分为 4 个等级，即 5 分—优秀，4 分—良好，3 分—合格，2 分—不合格。总得分在 23—25 分之间的教师鉴定为高级技能类别教师，总得分在 20—22 分之间的教师鉴定为一级技能类别教师，总得分在 15—19 分之间的教师鉴定为二级技能类别教师，总得分在 10—14 分之间的教师视为未通过鉴定。

如果被鉴定为不符合所任职位要求，鉴定委员会可建议其进行技能培训或者建议该教师转入其他岗位工作。如果鉴定委员会建议未通过鉴定的教师进行技能培训，那么教师所在教育机构的领导应将该教师派遣到技能培训提高班学习，课程结束后该教师再申请进行重新鉴定。如果鉴定委员会建议该教师转入其他岗位工作，但该教师在所在教育机构找不到合适的岗位，包括级别低或者报酬少的岗位，那么教育机构可与该教师解除劳务合同。

---

[1] 资料来源于塔吉克斯坦共和国教育与科学部官网。

表 9.2 塔吉克斯坦教育工作者鉴定表 [1]

	教育工作者鉴定表		

姓、名、父称 _____

职位 _____

任现职时间 _____

序号	类别	评分	备注
1	教师职业行为规范的知识水平和遵守情况		
2	业务水平、组织能力和主动性（学术会议和研讨会的报告、教学科研文章、指导学生参加奥林匹克竞赛情况）		
3	岗位职责完成情况（工作业绩和纪律性）		
4	自我完善和在实际职业活动中使用现代教学技术方法		
5	其他个人能力（外语水平、进修情况、社会工作等）		
6	总分		

鉴定委员会成员 _____ （签名）

日期 _____

---

[1] 资料来源于塔吉克斯坦共和国教育与科学部官网。

第三节 教师教育的挑战和对策

一、教师教育的挑战

通过对塔吉克斯坦教师教育的现状以及其相关数据的统计和分析，可以明显看出，目前塔吉克斯坦师资队伍面临着一些突出的问题和挑战。近年来，虽然教师数量呈现逐年上升的趋势，但是教育机构中教师的增长数量仍然不足以满足现实的发展需求。塔吉克斯坦现行的教师教育体系不符合现代社会的发展要求，教师职业吸引力下降趋势明显，人才流失现象严重，教师性别和年龄结构不合理。

（一）教师职业吸引力下降趋势明显

塔吉克斯坦教师选拔存在教师职业吸引力下降趋势。一方面，师范类教育机构的吸引力不断下降，绝大多数考生报考师范类教育机构不是出于热爱。师范类教育机构招不到最优秀的生源，从而导致培养的毕业生质量下降。同时，面对教师短缺的现实情况，师范类教育机构不得不降低新教师的录用标准，使得教育机构中中等教育水平的教师比重不断增加。

另一方面，由于教师的社会地位下降、工资整体水平较低，教育领域很难吸引有才华的年轻人，教师在塔吉克斯坦没有成为具有吸引力的职业。很多塔吉克斯坦高等教育机构的优秀毕业生毕业后会选择去高薪的企业工作，或通过国际组织提供的机会到国外继续深造，攻读硕士或博士研究生，各类教育机构年轻教师增长速度缓慢。有调查数据显示，1993—2003 年，全塔师范类教育机构共计毕业生 5.2 万人，然而只有 2.4 万人（约 46%）选择到教育领域工作。

（二）人才流失现象严重

高素质和经验丰富的教师和教龄在 2—5 年的年轻教师离职的情况仍然存在，人才流失现象十分普遍。据塔吉克斯坦共和国教育与科学部的统计数据显示，由于各种原因，2002—2003 学年，索格特州、哈特隆州、戈尔诺-巴达赫尚自治州、杜尚别、瓦赫达特区、图尔松扎德区、法伊兹阿巴德区、吉萨尔区、瓦尔佐布区、沙赫里纳夫区和鲁达基区的 3 538 名教师离开了学校。

（三）教师性别和年龄结构不合理

据塔吉克斯坦共和国总统统计署的统计数据显示，2017 年，塔吉克斯坦教育领域的男性从业者数量为 9.43 万人，女性教育从业者数量为 12.91 万人。[1] 由此可见，教育领域的女性从业者占比明显高于男性从业者。

目前，由于教育机构工资水平不高、教师的地位下降等原因，塔吉克斯坦教育机构中老龄化现象比较严重。50 岁以上的教师占比较大，这些教师无论在体力上还是知识结构上都不能很好地满足塔吉克斯坦现代教育发展改革的需要。例如，目前，塔吉克斯坦在高等教育领域实施学分制，但高等教育机构的一些 50 岁以上的教师对新型教育制度认同度低，对现代化信息技术设备的适应能力不高，这影响了塔吉克斯坦现代化教育改革的进程。此外，青年教师人数锐减，教师梯队年龄断层对未来整个教师队伍的发展来说也是潜在的危机。

导致各类教育机构教师短缺、教师整体素质下降的根本原因在于教师社会地位下降，工资待遇较低，教师的工资与其他行业相比处于下游，职

---

[1] 资料来源于塔吉克斯坦共和国总统统计署官网。

业竞争力较低，这成为限制塔吉克斯坦教育发展的重要瓶颈。近年来，尽管塔吉克斯坦政府加大了对教师教育的投入力度，但是在上述情况下，教师教育工作推进缓慢，收效不大，教师教育的发展提高空间有限。

二、教师教育的对策

完善教师教育体系，培养新型教师成为当前塔吉克斯坦教师教育改革最迫切的任务。近年来，塔吉克斯坦政府采取了一系列教师教育改革措施。

（一）完善基础设施，解决教师短缺问题

塔吉克斯坦政府通过加大教育投入，不断完善教育机构的物质和技术基础设施。扩大招生、开设新的专业、深化新的教学技术以及很多其他问题都要求高等院校建立相应的物质技术基础，没有这个基础不可能提高培养专家人才的质量。[1]

此外，塔吉克斯坦政府采取措施完善教师培训体系，高度重视俄语和英语教师的培养。根据各地区教育的发展情况和现实需要有针对性地制定教师培养制度，完善对各类教育机构教师的再培训工作。

2003 年 12 月 2 日，塔吉克斯坦政府颁布了《塔吉克斯坦共和国 2004—2014 年完善俄语和英语教学与研究国家规划》。2007 年，塔吉克斯坦共有 3 745 所中学，每周分配 27 个小时（二至十一年级）学习俄语，并分配 24 个小时学习英语。塔吉克斯坦高度重视培养俄语和英语教师。2003—2004 学年，有 500 名学生选择俄语和英语专业，2004—2005 学年，共有 601 人考

---

[1] 拉赫莫诺夫.塔吉克斯坦——新世纪教育发展战略：2005 亚洲教育北京论坛论文集 [C]. 北京：2005 亚洲教育北京论坛组委会，2005：58.

入俄语语言文学专业，1 264 人考入了英语专业。

2004 年 6 月 30 日，塔吉克斯坦颁布了《关于实施 2004—2009 年教育体系改革计划》的决定。该决定提出了一系列完善教师培养体系的问题，提出师范类高等教育机构应培养可以在普通教育机构同时教授 2—3 门学科的教师。

（二）提高教师教育质量，提高教师专业素质

塔吉克斯坦政府应制定切实有效的措施，进一步提高教师教育质量，走人才强校、科教兴国之路。发展高质量的教师教育是塔吉克斯坦教育加入国际教育空间的重要途径。在 2005 亚洲教育北京论坛上，时任塔吉克斯坦共和国教育部部长阿卜杜贾博尔·拉赫莫诺夫发言时指出："由于中央学术中心中止了对干部的再培养工作，我们必须建立以培养高等院校教师的职业技能为目的的国家基地。与这个问题相关，我们还要建立新的专门的论文答辩委员会，并梳理好这一领域与国际方面的关系。"[1]

塔吉克斯坦教育主管部门应继续加强对教师教育机构在职教师的再培训，强化监督和考核机制，切实使政策落到实处，提高教师待遇，最大限度地激发科研创新活动，编写和出版师范学生使用的教科书和教辅材料。借鉴国外优秀师范大学的先进和成功经验，推动教师教育综合改革。

（三）开展教师教育的国际化联合培养

目前，塔吉克斯坦积极与俄罗斯等国家开展联合办学等形式的国际合作。以塔俄联合办学为例，在联合办学过程中，俄罗斯将教师派到塔吉克

---

[1] 拉赫莫诺夫.塔吉克斯坦——新世纪教育发展战略：2005 亚洲教育北京论坛论文集 [C]. 北京：2005 亚洲教育北京论坛组委会，2005：58.

斯坦从事教学活动。莫斯科罗蒙诺索夫国立大学分校的师资团队约 70% 由莫斯科罗蒙诺索夫国立大学教师组成，30% 由塔吉克斯坦经验丰富的教师组成，主干专业课程由莫斯科罗蒙诺索夫国立大学的教师授课。这使得不同国籍的专家和学者聚集在一起，不仅开拓了塔吉克斯坦教师的国际视野，而且使其在教学理念、教学方法、科研水平方面都得到了提高和发展。

第十章 教育政策

　　独立后，塔吉克斯坦确立了教育优先发展的战略方针，不断完善法律框架，注重发挥教育政策的整体功效。为了更好地指导和规划教育发展，塔吉克斯坦颁布了一系列法律法规和战略规划，对促进国家教育发展发挥了重要作用。

　　各项教育政策的制定和颁布旨在在保留原有体系优势的基础上，提出新形势下教育政策的新内容，更新教育体系，促进教育平等，提高教育质量，并通过提升公民教育水平来消除贫困。塔吉克斯坦教育政策与规划的主要特点是教育法制化程度不断提高，政策法规逐步细化和具体化并随着教育改革的进程不断完善和修正。

第一节　政策与规划

　　塔吉克斯坦制定和颁布的教育政策文件大体可以分为四类：一是政策法规，是国家教育发展的纲领性文件，确定了塔吉克斯坦教育的基本政策、目的和宗旨，如《塔吉克斯坦共和国教育法》；二是理念，是在教育领域发现问题并提供解决办法和指导思想，如《国家中学理念》；三是规划，是教育发展和改革的具体步骤和措施，如《塔吉克斯坦共和国

2016—2020 年中期发展规划》；四是战略，侧重分析塔吉克斯坦教育体系现状、问题、机遇和挑战，确立未来教育发展的目标和任务，为塔吉克斯坦教育改革指明方向，如《塔吉克斯坦共和国至 2020 年前国家教育发展战略》。

一、教育政策法规

教育政策法规是调整教育活动和教育行政活动中发生的各种法律关系的规范性文件，主要包括有关教育的专门法律、法令、条例、规则、章程、决议、标准等。独立后，塔吉克斯坦制定和颁布了一系列教育政策法规，用于规范不同层面的教育教学活动（见表 10.1）。

表 10.1 塔吉克斯坦主要教育政策法规

序号	文件名称	颁布时间	备注
1	《塔吉克斯坦共和国教育法》	1993 年 12 月 27 日	2014 年 7 月 26 日修订
2	《塔吉克斯坦共和国关于制定和实施高等职业教育标准的程序》	1996 年 2 月 23 日	
3	《塔吉克斯坦共和国高等和大学后职业教育法》	2009 年 5 月 19 日	
4	《塔吉克斯坦共和国国家语言法》	2009 年 10 月 5 日	
5	《关于批准中等职业教育专业目录的国家标准》	2010 年 8 月 2 日	
6	《关于父母教育子女责任的法律》	2011 年 7 月 21 日	2016 年 3 月 15 日修订

续表

序号	文件名称	颁布时间	备注
7	《塔吉克斯坦共和国学前教育法》	2013 年 12 月 6 日	
8	《塔吉克斯坦共和国中等职业教育法》	2015 年 8 月 8 日	2017 年 8 月 28 日修订
9	《塔吉克斯坦共和国关于中等职业教育的国家标准和中等职业教育方向与专业的国家分类》	2016 年 10 月 1 日	
10	《塔吉克斯坦共和国成人教育法》	2017 年 2 月 24 日	
11	《塔吉克斯坦共和国高等职业教育国家标准》	2017 年 2 月 25 日	
12	《塔吉克斯坦共和国关于教育机构教育科研人员鉴定程序的决议》	2017 年 6 月 7 日	

1993 年 12 月 27 日，塔吉克斯坦颁布了《塔吉克斯坦共和国教育法》。在教育体系的基础上，确立了教育领域国家政策基本原则：坚持国家教育机构中教育的科学、世俗和人文性；文化和教育空间的统一性，教育保持与塔吉克民族和塔吉克斯坦共和国境内其他民族的文化传统联系；普遍价值观、人格自由发展、公民意识、爱国主义和公民生命与健康的优先性；基础普通教育的义务性；教育体系的完整性以及公立和私立教育机构中教育的连续性；教育的普及性和公民接受教育的平等性；教育管理的民主性；在相关教育标准范围内国有教育机构中第一级别普通教育和基础教育的免费性；教育与国家标准的一致性。这些国家政策的基本原则旨在满足个人全面发展的需求，改善生活和工作质量，以此为基础促进塔吉克斯坦社会、经济和文化的发展。

2009 年 5 月 19 日，塔吉克斯坦颁布了《塔吉克斯坦共和国高等和大学后职业教育法》。2009 年 10 月 5 日，塔吉克斯坦颁布了《塔吉克斯坦共和国国家语言法》。2011 年 7 月 21 日，塔吉克斯坦颁布了《关于父母教育子女责任的法律》（2016 年 3 月 15 日修订）。2013 年 12 月 6 日，塔吉克斯坦颁布了《塔吉克斯坦共和国学前教育法》。2015 年 8 月 8 日，塔吉克斯坦颁布了《塔吉克斯坦共和国中等职业教育法》（2017 年 8 月 28 日修订）。2017 年 2 月 24 日，塔吉克斯坦颁布了《塔吉克斯坦共和国成人教育法》。

制定和实施各级各类教育标准是塔吉克斯坦教育改革的重要举措。教育标准规定了特定教育阶段人才培养的基本范式，对学生在完成特定教育阶段时应达到的水平做出规范性要求。1993 年颁布的《塔吉克斯坦共和国教育法》中首次出现了"教育标准"一词，文件中强调了在相关教育标准范围内国有教育机构中第一级别普通教育和基础教育的免费性，以及教育与国家标准的一致性。1996 年 2 月 23 日，塔吉克斯坦颁布了《塔吉克斯坦共和国关于制定和实施高等职业教育标准的程序》。2010 年 8 月 2 日，塔吉克斯坦颁布了《关于批准中等职业教育专业目录的国家标准》。2016 年 10 月 1 日，塔吉克斯坦颁布了《塔吉克斯坦共和国关于中等职业教育的国家标准和中等职业教育方向与专业的国家分类》。2017 年 2 月 25 日，塔吉克斯坦颁布了《塔吉克斯坦共和国高等职业教育国家标准》。

二、教育发展理念

独立后，为确保在新形势下执行国家教育政策，1993 年，塔吉克斯坦颁布了《学前教育发展理念》，确定了具体的学前教育发展任务和目标、教育组织形式、教育内容、教育方法和手段。

1997 年 6 月 13 日，塔吉克斯坦颁布了《国家中学理念》，确定了具体的教育任务和目标、教育组织形式、教育内容、教育方法和手段，包括：组建新型学校网络，开设文科中学和特科中学；确保在综合学习的基础上进行学校过渡；在教育系统的所有教育机构、组织和企业中扩大母语的使用范围；对古典字母和文字进行研究；与塔吉克语一起有创造性、有针对性地组织外语教学。

三、教育发展规划

独立后，塔吉克斯坦陆续出台了《2005—2010 年教师培养国家规划》《塔吉克斯坦共和国 2009—2015 年科学人才培养规划》《塔吉克斯坦共和国 2011—2015 年普通教育机构计算机化国家规划》《塔吉克斯坦共和国 2012—2020 年初等和中等职业教育领域改革和发展国家规划》《塔吉克斯坦共和国 2015—2020 年完善俄语和英语教学与研究国家规划》等一系列教育发展规划（见表 10.2），确定了塔吉克斯坦教育改革发展的指导思想、主要目标、战略任务和保障措施，是独立后塔吉克斯坦教育改革发展的行动纲领和指导性文件。

表 10.2 塔吉克斯坦主要教育发展规划

序号	文件名称	颁布时间	备注
1	《2005—2010 年教师培养国家规划》	2004 年 11 月 1 日	
2	《塔吉克斯坦共和国 2009—2015 年科学人才培养规划》	2008 年 7 月 2 日	
3	《塔吉克斯坦共和国 2011—2015 年普通教育机构计算机化国家规划》	2010 年 9 月 2 日	2016 年 2 月 10 日修订

续表

序号	文件名称	颁布时间	备注
4	《塔吉克斯坦共和国 2012—2020 年初等和中等职业教育领域改革和发展国家规划》	2012 年 5 月 7 日	
5	《塔吉克斯坦共和国 2015—2020 年完善俄语和英语教学与研究国家规划》	2014 年 7 月 3 日	
6	《塔吉克斯坦共和国 2016—2020 年中期发展规划》	2016 年 12 月 28 日	
7	《2018—2020 年为共和国普通教育机构配备学科室和教学实验室的国家规划》	2017 年 11 月 29 日	
8	《塔吉克斯坦共和国至 2030 年前完善俄语和英语教学与研究国家规划》	2019 年 8 月 30 日	
9	《关于宣布 2020—2040 年为"科学和教育领域自然科学、精密科学和数学科学研究和发展二十年"的 2020—2025 年行动计划》	2020 年 7 月	

2016 年 12 月 28 日，塔吉克斯坦颁布了《塔吉克斯坦共和国 2016—2020 年中期发展规划》。规划指出，塔吉克斯坦在教育领域的优先发展方向是提高教育质量、维护教育公平，规划分析了目前塔吉克斯坦学前教育、普通教育、职业教育以及科学发展的现状、问题和发展方向。

为了改善学科结构不平衡的状况，加强自然科学、精确科学和数学科学的研究进程以及年轻一代的技术思维，2020 年 1 月 31 日，塔吉克斯坦总统埃莫马利·拉赫蒙签署总统令，宣布 2020—2040 年为"科学和教育领域自然科学、精密科学和数学科学研究和发展二十年"。[1]

2020 年 7 月，塔吉克斯坦颁布了《关于宣布 2020—2040 年为"科学和

---

[1] 资料来源于塔吉克斯坦共和国总统网。

教育领域自然科学、精密科学和数学科学研究和发展二十年"的 2020—2025 年行动计划》。行动计划规定第一阶段制定和实施《2021—2025 年自然科学、精密科学和数学科学研究和发展的国家专项计划》《2030 年前科学和教育领域自然科学、精密科学和数学科学研究和发展战略》和《2021—2025 年为共和国普通教育机构配备学科室和教学实验室的国家规划》。此外，行动计划还明确了与自然科学研究和发展相关的问题，各级教育机构应对自然科学、精密科学和数学科学相关学科的标准、计划和课程进行修订。2020—2040 年间，各级教育机构需要增加自然科学、精密科学和数学科学相关学科的授课学时。

四、教育发展战略

近年来，塔吉克斯坦提出了教育兴国的战略，逐步确立了教育优先发展的战略地位，有力地推动了教育的发展和改革。为了促进教育的持续健康发展，塔吉克斯坦制定和颁布了国家发展战略（见表 10.3）。

表 10.3 塔吉克斯坦主要教育发展战略

序号	文件名称	颁布时间
1	《塔吉克斯坦共和国至 2015 年前国家发展战略》	2007 年 4 月 3 日
2	《塔吉克斯坦共和国至 2020 年前国家青年政策战略》	2011 年 10 月 4 日
3	《塔吉克斯坦共和国至 2020 年前国家教育发展战略》	2012 年 6 月 30 日
4	《塔吉克斯坦共和国至 2030 年前国家发展战略》	2016 年 12 月 1 日

2007 年 4 月 3 日，塔吉克斯坦颁布了《塔吉克斯坦共和国至 2015 年前国家发展战略》，文件分析了塔吉克斯坦教育体系，指出了塔吉克斯坦教育领域存在的主要问题，确定了塔吉克斯坦未来教育领域的优先发展方向以及预期成果。

2011 年 10 月 4 日，塔吉克斯坦颁布了《塔吉克斯坦共和国至 2020 年前国家青年政策战略》[1]。文件确定了一系列针对塔吉克斯坦 14—30 岁青年的发展政策，旨在为青年的发展创造良好的条件，规定了战略实施的必要性、目标、原则、优先发展方向、具体措施、实施机制、必要条件、结果、监督和评估机制。

2012 年 6 月 30 日，塔吉克斯坦颁布了《塔吉克斯坦共和国至 2020 年前国家教育发展战略》（以下简称《教育发展战略》）。《教育发展战略》根据《塔吉克斯坦共和国至 2015 年前国家发展战略》、塔吉克斯坦总统埃莫马利·拉赫蒙和塔吉克斯坦政府提出的教育发展任务制定。《教育发展战略》的目标与联合国千年发展目标相符，规定了全民教育的目标和任务，确定了教育是塔吉克斯坦共和国国家政策的优先发展方向，分析了塔吉克斯坦教育体系现状，指出教育体系的特点、问题、挑战、风险和目标，确立了教育体系发展的优先方向和实施机制，指出了教育监督与评估措施、教育投入以及预期成果。

《教育发展战略》分析并指出了各级教育领域存在的主要问题。学前教育领域存在的问题主要有学前教育对适龄儿童的覆盖率较低，约 90% 的儿童入学前没有受到过学前教育，预算投入不足，教学大纲落后，专业教师短缺，教师工资低，基础设施薄弱等。

普通教育领域存在的问题主要包括：教师短缺，尤其数学、物理、化学和俄语等科目教师短缺，专业素质低；基础设施薄弱，教学设备老旧；

---

[1] 资料来源于塔吉克斯坦共和国教育与科学部官网。

农村地区普通教育普及度低；流浪儿童问题比较突出。根据塔吉克斯坦总统战略研究中心 2007 年的一项调查显示："目前塔吉克斯坦的流浪儿童数量为：杜尚别 6 000 人，苦盏 2 000 人，库尔干秋别 1 000 人，库利亚布 500—600 人，其中男孩占 86.2%，女孩占 13.8%。几乎所有的流浪儿童都是普通教育适龄儿童，52.4% 的流浪儿童目前没有上学，4.35% 的普通教育机构的学生是孤儿和没有监护人的孩子。"[1] 目前，国家还没有实现普通教育和初中高等职业教育衔接的国家规划。据统计，只有 84% 的学生能完成基本义务教育，只有 48% 能获得中等（完全）普通教育。

初等职业教育领域存在的问题主要包括：基础设施薄弱，教学场所不足；专业教师短缺，教师专业素质低；人才培养与劳动力市场需求不符；初等职业教育对雇佣者的吸引力低；企业对初等职业教育的参与度低；初等职业教育机构的管理和监督机制不健全。中等职业教育领域存在的问题主要有：基础设施薄弱；教材和教学资料短缺；专业教师短缺，教师专业素质低；人才培养与劳动力市场需求不符。高等教育领域存在的问题主要包括：基础设施薄弱，教育现代化水平不高，专业教师短缺，人才培养与劳动力市场需求不符，高等教育的规划、管理和评估重视不足，缺少有效的国家教育质量管理，远程教育有待进一步发展，学科分布不合理、不平衡，人才流失现象严重。

《教育发展战略》指出未来塔吉克斯坦教育领域优先发展的三大方向是：教育现代化，教育体系的结构性改变，教育覆盖率的提高。《教育发展战略》指出的措施主要有完善教育基础设施，引进新的教育技术，加强人才培养，加强教育体系的现代化管理，实施新的财政机制，提高教育国际化水平。

2016 年 12 月 1 日，塔吉克斯坦颁布了《塔吉克斯坦共和国至 2030 年前国家发展战略》（以下简称《战略》）。制定一个与国家发展战略相适应

---

[1] 资料来源于塔吉克斯坦共和国教育与科学部官网。

的，并为实现国家战略服务的现代化教育发展模式成为塔吉克斯坦教育发展的必然选择。《战略》指出了目前塔吉克斯坦教育领域存在的主要问题，确定了塔吉克斯坦未来教育领域的五大优先发展方向和预期成果。

《战略》指出，实现可持续发展和提升创新能力已成为确保教育领域长期发展的必要条件。同时，要注重增加获得教育和创新能力的机会，确保教育的质量和成果。塔吉克斯坦教育体系的发展依据的原则和要求主要包括：各级教育应符合教育标准；提高学前教育覆盖率；普通教育是人力资源发展的基础，不仅应传递知识，而且应培养能力、技能、创新性思维模式和爱国主义情操；提升职业教育的国际化水平和国际竞争力；教育培训和劳动力市场需求应保持紧密联系；发掘与生产密切相关的创新活动和自主研发活动；加强保护生物多样性、适应气候变化和稳定山区生态系统方面的科研工作。

《战略》指出，目前塔吉克斯坦教育领域存在的主要问题包括：随着经济社会发展，人民日益增长的受教育需求与有限的教育资源供给之间存在矛盾，教育人才的供给与国家社会经济发展需求存在矛盾；教育的覆盖率有待提高，特别要提高学前教育和初等职业教育的覆盖率，尤其需要提高农村地区女性的教育覆盖率；需要继续促进教育公平；通过延长教育时长和提高教学效率来提高教育水平；推进和发展终身化职业教育。

《战略》指出了教育发展的主要限制因素有农村地区教育可享受的优质资源极为有限和短缺，教育竞争和监管机制不健全，初等和中等职业教育缺乏吸引力，企业对职业教育的参与度不够。

《战略》还指出了塔吉克斯坦未来教育领域的五大优先发展方向。第一，保障教育公平，提高教育覆盖率。国家将采取措施在城市和农村地区新建或修缮教育机构，为学前教育机构和普通教育机构提供供暖、供电、供水、卫生、通信和交通方面的保障。完善教育机制，扩大女童和妇女接受各级教育的机会。在教育领域创造良好的竞争环境等。第二，提高各级各类教育质量。国家将制定、通过和应用新的教育长效评价机制。第三，提高教育领域财政政策的可持续性和有效性。建立可持续的法律基础，促进国立和私立教育机构合作，形成稳定的教育投资机制，保障教育机构财务工作的透明性等。第四，发展国家科学和研发中心。建立和支持一体化的科学教育机构，发展创新基础设施，形成和应用国际教育和科研合作体系，支持科研和企业合作，支持跨部门研发合作等。第五，增强国家的科学潜力。制定和践行至 2030 年前国家科学潜力发展理念，支持国际科学合作等。

《战略》指出了 2030 年前教育领域取得的预期成果（见表 10.4），包括：提高学前和普通教育适龄儿童的覆盖率；100% 的适龄儿童会接受中等（完全）普通教育；专业教师数量提高 20%；保障至少 50% 的 5—18 岁儿童获得免费的补充教育；缩小职业教育中的性别差距和城乡差距；保障至少 30% 的劳动者参与成人教育；完善教育质量评价体系；提高教师专业素质，组建高水平师资队伍；完善教育基础设施；提升各类教育质量；确保国家标准的有效实施；保障科研领域的投入不低于国内生产总值的 1.5%，科研工作者的工资与国家经济部门平均工资比例不低于 1.25∶1。

表 10.4《塔吉克斯坦共和国至 2030 年前国家发展战略》主要教育指标 [1]

年份	2015	2020	2025	2030
接受职业教育人数占总就业人数比例	26%	不低于30%	不低于50%	不低于60%
3—6 岁儿童的学前教育机构覆盖率	12%	30%	40%	50%
普通教育的平均就读时间	9.6 年	10 年	11 年	12 年

---

[1] 资料来源于塔吉克斯坦共和国教育与科学部官网。

年份	2015	2020	2025	2030
科学领域总投入占国内生产总值的比例	0.15%	不低于0.8%	不低于1.2%	不低于1.5%

第二节 实施与挑战

一、政策与规划的实施

近年来，塔吉克斯坦在教育领域实施了一系列的政策与规划。这些政策取得了良好的效果，各级各类教育机构数量不断增加，教育机构类型呈现多样化，教育覆盖率不断提高，教育质量不断提升，师资结构不断优化，教育经费的投入逐年增加，教育国际化程度不断加深。然而还有一些教育政策与规划未能取得预期成果，教育改革的步伐仍在继续。

2014 年 5 月 3 日，塔吉克斯坦颁布了《2014—2020 年私立学前和中等普通教育机构发展规划》。文件规定，2014—2019 年，塔吉克斯坦应建立 859 所私立学前教育机构。然而，时至今日在塔吉克斯坦 153 所各类学前教育机构中共有 15.1 万名学生，占适龄儿童的 15.9%，这一指标不符合要求，也不能满足居民对学前教育机构日益增长的需求。[1]

独立后，塔吉克斯坦已经建立了众多科学研究项目和规划，每年约有 350 个项目受到国家预算的资助，但实际上没有取得切实的成果。

2008 年 7 月 2 日，塔吉克斯坦颁布了《塔吉克斯坦共和国 2009—2015 年科学人才培养规划》。然而，分析表明，该规划并未得到有效落实。因

---

[1] 资料来源于塔吉克斯坦共和国教育与科学部官网。

此，尽管目前高等教育机构的数量在不断增加，但副博士和博士的毕业人数却比 1985 年减少了约 300 人。[1]

2010 年 9 月 2 日，塔吉克斯坦颁布了《塔吉克斯坦共和国 2011—2015 年普通教育机构计算机化国家规划》。据相关数据显示，塔吉克斯坦共和国教育与科学部制定的为教育机构配备计算机的规划实际上并未得到有效执行。尽管一些普通教育机构的硬件设施得到了改善，但大多数普通教育机构中计算机仍然缺乏保障。

2019 年 8 月 30 日，塔吉克斯坦颁布了《塔吉克斯坦共和国至 2030 年前完善俄语和英语教学与研究国家规划》。目前，该规划已经实施到第三阶段，但尚未有明显的成果产出。

2017 年 11 月 29 日，塔吉克斯坦颁布了《2018—2020 年为共和国普通教育机构配备学科室和教学实验室的国家规划》。该规划的执行未取得预期效果。从 2006 年至今，近 3 800 所中等普通教育机构、70 所科学机构、所有高等教育机构，以及精密科学和技术科学领域的 34 个研究所、医疗机构各个领域的实验室都没有配备足够的现代实验室设备和化学试剂。[2]

二、政策与规划的挑战

独立后，塔吉克斯坦教育改革的脚步从未停歇，政府采取了各种措施发展教育，但教育领域至今仍然面临着种种挑战。

---

[1] 资料来源于塔吉克斯坦共和国教育与科学部官网。
[2] 资料来源于塔吉克斯坦共和国教育与科学部官网。

（一）内部挑战

第一，教育基础设施相对薄弱，教学场所不足，教学技术设备落后。《塔吉克斯坦共和国至 2020 年前国家教育发展战略》《塔吉克斯坦共和国至 2030 年前国家发展战略》等文件都指出，塔吉克斯坦教育发展面临最严峻的挑战之一便是教育基础设施薄弱。

第二，塔吉克斯坦各类教育机构师资力量短缺。独立后的内战导致大量教育人才流失，生活条件和社会地位下降迫使许多教师弃教从商。内战结束后，塔吉克斯坦政府采取各种措施提高教师待遇、提升教学水平，但目前大量具备专业技能的师资力量仍在不断向国外流失，尤其是普通教育机构的教师严重短缺。据统计，2015—2016 学年，塔吉克斯坦各地区教育部门向国家提交了 3 715 份教师短缺的申请。由于本国教学科研人员大量外流和引进人才面临困难，教师短缺的现象还将长期存在。

第三，教材和教学资料不足。1996 年，塔吉克斯坦国家预算停止为普通教育机构发放免费教材，教材商业化导致教材在出版、发行和获取方面出现了一系列问题。此外，教育机构中现有教材的内容大都是信息性的，没有提供足够的材料来激发学生的思维能力。教材内容老旧，教学内容无法满足新时代教育发展的需求。俄语、中文、乌兹别克语和土库曼语等外语教学面临本土教材缺乏的挑战。

（二）外部挑战

随着教育国际化程度的不断加深，塔吉克斯坦面临着就业困难、人才外流等挑战。塔吉克斯坦本国职位空缺少，工资收入普遍不高。有些毕业生毕业后选择到俄罗斯、哈萨克斯坦或其他国家工作。然而有些他国用人单位对塔吉克斯坦教育的专业技能及水平表示不信任，塔吉克斯坦各类教育机构颁发的文凭出现不被认可的情况。此外，大量的人才不断外流，整体上降低了塔吉克斯坦存留人才的平均水平，使塔吉克斯坦在人才培养上面临巨大的沉没成本，在一定程度上改变了国家关键性人才的供给状况，给国家带来人才资源的损失。

第十一章　教育行政

　　塔吉克斯坦教育行政管理体制改革始于 1993 年 12 月 27 日正式颁布的《塔吉克斯坦共和国教育法》。该法明确了塔吉克斯坦共和国教育行政管理是国家性质的，并根据《塔吉克斯坦共和国宪法》等塔吉克斯坦共和国其他规范性法律和教育机构章程进行。《塔吉克斯坦共和国教育法》明确规定了塔吉克斯坦教育领域的国家管理机构，它们是塔吉克斯坦共和国政府、教育领域的国家授权机构、设有教育培训机构的部委、地方政府机构、地方教育管理机构和乡镇自治机构。私立教育机构的管理由各私立教育机构负责人按照塔吉克斯坦共和国政府和该机构章程批准的标准和规定执行。

　　由此可见，塔吉克斯坦教育行政管理体制可分为两个层次。第一层次为中央教育行政，行政机构包括塔吉克斯坦共和国政府、教育领域的国家授权机构以及设有教育培训机构的部委。第二层次为地方教育行政，行政机构包括地方政府机构、地方教育管理机构和乡镇自治机构。

　　独立后，随着巨大的社会转型和制度变迁，塔吉克斯坦开展了教育行政管理体制改革。苏联时期高度集权的公共教育体制逐渐改变，在国家教育领域出现了教育分权化趋势。具体体现在重新界定中央和地方在教育领域职权范围并确保机构间的有效互动，扩大教育机构的自主权，建立新的教育管理主体，出现国家-社会管理新模式，办学类型和教育资金筹措方式呈现多样化等。

第一节 中央教育行政

一、中央教育行政机构

（一）塔吉克斯坦共和国政府

《塔吉克斯坦共和国教育法》规定了塔吉克斯坦共和国政府在教育领域的职权范围，主要包括确定并保障将教育发展作为国家和社会政策的优先方向；确保对教育领域的有效管理；根据各部委的提议设置、改组、撤销各类教育机构；批准国家教育标准；批准国家教育发展的预测、理念、战略和方案及其物质技术和财政支持；确定科学、技术、创新研究及相关的优先发展领域，支持教育机构中技术园、科学中心的发展；建立研究创新中心和技术园；开展部门间科学技术协调，以确保理念、方案和科学创新技术交流项目的执行；批准颁发许可证、国家认证、教育机构的活动评估条例以及教育机构教育科研人员鉴定条例；批准职业和专业设置；批准职业教育领域的专业设置；批准塔吉克斯坦共和国对高等职业教育机构全国统一考试的条例（2014 年 7 月 26 日修订，第 1125 号法令）[1]；确定教育部门财政标准、国立和非国立教育机构的预算条例；根据有关部委的提议，任命和解除高等职业教育机构的校长；批准国家教育文件、优秀毕业证书；确定教育机构工作人员的工资和津贴，确定教师、本科生、硕士生、博士生和科研人员的奖学金规范；确定和批准教育领域统计数据的统计程序；批准毕业生分配和就业程序以及其他根据塔吉克斯坦共和国法律法规履行的职权。

---

[1] 2014 年起，塔吉克斯坦实施全国统一考试。塔吉克斯坦共和国政府是负责批准塔吉克斯坦共和国高等职业教育机构全国统一考试条例的行政管理机构。

（二）国家授权机构

国家授权机构在教育领域的职权范围主要包括执行国家教育政策；保障公民在教育领域的权利和自由；根据教育标准监督教育机构的教学过程；签署教育领域的合作协议；制定教育机构的示范条例和其他规范性法律法规，并提交塔吉克斯坦共和国政府批准；根据有关教育机构的示范条例和其他监管法律法规，批准有关教育机构的活动章程、细则和示范规则等。

（三）设有教育培训机构的部委

设有教育培训机构的部委的职权范围主要包括与国家授权机构达成一致，向塔吉克斯坦共和国政府提交有关设置、改组、撤销各类教育机构的提议；根据高等职业教育机构校长的提议任命和解除副校长以及任命和解除初等、中等职业教育机构负责人；根据教育标准保障教育机构教学过程的实施；审议相关领域教育机构的教学计划、教学大纲等教学文献，将其提交至国家授权机构批准，并根据财政状况进行出版；组织对职业教育机构的教师和其他工作人员进行进修、再培训、补充教育和鉴定等。

2013 年 11 月 19 日，塔吉克斯坦总统埃莫马利·拉赫蒙签署第 12 号《塔吉克斯坦共和国关于完善国家权利执行机构体系的总统令》，根据总统令，塔吉克斯坦共和国教育部改组为塔吉克斯坦共和国教育与科学部，将执行科学政策的职能从塔吉克斯坦共和国科学院划归给塔吉克斯坦共和国教育与科学部负责。

2014 年 3 月 3 日，塔吉克斯坦颁布了《塔吉克斯坦共和国教育与科学部条例》（2017 年 1 月 25 日修订），规定了塔吉克斯坦共和国教育与科学部的地位、权力和组织活动等职权范围，明确塔吉克斯坦共和国教育与科学部是国家在教育和科学领域的中央执行机构，负责执行国家统一的政策，对国家的教育、教学、科学技术活动进行监督以及对教育和科学机构的学生提供支持和社会保护，规定了塔吉克斯坦共和国教育与科学部的组织结构，包括司局机构、教育机构以及教育类社会团体和组织。

随着塔吉克斯坦教育改革工作的推进，为了不断完善教育行政管理，建立一个有序、高效的教育行政管理体系，国家共对《塔吉克斯坦共和国教育与科学部的条例》进行了 11 次修订。例如，在 2015 年 6 月 3 日的修订中，塔吉克斯坦共和国教育与科学部的职权中增加向塔吉克斯坦共和国政府提议设立教育与科学部国外代表处，塔吉克斯坦共和国教育与科学部的管理体系中增设塔吉克斯坦共和国教育与科学部驻俄罗斯联邦代表处；在 2016 年 2 月 10 日的修订中，增设"萨尔瓦尔"女性教育中心。

二、中央教育行政的革新主张与实践

独立后，随着巨大的社会转型和制度变迁，塔吉克斯坦教育事业在实践中不断发展和创新，在教育管理、教育财政、教育结构、教师教育、教学内容、道德教育、国际交流等领域都进行了一系列的改革。随着塔吉克斯坦教育改革进程不断加快，国家教育理念确立了新的目标和任务，包括更新教育内容，提高教育水平；提高教育工作者的社会地位和薪资；调整教育结构，培养满足劳动力市场需求的人才；确保教育财政系统稳定性，寻求教育经费的多渠道筹措方式；改善各级教育系统的管理。所有这些目标和任务的达成首先要依靠有效的教育管理体制。因此，有必要建立一个健全有效的管理体制，以确保教育快速高质发展。

中央教育行政为教育管理体制改革提供了顶层设计，明确了塔吉克斯坦教育改革的主要方向是教育分权。独立后，塔吉克斯坦颁布的几个主要教育法律文本——1993 年颁布的《塔吉克斯坦共和国教育法》、2009 年颁布的《塔吉克斯坦共和国高等和大学后职业教育法》和 2017 年颁布的《塔吉克斯坦共和国高等职业教育国家标准》，都用相当的篇幅对中央政府、地方政府和教育机构的职权范围做出了明确规定。

塔吉克斯坦政府通过教育改革，逐渐改变了苏联时期高度集权的公共教育体制，教育领域出现了教育分权化趋势。具体体现在重新界定中央和地方在教育领域的职权范围并确保各机构间有效互动，扩大教育机构的自主权，出现新的教育管理主体，采用国家-社会教育管理新模式。

（一）重新界定中央和地方在教育领域的职权范围

独立后，塔吉克斯坦在中央和地方教育管理职权范围划分方面进行了重大改革，改变了苏联时期地方完全从属于中央的管理状况。这一改革是从 1993 年 12 月 27 日正式颁布《塔吉克斯坦共和国教育法》开始的。《塔吉克斯坦共和国教育法》第 4 章"教育体系的管理"中明确规定塔吉克斯坦教育体系管理机构有塔吉克斯坦共和国政府、教育领域的国家授权机构、设有教育培训机构的部委、地方政府机构、地方教育管理机构、乡镇自治机构，并分别对中央和地方两个层次六大教育行政管理机构的职权范围做出了详细的规定。从整体上看，改革缩减了中央管理机构对教育的直接管辖，扩大了地方管理部门在教育领域的职权范围。

（二）扩大教育机构的自主权

教育机构的自主权改革是塔吉克斯坦教育领域分权战略在政府与教育机构关系这一维度上的推进和体现。独立后，塔吉克斯坦政府对教育机构的直接管制有所放松，重新界定政府与教育机构的关系，逐步扩大教育机构的自主权。

1993 年颁布的《塔吉克斯坦共和国教育法》是塔吉克斯坦独立后首次以法律的形式规定教育机构在学术、人事和财务方面的职权范围，为随后塔吉克斯坦教育机构自主权改革奠定了法律基础。《塔吉克斯坦共和国教育法》第 4 章第 38 条专门对教育机构的职权范围做出了规定。第 38 条第 1 款指出："教育机构在塔吉克斯坦共和国法律规定的标准和教育机构章程范围内独立实施教学过程、选拔和配备干部以及开展科学、财务和经营工作。"[1]这规定了塔吉克斯坦高等教育机构在教学、科研、人事和财政方面享有自主权。第 38 条第 2 款详细列举了教育机构的具体职权。

2009 年颁布的《塔吉克斯坦共和国高等和大学后职业教育法》第 5 条对"高等和大学后职业教育机构的自治和学术自由"做出了原则性的专门规定。第 5 条第 1 款指出："高等教育机构的自治是指高等教育机构根据法律和依法制定的高等教育机构章程在选择和配备干部、教学、科研、财政活动、经营活动以及其他方面的活动中享有自主权。"[2] 这是对《塔吉克斯坦共和国教育法》第 38 条的扩充。第 5 条第 2 款规定："高等职业教育机构可以按照国家教育管理部门的规定，部分或全部（部分课程除外）使用远程学习技术来实施教学计划。"[3] 第 5 条第 4 款界定了学术自由和学术责任："高等院校的教师队伍、科研人员和学生享有学术自由，包括编写课程大纲、选择教学方法、选择科研主题，满足每个教师的道德需求。"[4]

2017 年颁布的《塔吉克斯坦共和国高等职业教育国家标准》对高等教育机构在各个方面的自主权做出了非常详细的阐述，这对塔吉克斯坦落实教育机构自主权具有十分重要的意义。第 5 条"高等职业教育机构在确定高

---

[1] 资料来源于塔吉克斯坦共和国教育与科学部官网。
[2] 资料来源于塔吉克斯坦共和国教育与科学部官网。
[3] 资料来源于塔吉克斯坦共和国教育与科学部官网。
[4] 资料来源于塔吉克斯坦共和国教育与科学部官网。

等职业教育内容方面的学术自由"规定:"高等职业教育机构在本标准基础上制定大纲,并根据塔吉克斯坦共和国的劳务市场要求以及国内实际情况,确定教学工艺并提交塔吉克斯坦共和国教育与科学部批准。"[1]

从整体上看,独立后,塔吉克斯坦教育机构在教学、科研、人事和财政方面的自主权都得到了扩大。

其一,塔吉克斯坦教育机构在教学大纲的编写、教学方式的选择、教学过程的组织等方面都拥有了自行决定的权利;教育机构的教学和科研人员在科研课题的选择、科研活动的开展方面也有了较大自主权;学生可以根据自己的意愿提出申请,并参加全国统一考试,成绩合格者均可进入高等教育机构学习,同时高等教育机构也可以自行制定与国家招生程序不相抵触的部分招生规则,根据各自教育机构的发展情况确定自费生招生人数。

其二,苏联时期实行的是高等学校教师终身教职制度,高等学校教师属于国家工作人员,高等学校自己无权决定是否使用教职工。[2]独立后,塔吉克斯坦教育机构可以自行开展人员的选拔、招聘和安置等工作。

其三,教育机构可以自行寻找稳定、可靠的资金来源以实施教育机构章程规定的活动,负责在自有和预算资金范围内确定教育机构雇员的工资薪金标准,设立津贴和公务薪金的额外补贴以及学校雇员的奖金发放程序和数额,教育机构可以通过提供宪章规定的有偿教育服务以及通过个人和法人(包括外国公民)的自愿捐款和有针对性的捐款吸引更多的资金。

(三)出现新的教育管理主体

独立后,塔吉克斯坦教育领域成立了一些新的教育管理机构。这些机

---

[1] 资料来源于塔吉克斯坦共和国教育与科学部官网。

[2] 刘淑华. 俄罗斯教育战略研究 [M]. 杭州:浙江教育出版社,2014:79.

构负责直接落实国家的教育政策，它们伴随塔吉克斯坦教育改革的步伐应运而生，极大地优化了教育管理结构，提高了国家教育管理的水平和效率。这些新的管理主体包括塔吉克斯坦教育科学院、教育发展研究所、国家教育监督局、共和国教学法中心、信息通信技术中心、共和国校外教育中心、天才儿童工作中心、国际项目中心、塔吉克斯坦共和国总统国家考试中心等。除了设立新的独立的教育管理机构，塔吉克斯坦共和国教育与科学部也增设了教育体系改革分析和发展部门、计划管理部门、教育领域预算执行和预测部门，成立了国际关系部门、教育管理信息系统部门、投资项目部门等。

2014 年，塔吉克斯坦开始实行全国统一考试。2014 年 2 月 10 日，塔吉克斯坦政府颁布法令，决定成立塔吉克斯坦共和国总统国家考试中心，负责组织和举办全国统一考试。

塔吉克斯坦共和国总统国家考试中心的目标是对申请人的知识和技能进行客观和公正的评估，确保其平等地获得中等和高等职业教育；研究和评估初等普通、基础普通和中等（完全）普通教育机构学生的知识水平。考试中心的任务是组织和实施全国统一考试，并根据考试结果、所选专业和招生计划，将申请人分配给塔吉克斯坦的中等和高等职业教育机构；研究和评估教育质量，并参与学生知识水平和质量的国际评估计划。考试中心的主要活动方向包括向公众介绍塔吉克斯坦的教育机构，制定有关全国统一考试组织和开展的规范性法律法案，制定考试计划，制定和批准考试题目，在塔吉克斯坦选拔和确定报名点和考点，组织全国统一考试，协调有关政府机构参与以确保报名点和考点的安全和公共秩序。

自 2015 年以来，塔吉克斯坦共和国总统国家考试中心不仅在高等职业教育机构中组织和开展全国统一考试，还在中等职业教育中组织和开展全国统一考试。此外，考试中心在初等普通、基础普通和中等（完全）普通教育机构中研究和评估学生的知识水平，并举办全国奥林匹克竞赛。

2020 年，塔吉克斯坦将国家教育监督局改组为塔吉克斯坦共和国总统教育与科学监察署。2020 年 3 月 5 日，塔吉克斯坦总统埃莫马利·拉赫蒙正式签署关于成立塔吉克斯坦共和国总统教育与科学监察署的法令。塔吉克斯坦共和国总统教育与科学监察署主要负责教育和科学领域的监督、监察与评估，工作职责包括监督在教育和科学领域执行统一的国家政策，检查和监督教育机构在教育、科学、技术、教育科研人员培训考核等方面的法律法规和国家教育标准的执行情况；评估教育机构教育过程的组织和本科生、研究生的知识水平和培养质量；对教育机构、教育管理机构开展许可证认证、评估；对教学科研人员进行鉴定等。

（四）采用国家-社会教育管理新模式

随着中央政府对高等教育资助能力的缩减和高等教育市场性质的加强，在市场经济条件下，国家高等教育运作的一个必然走向就是面向社会市场，扩大社会参与。[1]

独立后，塔吉克斯坦教育管理体制出现了从国家管理教育机构向国家和社会共同管理教育机构方向的转变。目前，塔吉克斯坦已经广泛地吸收社会组织参与教育机构的管理。例如，国家将亚万区作为试点单位，正在实施"通过社会组织的参与来推动教育改革"项目，其中一项优先任务是使社会组织参与教育机构管理。

---

[1] 陈列. 市场经济与高等教育——一个世界性的课题 [M]. 北京：人民教育出版社，1998：51.

第二节 地方教育行政

一、地方教育行政机构

（一）地方政府机构

地方政府机构的职权范围主要包括在地方贯彻执行国家教育政策法规，制定和实施符合区域社会经济、文化、人口等其他特点的地方教育发展规划；根据国家授权机构和其他国家相关机构规定设置、改组、撤销地方各类教育机构；编制地方教育经费预算，包括教育部门的预算和用于发展教育的相应基金，制定和批准资助教育部门的地方标准，其标准不得低于塔吉克斯坦共和国政府批准的最低标准；为地方教育机构的发展提供物质和技术支持；负责地方的教育统计并向上级部门提交等。

（二）地方教育管理机构

地方教育管理机构的职权范围主要包括管理由地方预算资助的教育机构；确保适龄儿童接受学前教育；对无人照管的未成年儿童实施监护权，将其安置在孤儿院或寄宿学校，任命其他监护人或受托人并监督其活动；确保地方教育机构的教学活动符合国家教育标准的要求；对教育领域的教师和其他工作人员进行鉴定；按照国家规定在地方中等和高等职业教育机构中培养人才；对地方教育机构的活动进行认证和评估等。

（三）乡镇自治机构

乡镇自治机构的职权范围主要包括同意在相关地区撤销学前教育机构和普通教育机构，协助改善教师和其他教育工作者的教学环境以及物质和生活条件，采取措施改善教师和其他教育工作者的社会条件，根据塔吉克斯坦共和国的法律法规行使其他权力。

二、地方教育行政的革新主张与实践

随着地方教育行政在教育管理体制中的职权范围不断扩大，地方教育行政在教育管理中发挥着越来越大的作用。总体来看，中央行政管理机构负责实施中央教育政策，地方行政管理机构负责贯彻和实施国家教育政策，制定地方的教育标准，统筹和协调地方教育发展。地方行政管理机构在教育决策过程中拥有了更大的自主权，在处理一些实际问题上，地方行政管理机构可以从自身的实际情况出发，根据本地区的发展特点安排相关教育事务，进行地区内的教育协调管理。

在学前教育和普通教育方面，地方教育行政管理部门负责保障适龄儿童接受必要的学前教育和九年义务教育。例如，独立初期，内战造成孤儿和无人照管儿童的数量急剧增加。联合国儿童基金会在 1995 年进行的一项研究表明，当时塔吉克斯坦共有 6 万多名孤儿和无人照管儿童。塔吉克斯坦地方教育行政机构和教育部一起努力在寄宿学校和孤儿院中安置孤儿和无人照管儿童，为其组织和开展教育活动。

在地方教育财政方面，苏联时期，地方预算完全从属于中央预算，联邦主体和地方缺乏对教育预算收入和预算支出的自主权。[1] 独立后，国家教

---

[1] 刘淑华. 俄罗斯教育战略研究 [M]. 杭州：浙江教育出版社，2014：43.

育经费不足以保障教育机构所需的资源，国家改变了教育的拨款方式，促使地方承担一部分的财政责任。因此，地方教育行政机构承担了一部分的地方初等、中等和高等教育机构的财政拨款，开始积极引入预算外资金，鼓励地方教育机构从第二渠道或第三渠道自筹教育发展经费。

《塔吉克斯坦共和国教育法》第6章规定了各类教育机构的收入来源，包括预算内和预算外资金，主要有：各级政府的预算拨款；教育机构通过提供有偿性教育服务获得的资金；自然人和法人，包括外国人的自愿捐赠和专项资助。为了保障教育机构的预算外资金来源，地方行政机构和教育机构努力寻找教育经费的多渠道筹措方式。

在地方教育机构管理方面，地方教育管理部门相比苏联时期有了更大的自主权，可以对地方教育机构的活动自行进行认证和评估，同时对专业教师和其他教育工作者进行鉴定。

此外，地方教育管理部门根据地区的发展情况自行成立社会组织和吸引社会组织参与教育管理。例如，为了保障地方教育机构的教学质量，地方教育行政机构在塔吉克斯坦普通教育机构中成立了家长与教师协会。家长与教师协会理事会可参与学校的发展规划，寻找预算外资金，支持教育服务项目，购买教科书和教学资料等。

自2001年起，塔吉克斯坦社会组织慈爱国际（CARE International）开始执行各类教育项目。这些教育项目积极吸引社会组织参与教育管理，在塔吉克斯坦的一些试点学校开设学校管理委员会，委员会成员包括学生家长、教师和地方政府成员，委员会成员共同参与学校的管理。近年来的经验表明，学校管理委员会在学校管理过程中发挥了重要的作用。典型的案例是塔吉克斯坦沙赫里纳夫区第18学校设立的学校管理委员会。在学校翻新时，学校管理委员会的成员能在短时间内动员民众共同参与。此外，学校管理委员会还积极获取国际组织的资助，在学校开设了网络中心。

第十二章 中塔教育交流

　　中塔两国教育资源各具特色，互补性强。两国教育交流源远流长。在推动教育国际交流与合作方面，双方有着得天独厚的地缘和文化传统优势，教育合作前景广阔。在"一带一路"框架下，中塔两国携手发展教育既是两国互利合作的需要，也是推动两国教育改革发展的现实要求。多年来，两国在教育领域开展了一系列富有成效的交流与合作。历史经验告诉我们，中塔教育合作符合双方利益，只有加强教育合作，才能实现教育共同发展、造福两国人民。

第一节　交流历史

　　中国与塔吉克斯坦地理相接、人缘相亲。中塔两国交往具有悠久的历史。2 000多年前，中国汉代张骞远行西域，开辟了著名的丝绸之路，也开启了中塔两国人民友好交往的历史。丝绸之路不仅是一条通商之路，也是一条人文合作之路、教育合作之路。古丝绸之路兴起后，东西方商贾云集于塔吉克人及其祖先的居住地——布哈拉、彭吉肯特、霍罗格、苦盏、吉萨尔等城市，不仅带动了贸易的发展，而且推动了文明的交融互鉴。

　　东汉时期，班超出使西域达30年，使中亚地区与中国内地的关系有了进一步发展。唐朝时期，玄奘在此留下了友好的足迹，玄奘在《大唐西域记》里曾多次提到穿越"葱岭"，"葱岭"就是今天的帕米尔高原地区。在海上丝绸之路开通之前，葱岭古道是中国通往南亚和西亚的唯一通道。唐朝时期，粟特人与中国的往来十分密切，唐三彩骆驼载乐俑更是生动地刻画了粟特人的身影。粟特人居住地之一就是今塔吉克斯坦。中国唐朝时期，塔吉克地区正处于萨曼王朝时期。伊斯梅尔·索莫尼[1]在位期间不止一次地向中国派遣使者，以建立和发展同中国的政治、经贸和文化联系。这一时期，两国在文化、艺术、教育等领域有着密切的联系。鲁达基等历史文化名人的故事一直在中国广泛流传。据研究人员考证，塔吉克著名医学家伊本·西纳对中国传统中医理念有着很深的影响，其著作《医典》被翻译成中文。

公元 10 世纪，中国的茶叶通过古丝绸之路传入塔吉克及中亚地区。茶成为塔吉克家庭餐桌上的必备之物，茶文化逐渐融入当地民众生活并形成了自己的特色。元朝时期，中国统治者经常邀请布哈拉和撒马尔罕的知名专家学者来到中国，他们参与中国的科学、教育、经济和建筑等各个领域的工作。明朝时期，陈城曾多次出使西域，并将见闻编写成《西域行程记》《西域番国志》等书，巩固了明朝和西域各国的政治、经济、文化联系。明朝出版的字典里常见塔吉克文用语。

1991 年 9 月 9 日，塔吉克斯坦共和国宣布独立。中国是较早承认塔吉克斯坦独立的国家之一，也是第一批同塔吉克斯坦建立外交关系的国家之一。1992 年 1 月 4 日，中国与塔吉克斯坦正式建交。1994 年 9 月 30 日，中国驻塔吉克斯坦大使馆开馆。塔吉克斯坦独立后，两国在教育领域的合作逐渐发展，日趋成熟。中塔两国教育交流的历史大体可分为三个时期：接触探索期、友好合作期和加速发展期。

---

[1] 伊斯梅尔·索莫尼（849—907），萨曼王朝的伟大领袖，被尊称为"塔吉克民族之父"。

一、接触探索期

塔吉克斯坦独立初期，内战和经济危机使教育、科学、文化事业呈现出前所未有的衰退。然而，这一时期，中塔两国的教育合作已经得到了两国政府的高度重视。1993 年 3 月 8—11 日，塔吉克斯坦共和国最高苏维埃主席埃莫马利·拉赫莫诺夫对中国进行正式访问，双方签署了《关于中华人民共和国和塔吉克斯坦共和国相互关系基本原则的联合声明》（1993 年 3 月 9 日，北京），第六条规定："双方将促进扩大两国在科技、教育、文化、新闻、卫生、旅游、体育等领域的相互合作。"[1] 这为两国的教育合作奠定了坚实的基础。

1993 年 3 月 8 日，以时任塔吉克斯坦教育部部长都德·胡捷娃为团长的塔吉克斯坦教育代表团访问中国，中塔双方举行教育交流会谈，讨论了两国教育合作的现状和前景。1993 年 12 月 27 日，中塔两国签署《中华人民共和国政府和塔吉克斯坦共和国政府文化合作协定》（1993 年 12 月 27 日，杜尚别），文件对两国在教育领域合作和交流的方式进行了规定，第二条指出："双方促进教育领域按下列方式进行交流与合作：根据需要和可能派遣学者、教师和专家访问以交流经验，进行学术研究和教学；根据需要和可能相互提供奖学金名额；研究签订一项相互承认双方有关机构授予的文凭、学位和学术职称的协议的可能性；促进两国高等院校之间建立直接联系；鼓励两国教育机构交换教科书和其他教育方面的图书、资料。"[2]

1996 年，塔吉克斯坦总统埃莫马利·拉赫莫诺夫第二次访华，双方签署了《中华人民共和国和塔吉克斯坦共和国联合声明》（1996 年 9 月 16 日，北京），第四条指出："扩大双边文化、教育、旅游、体育等领域的联系与交

---

[1] 中华人民共和国—条约数据库. 关于中华人民共和国和塔吉克斯坦共和国相互关系基本原则的联合声明 [EB/OL].（1993-03-09）[2020-09-11]. http://treaty.mfa.gov.cn/tykfiles/20180718/1531876689665.pdf.

[2] 中华人民共和国—条约数据库. 中华人民共和国政府和塔吉克斯坦共和国政府文化合作协定 [EB/OL]. (1993-12-27) [2020-09-11]. http://treaty.mfa.gov.cn/tykfiles/20180718/1531876689954.pdf.

流，积极落实在这些领域已经达成的合作协议。"[1]

1999 年 8 月 11—14 日，塔吉克斯坦总统埃莫马利·拉赫莫诺夫第三次访华，双方签署《中华人民共和国和塔吉克斯坦共和国关于进一步发展两国睦邻友好和互利合作关系的联合声明》（1999 年 8 月 13 日，大连）。《声明》第一条指出："双方对两国建交以来在政治、经济、文化、科技、教育等领域互利合作的发展感到满意，并决心恪守和平共处五项原则，保持和发展长期稳定的睦邻友好、互利合作关系。"[2]

2000 年 7 月 3—5 日，中塔两国签署了《中华人民共和国和塔吉克斯坦共和国关于发展两国面向 21 世纪的睦邻友好合作关系的联合声明》（2000 年 7 月 4 日，杜尚别）。[3]

2002 年 2 月 1 日，中塔两国教育部签署了《中华人民共和国教育部和塔吉克斯坦共和国教育部教育合作协议》[4]，协议对两国互派学生和教师、教育代表团互访等事宜做出了规定。协议铸造了中塔两国教育合作的宏观框架，协议的签署标志着两国的教育合作开始走向制度化和常态化，开始全面、系统地进入双边合作模式。

2002 年 5 月 16—19 日，塔吉克斯坦总统埃莫马利·拉赫莫诺夫访华，中塔两国签署了《中华人民共和国和塔吉克斯坦共和国联合声明》。

塔吉克斯坦独立初期，塔吉克斯坦的青年更愿意选择到俄罗斯以及欧美国家留学，来华留学生人数并不多。据统计，1993—2005 年，塔吉克斯

---

[1] 中华人民共和国—条约数据库. 中华人民共和国和塔吉克斯坦共和国联合声明 [EB/OL]. (1996-09-16) [2020-09-11]. http://treaty.mfa.gov.cn/tykfiles/20180718/1531876748837.pdf.

[2] 中华人民共和国—条约数据库. 中华人民共和国和塔吉克斯坦共和国关于进一步发展两国睦邻友好和互利合作关系的联合声明 [EB/OL]. (1999-08-13) [2020-09-11]. http://treaty.mfa.gov.cn/tykfiles/20180718/1531876798454.pdf.

[3] 中华人民共和国中央人民政府. 中华人民共和国和塔吉克斯坦共和国关于发展两国面向 21 世纪的睦邻友好合作关系的联合声明 [EB/OL]. （2000-07-04）[2020-09-11]. http://www.gov.cn/gongbao/content/2000/content_60359.htm.

[4] 中华人民共和国教育部. 中华人民共和国教育部和塔吉克斯坦共和国教育部教育合作协议 [EB/OL]. （2002-02-01）[2020-09-11]. http://old.moe.gov.cn/publicfiles/business/htmlfiles/moe/moe_858/201005/87631.html.

坦来华留学生共计 265 人。主要原因在于当时中塔之间缺少直达航班、铁路和公路交通，中国公司在塔吉克斯坦的投资活动较少，信息匮乏，第一批塔吉克斯坦留学生回国后并没有找到中文的对口工作等。

二、友好合作期

2004 年 5 月 25 日，中塔边境卡拉苏–阔勒买口岸正式开放，这是中国开放的国家一类陆路人货双功能口岸。2004 年 5 月 10 日，中国南方航空公司开通了乌鲁木齐–杜尚别航线。2007 年 3 月 13 日，南航再次开通乌鲁木齐–苦盏航线。口岸的开放和直达航线的开通为两国人员和货物运输提供了极大的便利，也进一步促进了两国在经贸、文化和教育领域的合作。2006 年起，中国政府开始在塔吉克斯坦投资实施国家大型基础设施项目，大批中国企业进入塔吉克斯坦的采矿、能源、交通等领域。两国经贸合作的发展也增加了塔吉克斯坦对中文人才的需求。

2006 年 6 月 15 日，上海合作组织成员国政府共同签署了《上海合作组织成员国政府间教育合作协定》。该协定是上海合作组织成员国开展教育合作的基础性法律文件之一。

2006 年 9 月 16 日，中塔两国发表《中华人民共和国政府和塔吉克斯坦共和国政府联合公报》。《公报》指出："双方将继续发展文化、教育、卫生、旅游和体育等领域的合作，积极促进两国青年团体的交流，鼓励两国地方和民间开展友好交往，进一步加深两国人民的相互了解和友谊。"[1]

2006 年 10 月 18 日，上海合作组织成员国首届教育部长会议在北京举行。会议旨在落实上海合作组织上海峰会和杜尚别政府首脑会议关于教育

---

[1] 中华人民共和国驻塔吉克斯坦共和国大使馆. 中华人民共和国政府和塔吉克斯坦共和国政府联合公报 [EB/OL]. (2006-09-16) [2020-09-11]. http://tj.china-embassy.org/chn/sbgx/t273733.htm.

合作的有关事项，研究落实《上海合作组织成员国政府间教育合作协定》，进一步推进上合组织成员国的教育合作。会议决定成立成员国常设教育专家工作组，批准了专家工作组工作条例，并责成专家工作组继续就制定成员国政府间学历证书及学制互认协定文本草案开展工作。

2007年1月15日，中塔两国签署《中华人民共和国教育部和塔吉克斯坦共和国教育部教育合作协议补充协议书》。

2007年1月15—21日，塔吉克斯坦总统埃莫马利·拉赫莫诺夫对中国进行国事访问，双方签署了《中华人民共和国和塔吉克斯坦共和国睦邻友好合作条约》（2007年1月15日，北京）。《条约》第十条规定："缔约双方将积极鼓励文化、教育、卫生、司法、新闻、体育、旅游等领域的协调与合作，推动两国省州、友好城市、民间团体和企业加强友好往来和互利合作。"[1]

2008年8月27日，新疆师范大学和塔吉克斯坦民族大学两校合作，开办塔吉克斯坦民族大学孔子学院。这是中方在塔吉克斯坦开设的第一所孔子学院。

2012年6月1—7日，塔吉克斯坦总统埃莫马利·拉赫蒙访华并出席上海合作组织北京峰会，双方签署了《中华人民共和国和塔吉克斯坦共和国联合宣言》（2012年6月5日，北京）。《宣言》第十三条规定：双方将继续扩大文化、教育、卫生、旅游、体育和新闻等领域的互利合作，促进两国青年团体的友好交往，支持两国高校建立联系和探讨合作，不断夯实两国友好合作的社会基础。

2006—2013年是中塔教育交流合作的友好合作期。2006—2011年，塔吉克斯坦来华留学生达到3 677名。

---

[1] 中华人民共和国外交部. 中华人民共和国和塔吉克斯坦共和国睦邻友好合作条约 [EB/OL]. (2007-01-15) [2020-09-11]. https://www.fmprc.gov.cn/web/ziliao_674904/tytj_674911/tyfg_674913/t289614.shtml.

三、加速发展期

2013 年，习近平主席提出了"一带一路"倡议，塔吉克斯坦积极响应，塔吉克斯坦是最早与中国签署共建"一带一路"合作文件的国家之一。"一带一路"倡议的提出为中塔两国教育领域合作提供了前所未有的机遇，两国教育合作进入加速发展期。

2014 年，中塔两国签署《中华人民共和国和塔吉克斯坦共和国关于进一步发展和深化战略伙伴关系的联合宣言》（2014 年 9 月 13 日，杜尚别）。《宣言》第五条规定："双方愿进一步加强科技、教育、文化、卫生、体育和旅游等领域合作，扩大教育科研机构、新闻媒体、民间友好组织、文艺团体和青年组织友好交往与合作，不断增进两国人民间的相互了解和友谊。中方愿继续为塔吉克斯坦优秀留学生提供中国政府奖学金，帮助塔方培养各领域专业人才，共同探讨联合办学，并根据实际需要在塔吉克斯坦增设孔子学院，稳步扩大汉语教学规模。"[1]

2014 年 9 月 13 日，中国石油大学（华东）和塔吉克斯坦冶金学院两校合作，开办塔吉克斯坦冶金学院孔子学院。2016 年 8 月 30 日，由中国企业援建的杜尚别中塔友谊学校正式落成。

2016 年 10 月 20 日，第六届上海合作组织成员国教育部长会议在杜尚别举行。与会各方共同回顾了上海合作组织教育合作成果，并制定了下一阶段的合作计划。与会各方共同签署了《会议纪要》，发表了教育部长会议《联合信息公报》。

2017 年 8 月 30 日至 9 月 1 日，塔吉克斯坦总统埃莫马利·拉赫蒙对中国进行国事访问。两国签署了《中华人民共和国和塔吉克斯坦共和国关于建立全面战略伙伴关系的联合声明》（2017 年 8 月 31 日，北京）。《声明》

---

[1] 中华人民共和国中央人民政府. 中华人民共和国和塔吉克斯坦共和国关于进一步发展和深化战略伙伴关系的联合宣言 [EB/OL].（2014-09-13）[2020-09-11]. http://www.gov.cn/xinwen/2014-09/13/content_2750015.htm.

第五条规定："双方愿进一步加强文化、教育、卫生、体育和旅游合作，扩大教育科研机构、新闻媒体、民间友好组织、文艺团体和青年组织友好交往。双方对教育领域合作快速发展表示满意。中方欢迎塔方学生来华学习，并愿为塔提供年度留学生名额，为塔优秀留学生提供中国政府奖学金，协助在塔汉语教学，办好孔子学院。双方认为，中塔科技合作潜力巨大。双方将继续发展两国科技领域特别是高新技术领域的互利合作，加强两国科研机构和高校的联系，制定和落实联合科研教学项目。中方欢迎塔方参加中方举办的各类科技培训班。"[1]

2017 年 8 月 31 日，中塔两国签署《中华人民共和国科学技术部与塔吉克斯坦共和国科学院关于成立中塔科技合作委员会的谅解备忘录》。根据该备忘录，双方将建立中塔科技合作委员会。其主要任务是确定中塔科技合作主要方向、优先领域和合作形式，确定中塔科技合作计划，促进两国科研院所、高校和企业开展多种形式的科技交流与合作。[2]

2018 年 6 月，塔吉克斯坦总统埃莫马利·拉赫蒙来华出席上海合作组织青岛峰会，两国元首对中塔关系未来发展做出新的战略部署。

2018 年 10 月，第七届上海合作组织成员国教育部长会议在哈萨克斯坦举行。会议通过了《2019—2020 年上海合作组织大学发展路线图》等重要文件，为下一阶段上海合作组织教育领域合作提出新任务。

2018 年 10 月 11—14 日，中国国务院总理李克强访问塔吉克斯坦并出席上海合作组织成员国政府首脑理事会第十七次会议。双方签署《塔吉克斯坦与中国外交部 2019—2020 年合作纲要》《关于苦盏与太原结为友好城市的协议》等多项协议。

---

[1] 新华网. 中华人民共和国和塔吉克斯坦共和国关于建立全面战略伙伴关系的联合声明（全文）[EB/OL].（2017-08-31）[2020-09-11]. http://www.xinhuanet.com/world/2017/08/31/c_1121580938.htm.

[2] 中华人民共和国科技部. 中塔签署《中华人民共和国科学技术部与塔吉克斯坦共和国科学院关于成立中塔科技合作委员会的谅解备忘录》[EB/OL].（2017-09-17）[2020-09-12]. http://www.most.gov.cn/kjbgz/201709/t20170907_134805.htm.

2019 年 4 月 28 日，塔吉克斯坦总统埃莫马利·拉赫蒙访问中国并出席第二届"一带一路"国际合作高峰论坛。

2019 年 6 月 14—16 日，中华人民共和国主席习近平在塔吉克斯坦首都杜尚别出席亚洲相互协作与信任措施会议第五次峰会，并对塔吉克斯坦共和国进行国事访问。双方签署了《中华人民共和国和塔吉克斯坦共和国关于进一步深化全面战略伙伴关系的联合声明》（2019 年 6 月 15 日，杜尚别）。《声明》第四条规定："双方将继续加强文化、教育、科学、卫生、体育、电影、广播电视、考古和民间交往等领域合作，扩大新闻媒体、文艺团体、青年组织的交流。……中方欢迎塔方学生来华学习，并愿为塔提供年度留学生名额，为塔优秀留学生提供中国政府奖学金，支持塔方开展好汉语教学，双方共同办好孔子学院。……双方同意扩大科技领域特别是高新技术领域的互利合作，加强两国科研机构和高校的联系，制定和落实联合科研项目。中方欢迎塔方参加中方举办的各类技术培训班，并选派青年科学家赴华进行短期学习、工作。"[1]

第二节 现状、模式与原则

一、中塔教育交流现状

2013 年至今，中塔两国教育合作进入了加速发展时期。2016 年 7 月 13 日，中国国家教育部发布《推进共建"一带一路"教育行动》，提出聚力构建"一带一路"教育共同体，促进区域教育发展。在共建"一带一路"框

---

[1] 中华人民共和国中央人民政府 . 中华人民共和国和塔吉克斯坦共和国关于进一步深化全面战略伙伴关系的联合声明 [EB/OL].（2019-06-16）[2020-09-11]. http://www.gov.cn/xinwen/2019-06/16/content_5400683.htm.

架下，中塔两国教育合作朝更广泛、更深入的方向不断发展，主要表现在两国教育政策沟通不断加强，教育合作渠道不断扩大，民心相通不断增进，两国学生交流工作不断推进，两国语言课程交流不断加强，国际平台作用不断展现，中国对塔吉克斯坦教育援助计划不断推进。

两国教育政策沟通不断增强。近年来，两国政府签署了一系列文化教育领域的合作协议，为推进教育政策互联互通奠定了坚实基础。两国政府积极推动落实《中塔合作规划纲要》，推动"一带一路"倡议同《塔吉克斯坦共和国至2030年前国家发展战略》的深入对接，认真落实中塔文化部2019—2021年合作计划、《2019—2020年上海合作组织大学发展路线图》以及上海合作组织成员国教育部长会议的各项决定，努力构建中塔教育共同体。

两国教育合作渠道不断拓展。中塔两国的普通教育机构、高等教育机构、科研院所、企业和民间组织都保持着紧密的合作关系。两国致力于打造中塔学术交流平台，吸引双方专家学者、青年学生开展科学研究和学术交流。例如，俄罗斯-塔吉克（斯拉夫）大学与大连外国语大学、西安交通大学、新疆大学、新疆师范大学等近50所院校签署了校际合作协议。

两国民心相通不断推进。随着"一带一路"合作项目的深入开展，文化教育交流成为中塔两国合作的重要组成部分。两国在文化教育领域举办学术论坛、举办展览、出版书籍、在中塔两国电视台播放两国纪录片和宣传片、互相上映电影，这一系列活动促进了两国民心相通。

2013年1月24日，在塔吉克斯坦菲尔多西国家图书馆开设中国厅，面积200平方米，由塔吉克斯坦民族大学孔子学院负责运营。中国厅为塔吉克斯坦的中文学习者提供了丰富的中文学习资源和良好的语言环境，是塔吉克斯坦人民了解中国的一个窗口。中国厅里陈列着有关中国文化、经济、旅游等方面的书籍和资料。这里开设了针对12岁以上初级中文学习者的短期培训班，孔子学院每周一、三、五在此开设中文课堂，由塔吉克斯坦民

族大学孔子学院的中文教师负责授课。这里还经常举办中文教学交流会、
展览等各类中塔文化交流活动。

2014 年 2 月 26 日，为庆祝中塔两国领导人首次会晤（1993 年 3 月 9
日），在北京对外友好协会举办了《历史镜头中的中国与塔吉克斯坦》图片
展。2014 年 5 月 11—17 日，在北京举办了塔吉克斯坦文化日。

两国学生交流工作不断推进。中华人民共和国教育部公布的数据显示，
从 2013 年至今，塔吉克斯坦来华留学生数量呈现逐年上升的趋势，从 2013
年的 1 944 名增至 2018 年的 4 007 名（见图 12.1）。中国为塔吉克斯坦提供
的政府奖学金名额从 2013 年的 344 名增至 2018 年的 881 名。中国每年向塔
吉克斯坦派遣留学生。例如，新疆师范大学每年向塔吉克斯坦民族大学语
文系派遣学生进行为期 6 个月的进修。

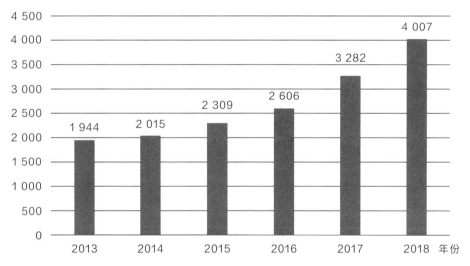

图 12.1 2013—2018 年塔吉克斯坦来华留学生数量变化情况（单位：人）[1]

---

[1] 资料根据中华人民共和国教育部公布的数据整理。

两国语言课程交流不断加强。近年来，塔吉克斯坦出现"中文热"现象，塔吉克斯坦普通和高等教育机构纷纷开设中文专业。传播中文和中国文化的孔子学院在塔吉克斯坦蓬勃发展起来。目前，中国在塔吉克斯坦共开设了两所孔子学院。我国高等教育机构不断加快塔吉克语人才的培养，以尽快适应"一带一路"建设的需要。2016 年，教育部下发《教育部关于公布 2015 年度普通高等学校本科专业备案和审批结果的通知》[1]，北京外国语大学 2015 年度向教育部申报增设的塔吉克语非通用语种本科专业获批成立。

国际平台作用不断展现。中塔两国同为联合国、上海合作组织、亚洲相互协作与信任措施会议的成员国，两国充分发挥现有双边和多边合作机制作用，增加教育合作新内涵。两国积极利用这些国际合作平台，不断加强教育合作交流，尤其是充分发挥上海合作组织大学在联合培养人才方面的重要作用。目前，上海合作组织大学中方项目院校共 20 所，塔方项目院校共 10 所。在上海合作组织大学项目的框架下，两国积极举办和参加"教育无国界"教育周、学术研讨会等各类文化教育活动，就人才培养、教育合作等问题进行深入的交流。

中国对塔吉克斯坦教育援助计划不断推进。近年来，中国政府和企业在塔吉克斯坦资助修建了多所文化和教育机构，有效地改善了塔吉克斯坦的教育教学条件。2011 年 9 月，由中国企业承建的塔吉克斯坦菲尔多西国家图书馆新馆正式投入使用。2016 年 4 月 27 日，由中国政府援建的努列克两所学校正式竣工。2016 年 8 月 30 日，由中国企业援建的杜尚别市中塔友谊学校正式落成。2017 年 10 月 3 日，由中国企业援建的杜尚别市第 59 学校正式落成。2018 年 6 月 1 日，丹加拉市中塔友谊学校正式落成。中国驻塔吉克斯坦大使馆还资助修建了萨比洛娃国立舞蹈学校的练功房、塔吉克斯坦哈特隆州古绍尼约恩区妇女缝纫培训中心、哈特隆州扎米区妇女缝纫中心等。

---

[1] 中华人民共和国教育部. 教育部关于公布 2015 年度普通高等学校本科专业备案和审批结果的通知 [EB/OL]. （2016-02-16）[2020-09-10]. http://www.moe.gov.cn/srcsite/A08/moe_1034/s4930/201603/t20160304_231794.html.

二、中塔教育交流模式

中塔双方根据两国的实际需求和国情建立起了合理的合作模式。目前，中塔主要的教育合作模式有教育合作境外办学模式、教育合作项目模式、教育合作交流模式和教育合作投资办学模式四种。

（一）教育合作境外办学模式

随着中国与塔吉克斯坦各领域合作日益加深，塔吉克斯坦人民深切认识到学习中文和中国文化的切实需要。为了促进与塔吉克斯坦的友好交往，满足塔吉克斯坦人民日益增长的中文学习需求，中国分别于 2008 年和 2014 年在塔吉克斯坦开设了两所孔子学院。孔子学院的建设进一步扩宽了两国人文交流的渠道，可以说，孔子学院是两国教育交流的示范性工程。目前，塔吉克斯坦共有两所孔子学院——塔吉克斯坦民族大学孔子学院和塔吉克斯坦冶金学院孔子学院。塔吉克斯坦孔子学院的活动依照《孔子学院章程》严格执行，主要开展中文教学、文化交流、培养中文师资等方面的活动。

（二）教育合作项目模式

目前，中塔两国在一些国际组织项目框架下进行教育合作，依托项目资源，进一步促进双方的教育信息公开，实现教育资源共享。在各类教育合作项目中，上海合作组织大学项目在中塔教育合作中发挥着重要作用。

2007 年 8 月，俄罗斯总统普京在上海合作组织比什凯克元首峰会上倡议成立上海合作组织大学。上海合作组织大学是上海合作组织成员国高校间非实体合作网络，旨在加强成员国之间教育合作与交流，为上海合作组织各领域全面合作提供人力资源保障。目前，上合组织大学项目院校共 74 所，合作方向包括区域学、生态学、能源学、纳米技术、信息技术、教育学、经济学等学科。

上合组织大学中方项目院校共 20 所，包括北京大学、清华大学、华中科技大学、首都师范大学、北京外国语大学、黑龙江大学、新疆大学、大连外国语大学、琼州学院、兰州大学、山东大学、东北师范大学、华北电力大学、中国石油大学（北京）、哈尔滨工业大学、兰州理工大学、吉林大学、长春理工大学、大连理工大学和新疆师范大学（见表 12.1）。

表 12.1 上海合作组织大学中方项目院校名称与合作方向 [1]

序号	院校名称	合作方向
1	北京大学	纳米技术、区域学
2	清华大学	纳米技术、区域学、能源学
3	华中科技大学	纳米技术、区域学、信息技术
4	首都师范大学	区域学、教育学
5	北京外国语大学	区域学
6	黑龙江大学	区域学、经济学、信息技术
7	新疆大学	区域学、生态学、纳米技术、信息技术
8	大连外国语大学	区域学
9	琼州学院	区域学、生态学
10	兰州大学	生态学、区域学
11	山东大学	生态学、区域学、经济学

[1] 资料根据上海合作组织大学（中国）网站公布的上海合作组织大学中方项目院校一览表整理。上海合作组织大学（中国）. 上海合作组织大学中方项目院校一览表 [EB/OL]. （2013-05-24）[2020-12-12]. http://www.usco.edu.cn/info/1044/1105.htm.

续表

序号	院校名称	合作方向
12	东北师范大学	教育学、生态学、区域学、经济学
13	华北电力大学	能源学、信息技术
14	中国石油大学（北京）	能源学、经济学
15	哈尔滨工业大学	能源学、纳米技术、信息技术
16	兰州理工大学	能源学、信息技术
17	吉林大学	信息技术、区域学、能源学
18	长春理工大学	纳米技术、信息技术、能源学
19	大连理工大学	经济学、信息技术
20	新疆师范大学	教育学、区域学、经济学

上合组织大学塔方项目院校共 10 所，包括塔吉克乌鲁格佐达国立语言学院，塔吉克国立法律、商业和政治大学，俄罗斯–塔吉克（斯拉夫）大学，塔吉克斯坦理工大学，奥西米国立技术大学，绍赫捷穆尔国立农业大学，塔吉克艾尼国立师范大学，塔吉克斯坦民族大学，塔吉克阿布阿里·伊本·西纳国立医科大学，旅游、实业和服务学院（见表 12.2）。

表 12.2 上海合作组织大学塔方项目院校名称与合作方向 [1]

序号	院校名称	合作方向
1	塔吉克乌鲁格佐达国立语言学院	区域学
2	塔吉克国立法律、商业和政治大学	区域学

[1] 资料根据上海合作组织大学（中国）网站公布的上海合作组织大学外方项目院校一览表和上海合作组织大学（俄罗斯）网站公布的上海合作组织大学塔吉克斯坦项目院校整理。上海合作组织大学（中国）. 上海合作组织大学外方项目院校一览表 [EB/OL]. （2014-05-12）[2020-12-12]. http://www.usco.edu.cn/info/1044/1106.htm.

续表

序号	院校名称	合作方向
3	俄罗斯-塔吉克（斯拉夫）大学	区域学、信息技术
4	塔吉克斯坦理工大学	能源学、信息技术
5	奥西米国立技术大学	能源学、信息技术、经济学
6	绍赫捷穆尔国立农业大学	生态学
7	塔吉克艾尼国立师范大学	生态学
8	塔吉克斯坦民族大学	纳米技术
9	塔吉克阿布阿里·伊本·西纳国立医科大学	纳米技术
10	旅游、实业和服务学院	信息技术

从表 12.1 和表 12.2 可以看出，两国项目院校的合作方向契合度高，合作潜力大。共同的合作方向有区域学、能源学、信息技术、生态学、经济学、纳米技术六大学科领域。近年来，在上合组织大学框架下，中塔各项目院校按照商定的联合培养方案积极开展本硕博高水平人才培养工作，开展学术交流活动，联合举办"教育无国界"教育周、国际研讨会、学术研讨会等活动。上海合作组织大学自成立以来稳步发展，中塔两国项目院校在语言教学、人员交流和科学研究等领域的合作取得了显著成绩。

（三）教育合作交流模式

近年来，中塔两国积极开展教育合作与交流，旨在增进相互了解，促进教育务实合作，共同探讨在共建"一带一路"框架下两国教育合作面临的机遇和挑战，共同探索两国教育合作的机制和模式。教育合作交流模式是中塔两国教育合作的重要组成部分。

中塔两国积极举办和参与教育论坛、大学校长论坛、夏令营等活动，拉近了两国人民心灵的距离。2014 年 8 月 29 日，在新疆举办了第四届中西亚区域研究暨汉语教育国际研讨会。2016 年 9 月 27 日，在新疆举办了中国-中亚国家大学校长论坛，论坛期间成立了中国-中亚国家大学联盟，发表了《中国-中亚国家大学联盟宣言》，新疆师范大学和塔吉克斯坦民族大学签署校际合作协议。此外，亚洲教育论坛年会、亚洲教育北京论坛等都是推进两国教育合作的重要交流平台。

2008 年 1 月 23 日，在中国举办了上海合作组织成员国青年学生交流营活动，有来自俄罗斯、哈萨克斯坦、吉尔吉斯斯坦和塔吉克斯坦四国的 36 名高中学生及带队教师参加。交流营为期 10 天，代表团成员与中国学生进行联谊和交流、参观游览中国名胜古迹和人文景观。2014 年 8 月 19 日，在中国举办了塔吉克斯坦中小学夏令营，塔吉克斯坦 198 名中小学生来华参加夏令营。2018 年 5 月 5 日，塔吉克斯坦举办了首届中国风筝文化节活动，增进了塔吉克斯坦民众对中国文化的了解和喜爱。

中塔两国积极进行校际交流。目前，在国家发展战略的推动下，中塔两国高校已开展高校间"点对点"校际交流合作。部分高校利用地缘优势，积极探索合作形式，如互换师生、举办夏令营、开展科研合作等。近年来，两国高校之间的合作规模日益扩大，合作形式多样化，中塔两国学生还可以选择到对方学校进行半年或一年的短期进修或者攻读学位。

（四）教育合作投资办学模式

近年来，中国政府在"一带一路"倡议下在塔吉克斯坦各个领域进行投资，其中包括教育领域。中国政府和企业在塔吉克斯坦资助修建了多所教育机构，有效地改善了塔吉克斯坦的教育教学条件，为塔吉克斯坦经济社会发展提供源源不断的智力支持和人才保障，为中塔人民友谊合作树立丰碑。

　　由中国企业援建的中塔友谊学校受到了塔吉克斯坦政府和社会的广泛关注。中塔友谊学校分别在首都杜尚别西纳区、鲁达基区、丹加拉市、瓦赫达市四地开设，学校集初等普通教育、基础普通教育和中等（完全）普通教育于一体。当地政府为学校配备了高水平的师资，学校拥有现代化的教学设备，开设化学课、物理课、手工课等。四所中塔友谊学校的建立缓解了塔吉克斯坦教育资源紧张的问题，成为塔吉克斯坦青少年成长、成才的摇篮。

　　在塔吉克斯坦总统埃莫马利·拉赫蒙的亲切关怀下，2016年8月30日，杜尚别西纳区中塔友谊学校正式落成，总建筑面积10 000平方米，占地38 000平方米，拥有教学楼、专业教室、体育场馆、活动礼堂、足球场和篮球场等设施。2018年6月1日，丹加拉市中塔友谊学校正式落成，学校拥有教室、图书馆、食堂、体育设施等。中塔友谊学校是"一带一路"框架下双方务实合作的具体体现，是造福塔吉克斯坦人民的重要民生工程，是中塔友谊万古长青、世代友好的象征。2017年10月3日，由中国企业援建的杜尚别市第59学校正式落成。

三、中塔教育交流原则

　　2016年7月13日，中华人民共和国教育部印发《推进共建"一带一路"教育行动》，指出共建"一带一路"教育行动的合作原则："育人为本，人文先行；政府引导，民间主体；共商共建，开放合作；和谐包容，互利共赢。"[1]中塔两国的教育交流也正是秉持着这四点原则。

---

[1] 中华人民共和国教育部.教育部关于印发《推进共建"一带一路"教育行动》的通知 [EB/OL]. (2016-7-13) [2020-10-15]. http://www.moe.gov.cn/srcsite/A20/s7068/201608/t20160811_274679.html.

（一）育人为本，人文先行

加强合作育人，提高区域人口素质，为共建"一带一路"提供人才支撑。[1] 近年来，塔吉克斯坦的"中国热"逐年升温，"一带一路"倡议提出以来，塔吉克斯坦来华的留学生数量呈现成倍增长趋势。2018 年，塔吉克斯坦来华留学生共计 4 007 名，比 2013 年增长了 1.06 倍，中国政府奖学金数量共计 881 名，比 2013 年增长了 1.56 倍。目前，中国已成为塔吉克斯坦第二大留学目的地国。中塔两国合作育人的渠道和规模不断拓宽。

坚持人文交流先行，建立区域人文交流机制，搭建民心相通桥梁。[2] 两国积极举办和参与亚洲教育论坛年会、亚洲教育北京论坛等活动，共同参与成立了"中国-中亚国家大学联盟"，发布《中国-中亚国家大学联盟宣言》。在上海合作组织等机制框架下，开展海外研学旅行、寒暑期夏令营和长短期互访交流等活动。2019 年 12 月 17 日，中国塔吉克斯坦文化交流中心在北京成立，为深化中塔两国教育文化合作提供了良好的平台。

（二）政府引导，民间主体

两国积极加强政策的沟通和协调，发挥好政府在教育交流中的引导作用。2002 年 2 月 1 日，中塔两国教育部签署了《中华人民共和国教育部和塔吉克斯坦共和国教育部教育合作协议》。近年来，教育合作成为两国元首、政府首脑、教育部门领导会晤时的重要议题之一，两国签署了一系列文化教育领域的合作协议，为两国教育合作奠定了政策性基础。

发挥学校、企业及其他社会力量的主体作用，活跃教育合作局面，丰

---

[1] 中华人民共和国教育部 . 教育部关于印发《推进共建"一带一路"教育行动》的通知 [EB/OL]. (2016-7-13) [2020-10-15]. http://www.moe.gov.cn/srcsite/A20/s7068/201608/t20160811_274679.html.

[2] 中华人民共和国教育部 . 教育部关于印发《推进共建"一带一路"教育行动》的通知 [EB/OL]. (2016-7-13) [2020-10-15]. http://www.moe.gov.cn/srcsite/A20/s7068/201608/t20160811_274679.html.

富教育交流内涵。[1] 学校方面，两国不断加强中小学和高校之间的校际合作。2010 年，杜尚别市第 15 学校和第 10 学校开设中文班。2015 年 5 月 20 日，卡夫拉特学校孔子课堂正式揭牌。中方分别于 2008 年和 2014 年在塔吉克斯坦开设了两所孔子学院。两国高校之间的合作规模日益扩大，合作形式多样化，中塔互派的学历留学生和非学历留学生数量逐年增加。企业方面，近年来，中国企业积极参与塔吉克斯坦文化教育领域的基本建设投资，资助修建了多所文化和教育机构，有效地改善了塔吉克斯坦的教育教学条件。2011 年 9 月，由中国企业承建的塔吉克斯坦菲尔多西国家图书馆新馆正式投入使用。2016 年 8 月 30 日，由中国援建的杜尚别市中塔友谊学校正式落成。2017 年 10 月 3 日，由中国企业援建的杜尚别市第 59 学校正式落成。在两国教育合作和交流过程中塔吉克斯坦对外友好协会、中国人民对外友好协会、中国中亚友好协会发挥着重要的推动作用。

（三）共商共建，开放合作

中塔两国教育交流秉持共商共建，开放合作的原则。2016 年 12 月 1 日，塔吉克斯坦政府批准了《塔吉克斯坦共和国至 2030 年前国家发展战略》。《塔吉克斯坦共和国至 2030 年前国家发展战略》与中国提出的"一带一路"倡议有许多相通和契合之处。中塔两国坚持共商、共建、共享，不断推进教育发展规划相互衔接，实现两国教育融通发展、互动发展。

（四）和谐包容，互利共赢

中塔两国教育交流秉持和谐包容，互利共赢的原则。两国积极推进教

---

[1] 中华人民共和国教育部 . 教育部关于印发《推进共建"一带一路"教育行动》的通知 [EB/OL]. (2016-7-13) [2020-10-15]. http://www.moe.gov.cn/srcsite/A20/s7068/201608/t20160811_274679.html.

育国际化发展战略，教育合作的规模不断扩大、教育合作模式不断创新、合作办学质量稳步提升，开创了教育合作共赢新局面。和谐包容、互利共赢也是塔吉克人民爱好和平的传统精神的体现。这一民族特性在鲁达基的诗行里得以鲜明体现："亲朋好友一相见，世上何喜堪比肩"。[1]

多年来，中塔两国在育人为本、人文先行，政府引导、民间主体，共商共建、开放合作，和谐包容、互利共赢的基础上，推动两国关系在教育领域取得重大进展，成为名副其实的好邻居、好朋友、好伙伴。

第三节 案例与思考

一、塔吉克斯坦的"中文热"及其原因

在中塔教育合作中，中文的传播占据着特殊的地位。走在塔吉克斯坦大街小巷上，经常能听到中文"你好"的问候声。随着中塔两国合作的不断加深，越来越多的塔吉克斯坦青少年开始学习中文。特别是"一带一路"倡议提出后，塔吉克斯坦青年对中文学习的热情空前高涨，"中文热"蔚然成风。2019 年上半年在塔吉克斯坦民族大学孔子学院考点参加汉语水平考试的考生人数就达 1 917 人，创下新高。[2] 对塔吉克斯坦"中文热"现象、促成因素、两国在语言互通方面遇到的问题进行认真的思考，将有助于推动两国教育合作的进一步发展。

---

[1] 拉赫蒙. 历史倒影中的塔吉克民族（一）[M]. 李英男，刘铮，译. 北京：人民出版社，2019：161.

[2] 资料来源于人民网。

（一）塔吉克斯坦中文传播的主要渠道

塔吉克斯坦中文的传播主要通过三种渠道：普通和高等教育机构开设中文课程、开办孔子学院、来华留学。

1．普通和高等教育机构开设中文课程

塔吉克斯坦开设中文课程的大学有塔吉克斯坦民族大学、俄罗斯–塔吉克（斯拉夫）大学、莫斯科罗蒙诺索夫国立大学分校、塔吉克艾尼国立师范大学、塔吉克乌鲁格佐达国立语言学院、塔吉克阿布阿里·伊本·西纳国立医科大学、彭吉肯特师范学院、丹加拉国立大学、苦盏加富罗夫国立大学等。这些高等教育机构把中文作为专业课或选修课，中文教师有本土教师，也有孔子学院的教师。

"一带一路"倡议提出以来，塔吉克斯坦学习中文的人群呈现低龄化的发展趋势。近年来，杜尚别的一些普通教育机构开始与孔子学院合作陆续开设中文课，报名学习中文的青少年络绎不绝。2010 年，杜尚别第 15 学校和第 10 学校开设中文班，是塔吉克斯坦最先教授中文的普通教育机构。2015 年 5 月 20 日，卡夫拉特学校孔子课堂正式揭牌。

此外，塔吉克斯坦还开设了很多中文培训班，教授中文和中国文化。虽然目前中文并不在塔吉克斯坦普通教育机构的教学大纲里，大部分学校还没有开设中文课，但不少学生主动报名参加孔子学院的中文班。

2．开办孔子学院

目前，塔吉克斯坦共有两所孔子学院——塔吉克斯坦民族大学孔子学院和塔吉克斯坦冶金学院孔子学院（见表 12.3）。

表 12.3 塔吉克斯坦孔子学院情况

孔子学院名称	所在城市	承办机构	合作机构	设立时间
塔吉克斯坦民族大学孔子学院	杜尚别	塔吉克斯坦民族大学	新疆师范大学	2008 年8 月 27 日
塔吉克斯坦冶金学院孔子学院	布斯通	塔吉克斯坦冶金学院	中国石油大学（华东）	2014 年9 月 13 日

（1）塔吉克斯坦民族大学孔子学院。新疆师范大学和塔吉克斯坦民族大学两校合作，开办塔吉克斯坦民族大学孔子学院。该孔子学院于 2009 年 2 月底开始运营，开展中文教学、文化活动、培养中文师资等方面的活动。孔子学院现有办公室三间、教室三间，综合活动大厅一间，总面积约计 350 平米，是塔吉克斯坦第一所孔子学院，也是塔吉克斯坦唯一的汉语水平考试（HSK/YCT）考点。[1] 塔吉克斯坦民族大学孔子学院连续于 2011 年和 2012 年两年获得全球先进孔子学院荣誉称号。

塔吉克斯坦民族大学孔子学院自成立以来，办学规模、教师和学生数量不断提高，先后到塔吉克斯坦任教的中文教师达到 100 多名。在此学习中文的塔吉克斯坦学生数量呈现逐年上升的趋势。据悉，在塔吉克斯坦民族大学孔院学习中文的学生数量由成立之初的 200 多人增至目前的近 4 000 人，其间共有约 1 700 多名学生通过选拔考试获得"中国政府奖学金""孔子学院奖学金"等赴华留学深造。[2] 目前，学院的中文教学涵盖幼儿、小学、中学、大学、成人等各个层次，学院开设的均为短期培训班，每个班学期两个月。培训班分为初级班、中级班、少儿班、成人班、成人提高班、HSK

---

[1] 塔吉克斯坦国立民族大学孔子学院. 学院简介 [EB/OL]. [2020-11-12]. http://tjkzxy.tj.chinesecio.com/zh-hans/node/48.

[2] 新华网. 杜尚别的中国"窗口"——走进塔吉克斯坦民族大学孔子学院 [EB/OL]. （2018-10-11）[2020-11-12]. http://www.xinhuanet.com/world/2018-10/11/c_1123545988.htm.

辅导班等。

（2）塔吉克斯坦冶金学院孔子学院。中国石油大学（华东）和塔吉克斯坦冶金学院两校合作，开办塔吉克斯坦冶金学院孔子学院。学院成立以来，在中文教学、推广中国文化、培养中文教师方面做出了积极的贡献。学院积极开展各类文化活动，包括中文比赛、才艺竞赛等，通过举办丰富多彩的文化活动，加深塔吉克斯坦人民对中国文化的了解。

此外，两所孔子学院还与塔吉克斯坦教育机构合作，开设中文教学点。例如，塔吉克斯坦民族大学孔子学院塔吉克斯坦菲尔多西国家图书馆中国厅教学点，塔吉克斯坦冶金学院孔子学院伊斯提克罗尔市第二学校中文教学点，塔吉克斯坦冶金学院孔子学院苦盏加富罗夫国立大学教学点等。

3. 来华留学

近年来，塔吉克斯坦的"中国热"逐年升温，塔吉克斯坦学生学习中文热情持续高涨。2013 年以来，塔吉克斯坦来华留学生数量呈现逐年上升的趋势，来华留学的学员结构呈现多样化趋势。按照来华留学生的类别，来华留学生分为学历来华留学生和非学历来华留学生。学历来华留学生是指以攻读我国高等教育学历学位为目的的各类留学生，包括专科留学生、本科留学生、硕士研究生和博士研究生。非学历来华留学生是指不以攻读我国高等教育学历学位为目的的各类长短期留学生，包括高级进修生、普通进修生、语言进修生和短期留学生。

据中华人民共和国教育部公布的数据显示，2013 年，塔吉克斯坦来华留学生共计 1 944 名，其中学历来华留学生 524 名，非学历来华留学生 1 420 名。在 524 名塔吉克斯坦学历来华留学生中，专科留学生 2 名、本科留学生 378 名、硕士研究生 134 名、博士研究生 10 名。在 1 420 名塔吉克斯坦非学历来华留学生中，高级进修生 2 名、普通进修生 28 名、语言进修生 939 名、短期进修生 451 名（见表 12.4）。

表 12.4 2013 年塔吉克斯坦来华留学生统计 [1]

	学历留学生				小计	非学历留学生				小计	合计
	专科留学生	本科留学生	硕士研究生	博士研究生		高级进修生	普通进修生	语言进修生	短期进修生		
塔吉克斯坦来华留学生数量	2	378	134	10	524	2	28	939	451	1 420	1 944
中国政府奖学金数量	—	88	98	4	190	2	1	151	—	154	344

可以看出，本科留学生是学历留学生中的最大群体，占学历留学生总数的 72.14%，之后依次是硕士研究生、博士研究生和专科留学生，占比分别为 25.57%、1.91% 和 0.38%。以学习、提高中文水平为目的的语言进修生是非学历留学生中的最大群体，占非学历留学生总数的 66.13%，之后依次是短期进修生、普通进修生和高级进修生，占比分别为 31.76%、1.97% 和 0.14%。

2013 年，获得中国政府奖学金的塔吉克斯坦留学生数量为 344 名，其中学历留学生 190 名、非学历留学生 154 名。在 190 名获得中国政府奖学金的塔吉克斯坦学历留学生中有本科留学生 88 名、硕士研究生 98 名、博士研究生 4 名。在 154 名获得中国政府奖学金的塔吉克斯坦非学历留学生中有高级进修生 2 名、普通进修生 1 名、语言进修生 151 名（见表 12.4）。

据中华人民共和国教育部公布的数据显示，2018 年，塔吉克斯坦来华留学生共计 4 007 名，其中学历来华留学生 2 390 名，非学历来华留学生

---

[1] 资料根据中华人民共和国教育部公布的数据整理。

1 617 名。在 2 390 名塔吉克斯坦学历来华留学生中，专科留学生 564 名、本科留学生 1 183 名、硕士研究生 590 名、博士研究生 53 名。在 1 617 名塔吉克斯坦非学历来华留学生中，高级进修生 1 名、普通进修生 1 096 名、短期进修生 520 名（见表 12.5）。

表 12.5 2018 年塔吉克斯坦来华留学生统计 [1]

	学历留学生					非学历留学生				
	专科留学生	本科留学生	硕士研究生	博士研究生	小计	高级进修生	普通进修生	短期进修生	小计	合计
塔吉克斯坦来华留学生数量	564	1 183	590	53	2 390	1	1 096	520	1 617	4 007
中国政府奖学金数量	—	371	358	22	751	—	130	—	130	881

注：2018 年的统计数据中将普通进修生和语言进修生合并在一起，为"普通进修生"。

可以看出，本科留学生是学历留学生中的最大群体，占学历留学生总数的 49.5%，之后依次是硕士研究生、专科留学生和博士研究生，占比分别为 24.69%、23.6% 和 2.21%。普通进修生是非学历留学生中的最大群体，占非学历留学生总数的 67.78%，之后依次是短期进修生和高级进修生，占比分别为 32.16% 和 0.06%。

2018 年，获得中国政府奖学金的塔吉克斯坦留学生数量为 881 名，其中有学历留学生 751 名和非学历留学生 130 名。在 751 名获得中国政府奖学金的塔吉克斯坦学历留学生中有本科留学生 371 名、硕士研究生 358 名、博士

---

[1] 资料根据中华人民共和国教育部公布的数据整理。

研究生 22 名。获得中国政府奖学金的 130 名塔吉克斯坦非学历留学生均为普通进修生（见表 12.5）。

从表 12.4 和表 12.5 可以看出，2013—2018 年，塔吉克斯坦来华留学生增加了 2 063 人，其中学历留学生增加了 1 866 人，增幅达 356.11%，非学历留学生增长 197 人，增幅达 13.87%。2013—2018 年，本科留学生是学历来华留学生的主体，比重有所下降。硕士研究生作为学历来华留学生的第二大群体，占来华留学生总数的比例近年基本保持稳定。相对于其他层次的学历来华留学生而言，专科留学生的占比变化最为明显，从 2013 年的 0.38% 上升至 2018 年的 23.6%。博士研究生占来华留学生比例略有提高。非学历留学生的结构基本保持稳定。依托我国特有的语言特色，中文专业（类）是塔吉克斯坦来华留学生选择的主要专业。高级进修生依然是非学历留学生的最小群体。

从 2018 年塔吉克斯坦来华留学生的情况来看，目前，塔吉克斯坦来华留学生以学历留学生居多，占总数的 59.65%，学历留学生中本科留学生所占比例最大，为 49.5%。非学历留学生占总数的 40.35%，非学历留学生中以普通进修生所占比例最大，为 67.78%。从中国政府奖学金的获得情况来看，学历留学生获得奖学金的比例比非学历留学生大，占总数的 85.24%。如果将来华留学生数量和中国政府奖学金数量对比，可以得出，目前大多数塔吉克斯坦的留学生都是自费到中国留学的。

（二）塔吉克斯坦"中文热"的原因

1. 两国蓬勃发展的经贸合作

近年来，中塔在共建"一带一路"合作推动下，两国全方位合作快速发展，尤其是经济领域的交往逐渐频繁，中文人才需求逐步加大。中国企业在塔吉克斯坦的投资活动逐年增多，一大批重大项目在塔吉克斯坦落地。

中塔贸易额从 1992 年的 275 万美元增至 2019 年的 6.6 亿美元，增幅达 200 多倍。据塔方最新数据，2019 年年内中国对塔投资 2.1 亿美元，累计投资 23.98 亿美元，占塔吸引外资总额的 50.5%，继续保持塔第一大投资来源国地位，目前在塔投资兴业的中资企业达 400 多家，中国是塔吉克斯坦最大纳税国和出口创汇国。[1] 中国已成为塔吉克斯坦第一大投资来源国和最重要的贸易伙伴之一。这极大地提高了塔吉克斯坦青少年学习中文的热情。

2．独具魅力的中华文化

学习中文、了解中国文化已成为塔吉克斯坦青少年人生发展的优先选择。众所周知，语言是文化的主要载体，是不同民族间交往的重要纽带。对在华学习的塔吉克斯坦学生的一项调查显示，对于他们中的许多人来说，中文知识有助于形成他们自己对中国和中国文化的理解。中文为他们打开了通往新世界的大门，了解世界上最古老的文明之一，这种文明将火药、造纸术、指南针和众多重大的发明带给了世界。

3．两国政府的积极推动

1992 年 1 月 4 日，中塔两国正式建立外交关系。建交以来，两国政治友好，关系融洽，双方高层领导人互访不断，民间人士往来频繁，双边教育合作持续稳定健康发展。两国政府签署了一系列教育合作协议，积极推动教育的交流与合作。

2016 年 4 月，中共中央办公厅、国务院办公厅印发《关于做好新时期教育对外开放工作的若干意见》，强调实施"一带一路"教育行动，促进沿

---

[1] 中华人民共和国驻塔吉克斯坦共和国大使馆. 塔吉克斯坦 *Asia-plus* 报刊发驻塔大使刘彬访谈文章 [EB/OL].（2020-02-02）[2020-09-11]. http://tj.china-embassy.org/chn/xwdt/t1740827.htm.

线国家教育合作。扩大中国政府奖学金资助规模，设立"丝绸之路"中国政府奖学金，每年资助 1 万名沿线国家新生来华学习或研修。[1] 这极大地增加了塔吉克斯坦等"一带一路"沿线国家的来华留学生人数。

4．中国强劲的经济发展势头

近年来，中国表现出强劲的经济发展势头。中国政府和企业的一系列大型基础设施项目相继落地塔吉克斯坦。中塔两国在政治、经济、文化、教育等领域的合作日益密切。塔吉克斯坦留学生回到塔吉克斯坦之后，就业形势良好。懂中文的人才能够在外交、国际金融、信息技术、教育、卫生、科学、旅游等领域就业。

二、中塔教育交流的挑战与展望

从中塔两国教育交流的现状来看，两国在学生交流、语言课程建设、国别研究等方面存在着一些挑战。

（一）中塔两国学生交流方面

近年来，虽然塔吉克斯坦来华留学生数量不断增加，但与中亚其他国家来华留学生数量相比要少得多。据中华人民共和国教育部公布的数据显示，2018 年，塔吉克斯坦来华留学生共计 4 007 名，在来华留学生生源国中排名第 34 位，在中亚国家来华留学生生源国中排名第 4 位。2018 年，中亚

---

[1] 中华人民共和国中央人民政府. 中共中央办公厅、国务院办公厅印发《关于做好新时期教育对外开放工作的若干意见》[EB/OL].（2016-04-29）[2020-10-11]. http://www.gov.cn/home/2016-04/29/content_5069311.htm.

国家来华留学生生源国排名依次是：哈萨克斯坦（11 784 人）、乌兹别克斯坦（6 323 人）、吉尔吉斯斯坦（4 614 人）、塔吉克斯坦（4 007 人）、土库曼斯坦（3 157 人）（见图12.2）。

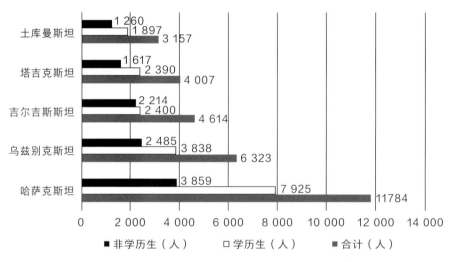

图 12.2 2018 年中亚国家来华留学生情况 [1]

从 2018 年塔吉克斯坦来华留学生的情况来看，目前，塔吉克斯坦来华留学生大多集中在本科生和普通进修生，硕士研究生、博士研究生和高级进修生等高层次人才的比重还有待提高。此外，与塔吉克斯坦来华留学生人数相比，我国赴塔吉克斯坦留学的学生人数要少得多。

（二）中塔两国语言互通方面

随着塔吉克斯坦"中文热"逐渐升温，塔吉克斯坦开设中文专业的普通和高等教育机构的数量逐渐增多。目前，中国在中亚地区共开设了 13 所

---

[1] 资料根据中华人民共和国教育部公布的数据整理。

孔子学院。其中，哈萨克斯坦 5 所，吉尔吉斯斯坦 4 所，乌兹别克斯坦 2 所，塔吉克斯坦 2 所（见图 12.3）。与中亚其他国家孔子学院相比较而言，塔吉克斯坦孔子学院的数量和规模还有上升空间。

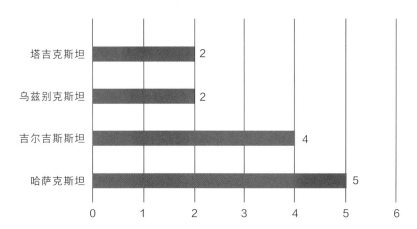

图 12.3 中国与中亚国家合作开办孔子学院情况（单位：所）

为促进实现两国语言互通，我们不仅要关注中文在塔吉克斯坦的传播和推广，也要重视塔吉克语在中国的学科建设。目前，北京外国语大学是中国唯一开设塔吉克语本科专业的高等教育机构，塔吉克语人才属于小语种稀缺人才。

在师资方面，塔吉克斯坦的中文师资队伍和中国的塔吉克语师资队伍建设有待加强。目前，塔吉克斯坦的中文教师主要依靠中方援助，本土合格的中文教师短缺，这已经成为限制中文教学的瓶颈，中文教师队伍不稳定性较为突出。中国高校塔吉克语专业教师缺乏，学历层次还有待提高。

在教学材料方面，目前塔吉克斯坦的中文教材有限，没有发行中文教材的出版单位。中文教材基本依靠中方捐赠或孔子学院提供，然而捐赠数量有限。高等教育机构只能依靠借阅的方式保证基本中文教学。塔吉克斯坦市场上中国的书籍、手册、文学作品等还比较少，中国的学者和文化界、教育界人士参加塔吉克斯坦的展览、研讨会的人数也不多。

（三）中塔国别研究方面

我国从 20 世纪 80 年代就开始了国别和区域研究工作，2012 年，为了加强中国的区域和国别研究，为国家制定发展战略、政策措施提供智力支持，教育部批准全国 25 所高校建立了首批 37 个区域和国别研究培育基地，包括 23 个区域研究中心和 14 个国别研究中心。在中亚区域和国家国别研究培育基地方面，2012 年，教育部区域和国别研究培育基地——中亚研究中心获批立项建设，截至 2016 年，全国共设立了 2 个哈萨克斯坦研究中心、1 个乌兹别克斯坦研究中心、1 个土库曼斯坦研究中心，暂未设立吉尔吉斯斯坦和塔吉克斯坦研究中心。同时，塔吉克斯坦也暂未设立中国研究中心。因此，未来在对方高校和科学院设立国别研究中心是加强两国教育文化交流中亟待解决的问题。

综上所述，在教育政策上，我国与塔吉克斯坦签署了双边教育合作协议，但还没有签署"一带一路"双边教育合作计划或方案；在教育合作实践上，我国与塔吉克斯坦教育合作取得了一定成效，但也存在着较大的发展空间；在学生交流方面，塔吉克斯坦来华留学生人数逐年增加，但与中亚其他国家相比，留学规模还有待进一步扩大，中国学生赴塔吉克斯坦的留学工作仍需进一步发展；在语言互通方面，塔吉克斯坦孔子学院建设和中文专业建设仍需进一步加强，中国的塔吉克语专业建设仍需推进；在国别研究方面，我国与塔吉克斯坦的国别研究工作仍需推进。

展望未来，中塔两国应将教育政策沟通、教育合作实践、学生交流、语言互通、国别研究等方面作为两国教育交流合作的重点方向，携手共创中塔教育交流合作新局面，共同谱写中塔教育交流合作新篇章。

结　语

　　近年来，塔吉克斯坦政府实施教育兴国战略，陆续出台了一系列教育领域的法律法规，不断加大对教育领域的资金投入，各类教育机构的数量和在校生人数大幅增加，女性受教育的情况也得到了明显的改善。此外，塔吉克斯坦还十分重视外语教育，为了进一步提升教育国际化水平，塔吉克斯坦与世界上多个国家和地区开展了密切的合作。塔吉克斯坦在教育改革和发展的过程中，积累了一些经验，概括起来主要有以下几点。

　　第一，重视教育立法。塔吉克斯坦教育改革成效的取得得益于重视教育立法，完善法律框架，注重发挥政策的整体功效。近年来，为了更好地指导和规划未来国家教育发展，塔吉克斯坦陆续出台了《塔吉克斯坦共和国教育法》《国家中学理念》《塔吉克斯坦共和国 2004—2014 年完善俄语和英语教学与研究国家规划》《关于实施 2004—2009 年教育体系改革计划》《塔吉克斯坦共和国至 2015 年前国家发展战略》《塔吉克斯坦共和国高等和大学后职业教育法》《塔吉克斯坦共和国 2011—2015 年普通教育机构计算机化国家规划》《关于父母教育子女责任的法律》《塔吉克斯坦共和国至 2020 年前国家青年政策战略》《塔吉克斯坦共和国至 2020 年前国家教育发展战略》《塔吉克斯坦共和国学前教育法》《塔吉克斯坦共和国 2015—2020 年完善俄语和英语教学与研究国家规划》《塔吉克斯坦共和国中等职业教育法》《塔吉克斯坦共和国至 2030 年前国家发展战略》《塔吉克斯坦共和国成人教育法》《塔吉克斯坦共和国高等职业教育国家标准》《塔吉克斯坦共和国至

2030 年前完善俄语和英语教学与研究国家规划》等一系列法律法规和纲要规划。教育立法成为保障教育改革和发展的必要前提和强大推动力。

第二，关注教育公平。塔吉克斯坦十分重视教育公平问题，以法律的形式明确国家的每个公民都享有平等的受教育的权利和机会。2001 年 4 月 19 日，塔吉克斯坦颁布了《关于 2001—2005 年塔吉克斯坦共和国高等教育机构录取女生总统限额令的决议》。根据国家的政策法令和行动计划，中等和高等职业教育机构按照一定比例接纳女生免考进入教育机构学习。国家持续深化教育公平，不断促进教育发展成果惠及全体人民，确保所有人享有平等的受教育机会。

第三，提升教育国际化水平。在教育改革进程中，塔吉克斯坦不断加强国际化顶层设计，以饱满的热情加入高等教育国际化之中，逐渐成为高等教育国际化的主要参与者。当前塔吉克斯坦高等教育国际化主要体现为以改革学位结构、实施学分制、建立科学的教育管理体制等为主的内部教育体制改革，以教师和学生流动为核心的人员流动，以在独联体统一教育空间、上合组织大学等平台上加深教育合作为主的国际教育交流。

在取得一些成绩的同时，塔吉克斯坦教育领域在发展过程中仍然面临诸多挑战，主要包括：教育体制不够完善，教育基础设施比较薄弱，教材和教学资料缺乏，各类教育机构的教师短缺，人才培养模式不能满足社会经济发展的现实需要，教育资源分布不合理、不均衡，教育信息化和全球教育竞争力相对落后等。展望未来，塔吉克斯坦需进一步完善法律框架，强化法律调节机制，加强教育基础设施建设，推进教师队伍建设，调整和优化教育资源，加强教育信息化建设，力求在巩固前期教育改革成果的基础上，继续推动教育体制和教育模式的创新发展。

多年来，中塔两国的教育交流在平等协商和互相尊重教育主权的基础上开展。互相尊重教育主权是中塔教育合作过程的重要原则和出发点。同时中塔两国在教育交流中一直秉持以下原则：育人为本、人文先行，政府引导、民间主体，共商共建、开放合作，和谐包容、互利共赢。两国互鉴先进教育经验，共享优质教育资源，全面推动两国的教育改革提速发展。未来，两国在教育领域主要有以下三个重点合作方向。

第一，开展教育互联互通合作。加强教育政策沟通，开展中塔两国教育法律、政策协同研究。积极签署双边教育合作协议，协力推进中塔教育共同体建设。

助力教育合作渠道畅通。推进中塔两国签证便利化，扩大教育领域合作交流。推动中塔教育机构积极建立双边合作关系，联合举办校长论坛、学术论坛、教育展览等教育交流活动，推进两国优质教育资源共享。

促进中塔两国语言互通。未来，两国政府应继续加强中文和塔吉克语的推广工作，推动将中文和塔吉克语课程纳入对方学校的教育课程体系。继续推动塔吉克斯坦孔子学院建设，增加塔吉克斯坦孔子学院的数量，扩大孔子学院的教学规模，提高孔子学院的办学质量，加强中文教师队伍建设，不断增强孔子学院在塔吉克斯坦影响力，支持更多塔吉克斯坦的普通教育机构和高等教育机构开设中文专业，全力满足塔吉克斯坦的中文学习需求，同时吸引更多社会力量助力孔子学院、孔子课堂的建设以及中文和中国文化在塔吉克斯坦的推广工作。继续加强两国教育机构间合作，积极推动中国的塔吉克语专业建设。中国高校应发挥外语人才培养优势，建立健全与塔吉克斯坦教育机构的人才联合培养机制。中塔双方应继续加强出版领域的合作，出版更多的中文和塔吉克语的教材和参考书。

推进中塔两国民心相通。加强中塔两国区域国别研究工作，鼓励和支持中国高校和科学院开设塔吉克斯坦研究中心，支持塔吉克斯坦相关机构开设中国研究中心。加强中塔两国青少年交流，继续为两国青少年提供海外研学旅行、寒暑期夏令营和长短期互访交流的机会，增进两国青少年对不同文化的相互理解，提高跨文化交流能力。做好文学译介工作，制定中国和塔吉克斯坦文学精品海外译介推进计划，将中国作家的优秀作品翻译成塔吉克语，将塔吉克斯坦作家的优秀作品翻译成中文。

推动中塔学历学位认证标准进一步连通。1983 年，我国启动了与其他国家学历学位认证工作，并与俄罗斯、哈萨克斯坦、吉尔吉斯斯坦、塔吉克斯坦、土库曼斯坦等 20 个国家签署了《亚洲和太平洋地区承认高等教育学历、文凭与学位的地区公约》。截至 2020 年，我国与 54 个国家签署了高等教育学历学位互认协议。未来，我国应继续推进与塔吉克斯坦国家学历互认工作，进一步推动两国高等教育的交流与合作。

第二，开展人才联合培养培训合作。推进合作办学计划，鼓励两国有条件的高等教育机构探索开展多种形式的合作办学。推进师资培训计划。加强中塔两国的教师交流，推动两国高水平师资互访。一方面，加强中文教师和中文教师志愿者队伍建设，增强中文教师队伍的稳定性。另一方面，推动中国的塔吉克语师资队伍建设，增加塔吉克语专业教师数量，提高塔吉克语教师学历层次。

第三，共建中塔合作机制。充分发挥国际合作平台作用。发挥上海合作组织、亚洲相互协作与信任措施会议等现有双边和多边合作机制作用。两国应从具体事情上做起，把上海合作组织大学教育合作落到实处。上海合作组织大学合作框架的建立，为中塔双边合作提供了一个有效的平台，未来两国应充分建设好这个平台，充分利用好这个平台，不断延展教育务实合作平台。中国继续加大对塔吉克斯坦的教育援助，实施教育援外项目，利用援外政策带动我国教育产品进入塔吉克斯坦教育市场，从而进一步带动两国的教育交流与合作。

中塔两国山水相连，是友好邻邦，开展教育合作具有得天独厚的优势。"一带一路"倡议极大地激发了中塔教育交流的热情，释放了中塔教育合作的巨大潜力。志合者，不以山海为远。相信随着两国政治互信的不断巩固和共建"一带一路"的深入推进，中塔的教育合作一定会不断结出硕果，更好地造福两国和两国人民。

附 录

一、塔吉克斯坦教育史大事记

6 世纪　塔吉克地区开始出现学校，产生了教师和学生的概念。

8 世纪　阿拉伯哈里发在塔吉克地区建立穆斯林小学。

10 世纪　国家开设伊斯兰经学院，教授读写、文学、哲学、数学、医学、天文学、几何、历史、地理、礼仪。

萨曼王朝时期　萨曼王朝统治者大力支持教育的发展，在首都开设图书馆。

1886 年　在突厥斯坦总督区开设本地化俄语学校。

1889 年　在突厥斯坦总督区开设第一所新式学校。

1918 年 5 月　突厥斯坦苏维埃社会主义自治共和国人民委员会通过决议，决定建立面向大众的苏维埃学校。

1918 年　苏维埃人民委员会颁布了"教会同国家分离、教会同学校分离"的法令。苏联政府废除塔吉克旧的教育制度，取消穆斯林小学和伊斯兰经学院，确保教育世俗化。

20 世纪 20 年代　在苦盏和杜尚别开设第一批学前教育机构。

1924 年 12 月　塔吉克苏维埃社会主义自治共和国教育人民委员部成立。

1930 年　塔吉克开始使用以拉丁字母为基础创建的文字。

1940 年　塔吉克开始使用以基里尔字母为基础创建的文字。

1929—1941 年　苏联政府在塔吉克开展大规模的扫盲运动，全国推行初级义务教育。

1931 年 7 月 18 日　中亚国立大学师范系改组为塔吉克高等农业师范学院，塔吉克斯坦历史上的第一所高等教育机构成立。

1946 年　塔吉克苏维埃社会主义共和国教育人民委员部改组为塔吉克苏维埃社会主义共和国教育部。

1989 年 7 月 22 日　塔吉克政府颁布了《塔吉克苏维埃社会主义共和国语言法》，文件规定，塔吉克语为国语，俄语为族际交流语言。

20 世纪 90 年代　塔吉克斯坦高等教育机构出现了更名潮，原来以"学院"命名的高等教育机构纷纷升级为"大学"。

1992 年 1 月 22 日　塔吉克斯坦颁布了《关于高等和中等职业学校学生的社会保障措施》。

1993 年 12 月 27 日　塔吉克斯坦颁布了《塔吉克斯坦共和国教育法》。

1996 年 2 月 23 日　塔吉克斯坦颁布了《塔吉克斯坦共和国关于制定和实施高等职业教育标准的程序》。

1997 年 6 月 13 日　塔吉克斯坦颁布了《国家中学理念》。

2001 年 4 月 19 日　塔吉克斯坦颁布了《关于 2001—2005 年塔吉克斯坦共和国高等教育机构录取女生总统限额令的决议》。

2001 年 7 月 1 日　塔吉克斯坦颁布了《关于调整塔吉克斯坦共和国高等和中等职业教育机构的结构的决议》。

2003 年 2 月 5 日　塔吉克斯坦颁布了《关于塔吉克斯坦共和国教育机构进行考核、认证和授权程序的决议》。

2003 年 12 月 2 日　塔吉克斯坦颁布了《塔吉克斯坦共和国 2004—2014 年完善俄语和英语教学与研究国家规划》。

2004 年 6 月 30 日　塔吉克斯坦颁布了《关于实施 2004—2009 年教育体系改革计划》。

2004 年 9 月 22 日　塔吉克斯坦正式启动学分制改革。

2004 年 11 月 1 日　塔吉克斯坦颁布了《2005—2010 年教师培养国家规划》。

2006 年 6 月 3 日　塔吉克斯坦颁布了《关于批准塔吉克斯坦共和国 2006—2015 年初等职业教育体系改革国家行动计划的决议》。

2007 年 3 月 3 日　塔吉克斯坦共和国政府批准成立了塔吉克斯坦共和国教育部国家教育监督局。

2007 年 4 月 3 日　塔吉克斯坦颁布了《塔吉克斯坦共和国至 2015 年前国家发展战略》。

2008 年 7 月 2 日　塔吉克斯坦颁布了《塔吉克斯坦共和国 2009—2015 年科学人才培养规划》。

2009 年 5 月 19 日　塔吉克斯坦颁布了《塔吉克斯坦共和国高等和大学后职业教育法》。

2009 年 10 月 5 日　塔吉克斯坦颁布了《塔吉克斯坦共和国国家语言法》。

2010 年 8 月 2 日　塔吉克斯坦颁布了《关于批准中等职业教育专业目录的国家标准》。

2010 年 9 月 2 日　塔吉克斯坦颁布了《塔吉克斯坦共和国 2011—2015 年普通教育机构计算机化国家规划》。

2011 年 7 月 21 日　塔吉克斯坦颁布了《关于父母教育子女责任的法律》。

2011 年 10 月 4 日　塔吉克斯坦颁布了《塔吉克斯坦共和国至 2020 年前国家青年政策战略》。

2012 年 5 月 7 日　塔吉克斯坦颁布了《塔吉克斯坦共和国 2012—2020

年初等和中等职业教育领域改革和发展国家规划》。

2012 年 6 月 30 日　塔吉克斯坦颁布了《塔吉克斯坦共和国至 2020 年前国家教育发展战略》。

2013 年 11 月 19 日　塔吉克斯坦总统埃莫马利·拉赫蒙签署第 12 号总统令《塔吉克斯坦共和国关于完善国家权利执行机构体系的总统令》，塔吉克斯坦共和国教育部改组为塔吉克斯坦共和国教育与科学部。

2013 年 12 月 6 日　塔吉克斯坦颁布了《塔吉克斯坦共和国学前教育法》。

2014 年　塔吉克斯坦正式实施全国统一考试。

2014 年 2 月 10 日　塔吉克斯坦共和国总统国家考试中心成立。

2014 年 3 月 3 日　塔吉克斯坦颁布了《塔吉克斯坦共和国教育与科学部条例》。

2014 年 5 月 3 日　塔吉克斯坦颁布了《2014—2020 年私立学前和中等普通教育机构发展规划》。

2014 年 7 月 3 日　塔吉克斯坦颁布了《塔吉克斯坦共和国 2015—2020 年完善俄语和英语教学与研究国家规划》。

2015 年 8 月 8 日　塔吉克斯坦颁布了《塔吉克斯坦共和国中等职业教育法》。

2016 年 10 月 1 日　塔吉克斯坦颁布了《塔吉克斯坦共和国关于中等职业教育的国家标准和中等职业教育方向和专业的国家分类》。

2016 年 11 月 26 日　塔吉克斯坦颁布了《2017—2021 年哈特隆州教育机构国家发展规划》。

2016 年 12 月 1 日　塔吉克斯坦颁布了《塔吉克斯坦共和国至 2030 年前国家发展战略》。

2016 年 12 月 28 日　塔吉克斯坦颁布了《塔吉克斯坦共和国 2016—2020 年中期发展规划》。

2017 年 2 月 24 日　塔吉克斯坦颁布了《塔吉克斯坦共和国成人教育法》。

2017 年 2 月 25 日　塔吉克斯坦颁布了《塔吉克斯坦共和国高等职业教育国家标准》。

2017 年 6 月 7 日　塔吉克斯坦颁布了《塔吉克斯坦共和国关于教育机构教育科研人员鉴定程序的决议》。

2017 年 11 月 29 日　塔吉克斯坦颁布了《2018—2020 年为共和国普通教育机构配备学科室和教学实验室的国家规划》。

2019 年 8 月 30 日　塔吉克斯坦颁布了《塔吉克斯坦共和国至 2030 年前完善俄语和英语教学与研究国家规划》。

2020 年 1 月 31 日　塔吉克斯坦总统埃莫马利·拉赫蒙签署总统令，宣布 2020—2040 年为"科学和教育领域自然科学、精密科学和数学科学研究和发展二十年"。

2020 年 3 月 5 日　塔吉克斯坦总统埃莫马利·拉赫蒙签署了一项关于成立新的国家机构"塔吉克斯坦共和国总统教育与科学监察署"的法令。

2020 年 7 月　塔吉克斯坦颁布了《关于宣布 2020—2040 年为"科学和教育领域自然科学、精密科学和数学科学研究和发展二十年"的 2020—2025 年行动计划》。

二、塔吉克斯坦主要高等教育机构和科学院一览表

杜尚别			
序号	名称	所在城市	建立时间
1	塔吉克艾尼国立师范大学	杜尚别	1931 年
2	绍赫捷穆尔国立农业大学	杜尚别	1931 年
3	塔吉克阿布阿里·伊本·西纳国立医科大学	杜尚别	1939 年
4	塔吉克斯坦民族大学	杜尚别	1947 年
5	塔吉克斯坦国家科学院	杜尚别	1951 年
6	奥西米国立技术大学	杜尚别	1956 年
7	塔吉克拉希莫夫国立体育学院	杜尚别	1971 年
8	塔吉克图尔松扎德国立艺术学院	杜尚别	1973 年
9	塔吉克乌鲁格佐达国立语言学院	杜尚别	1979 年
10	塔吉克国立商业大学	杜尚别	1987 年
11	塔吉克斯坦理工大学	杜尚别	1990 年
12	旅游、实业和服务学院	杜尚别	1991 年
13	塔吉克斯坦国防部军事学院	杜尚别	1992 年
14	俄罗斯–塔吉克（斯拉夫）大学	杜尚别	1996 年
15	塔吉克斯坦共和国内务部学院	杜尚别	2000 年
16	塔吉克斯坦教育科学院	杜尚别	2002 年
17	塔吉克萨托洛夫国家音乐学院	杜尚别	2003 年
18	莫斯科罗蒙诺索夫国立大学分校	杜尚别	2009 年
19	塔吉克财经大学	杜尚别	2012 年
20	俄罗斯国家研究型技术大学 （莫斯科钢铁合金学院）分校	杜尚别	2012 年
21	塔吉克斯坦共和国总统国家管理学院	杜尚别	2013 年

续表

杜尚别			
序号	名称	所在城市	建立时间
22	莫斯科动力学院分校	杜尚别	2013 年
23	塔吉克国立造型艺术与设计学院	杜尚别	2015 年
中央直属区			
1	塔吉克斯坦拉什特区国立师范学院	拉什特区	2017 年
索格特州			
1	苦盏加富罗夫国立大学	苦盏	1932 年
2	彭吉肯特师范学院	彭吉肯特	1991 年
3	塔吉克国立法律、商业和政治大学	苦盏	1993 年
4	塔吉克国立商业大学经贸学院	苦盏	2001 年
5	塔吉克斯坦理工大学伊斯法拉分校	伊斯法拉	2001 年
6	塔吉克斯坦冶金学院	布斯通	2006 年
7	奥西米国立技术大学苦盏分校	苦盏	2009 年
哈特隆州			
1	库利亚布鲁达基国立大学	库利亚布	1945 年
2	博赫塔尔胡斯拉夫国立大学	博赫塔尔	1978 年
3	塔吉克能源学院	博赫塔尔	2006 年
4	库利亚布技术与创新管理学院	库利亚布	2015 年
5	丹加拉国立大学	丹加拉	2016 年
6	哈特隆国立医科大学	丹加拉	2016 年
戈尔诺-巴达赫尚自治州			
1	霍罗格纳扎尔绍耶夫国立大学	霍罗格	1992 年
2	中亚大学	霍罗格	2000 年

参考文献

一、中文文献

阿利莫夫. 上海合作组织的创建、发展和前景 [M]. 王宪举，胡昊，许涛，译. 北京：人民出版社，2018.

阿利莫夫. 塔吉克斯坦与中国：文化的对话 [M]. 吴喜菊，译. 北京：民族出版社，2012.

阿利莫夫. 塔吉克斯坦与中国：战略合作 共同发展 [M]. 北京：民族出版社，2015.

安方明. 社会转型与教育变革：俄罗斯历次重大教育改革研究 [M]. 北京：社会科学文献出版社，2006.

鲍里奇. 有效教学方法 [M]. 9 版. 杨鲁新，译. 上海：华东师范大学出版社，2021.

北京师范大学外国教育研究所. 苏联高等和中等专业教育法令汇编 [M]. 北京：北京师范大学出版社，1984.

北京师范大学外国教育研究所. 苏联普通教育和职业教育法令汇编 [M]. 北京：北京师范大学出版社，1985.

本书编写组. 习近平总书记教育重要论述讲义 [M]. 北京：高等教育出版

社，2020.

柴瑜，王晓泉.“一带一路”建设发展报告（2020）[M].北京：社会科学文献出版社，2020.

陈列.市场经济与高等教育：一个世界性的课题 [M].北京：人民教育出版社，1998.

方汉文.比较文化学新编 [M].北京：北京师范大学出版社，2011.

冯增俊，陈时见，项贤明.当代比较教育学 [M].北京：人民教育出版社，2008.

格利克曼.教育督导学：一种发展性视角 [M].10 版.任文，译.上海：华东师范大学出版社，2021.

顾明远.顾明远教育演讲录 [M].北京：人民教育出版社，2014.

顾明远.教育大词典：第 1 卷 [M].上海：上海教育出版社，1990.

国家信息中心“一带一路”大数据中心.“一带一路”大数据报告（2017）[M].北京：商务印书馆，2017.

贺国庆，朱文富，等.外国职业教育通史 [M].北京：人民教育出版社，2014.

胡振华.中亚五国志 [M].北京：中央民族大学出版社，2006.

加富罗夫.中亚塔吉克史：上古至十九世纪上半叶 [M].肖之兴，译.北京：中国社会科学出版社，1985.

教育部课题组.深入学习习近平关于教育的重要论述 [M].北京：人民出版社，2019.

康斯坦丁诺夫，等.苏联教育史 [M].吴式颖，周蕖，朱宏，译.北京：商务印书馆，1996.

拉赫蒙.历史倒影中的塔吉克民族（一）[M].李英男，刘铮，译.北京：人民出版社，2019.

李春生.比较教育管理 [M].南京：江苏教育出版社，2008.

李进. 教师教育概论 [M]. 北京：北京大学出版社，2009.

李进峰，吴宏伟，李少捷. 上海合作组织发展报告（2016）[R]. 北京：社会科学文献出版社，2016.

李进峰. 上海合作组织发展报告（2017）[R]. 北京：社会科学文献出版社，2017.

李进峰. 上海合作组织发展报告（2018）[R]. 北京：社会科学文献出版社，2018.

李进峰. 上海合作组织发展报告（2019）[R]. 北京：社会科学文献出版社，2019.

李进峰. 上海合作组织发展报告（2020）[R]. 北京：社会科学文献出版社，2020.

李盛兵. 高等教育国际化研究 [M]. 北京：科学出版社，2019.

李淑云. 中亚转型研究 [M]. 北京：经济科学出版社，2013.

李永全. "一带一路"建设发展报告（2016）[R]. 北京：社会科学文献出版社，2016.

李永全. "一带一路"建设发展报告（2017）[R]. 北京：社会科学文献出版社，2017.

李永全. "一带一路"建设发展报告（2018）[R]. 北京：社会科学文献出版社，2018.

李永全. "一带一路"建设发展报告（2019）[R]. 北京：社会科学文献出版社，2019.

李中海. 曲折的历程：中亚卷 [M]. 北京：东方出版社，2015.

刘捷，谢维和. 栅栏内外：中国高等师范教育百年省思 [M]. 北京：北京师范大学出版社，2002.

刘捷. 教育的追问与求索 [M]. 北京：人民出版社，2021.

刘捷. 专业化：挑战 21 世纪的教师 [M]. 北京：教育科学出版社，2002.

刘进，张志强，孔繁盛. "一带一路" 高等教育研究（2019）：国际化展望 [M]. 北京：北京理工大学出版社，2020.

刘进. "一带一路" 学生流动与教育国际化 [M]. 北京：北京理工大学出版社，2020.

刘启芸. 塔吉克斯坦 [M]. 北京：社会科学文献出版社，2018.

刘淑华. 俄罗斯教育战略研究 [M]. 杭州：浙江教育出版社，2014.

刘生全. 教育成层研究 [M]. 北京：教育科学出版社，2011.

鲁达基. 鲁达基诗选 [M]. 潘庆舲，译. 北京：人民文学出版社，1958.

卢晓中. 比较教育学 [M]. 北京：人民教育出版社，2020.

陆有铨. 教育的哲思与审视 [M]. 北京：人民教育出版社，2016.

马大正，冯锡时. 中亚五国史纲 [M]. 乌鲁木齐：新疆人民出版社，2005.

马健生. 比较教育 [M]. 北京：高等教育出版社，2010.

马卡连柯. 儿童教育讲座 [M]. 诸惠芳，译. 石家庄：河北人民出版社，1997.

马卡连柯. 父母必读 [M]. 耿济安，译. 北京：人民教育出版社，1979.

欧阳修，宋祁. 新唐书：卷二百二一，下 [M]. 北京：中华书局，1975.

潘懋元，王伟廉. 高等教育学 [M]. 3 版. 福州：福建教育出版社，2013.

潘志平. 中亚的地缘政治文化 [M]. 乌鲁木齐：新疆人民出版社，2003.

潘志平. 中亚的民族关系：历史、现状与前景 [M]. 乌鲁木齐：新疆人民出版社，2003.

戚万学. 现代西方道德教育理论研究：上，下卷 [M]. 北京：人民教育出版社，2020.

秦惠民，王名扬. 高等教育与家庭流动 [M]. 北京：科学出版社，2019.

任钟印. 东西方教育的覃思 [M]. 北京：人民教育出版社，2017.

芮传明. 中国与中亚文化交流志 [M]. 上海：上海人民出版社，1998.

桑戴克. 世界文化史 [M]. 陈廷璠，译. 上海：上海三联书店，2005.

单中惠. 在世界范围内寻觅现代教育智慧 [M]. 北京：人民教育出版社，2014.

石筠弢. 学前教育课程论 [M]. 2 版. 北京：北京师范大学出版社，2014.

孙力，吴宏伟. 中亚国家发展报告（2013）[R]. 北京：社会科学文献出版社，2013.

孙力，吴宏伟，张宁. 中亚国家发展报告（2014）"丝绸之路经济带"专辑 [R]. 北京：社会科学文献出版社，2014.

孙力，吴宏伟. 中亚国家发展报告（2015）[R]. 北京：社会科学文献出版社，2015.

孙力，吴宏伟. 中亚国家发展报告（2016）[R]. 北京：社会科学文献出版社，2016.

孙力. 中亚国家发展报告（2012）[R]. 北京：社会科学文献出版社，2012.

孙力. 中亚国家发展报告（2017）[R]. 北京：社会科学文献出版社，2017.

孙力. 中亚国家发展报告（2018）[R]. 北京：社会科学文献出版社，2018.

孙力. 中亚国家发展报告（2019）[R]. 北京：社会科学文献出版社，2019.

孙力. 中亚国家发展报告（2020）[R]. 北京：社会科学文献出版社，2020.

孙有中. 跨文化研究论丛 [M]. 北京：外语教学与研究出版社，2019.

孙壮志. 中亚五国对外关系 [M]. 北京：当代世界出版社，1999.

滕大春. 教育史研究与教育规律探索 [M]. 北京：人民教育出版社，2019.

滕大春. 美国教育史 [M]. 2 版. 北京：人民教育出版社，2001.

万作芳. 谁是好学生：关于学校评优标准的社会学研究 [M]. 长春：吉林人民出版社，2006.

王承绪，顾明远. 比较教育 [M]. 5 版. 北京：人民教育出版社，2015.

王定华，秦惠民. 北外教育评论：第 1 辑 [M]. 北京：外语教学与研究出版社，2019.

王定华，杨丹. 人类命运的回响——中国共产党外语教育 100 年 [M]. 北京：外语教学与研究出版社，2021.

王定华，曾天山. 民族复兴的强音——新中国外语教育 70 年 [M]. 北京：

外语教学与研究出版社，2019.

王定华. 教育路上行与思 [M]. 北京：人民出版社，2020.

王定华. 美国高等教育：观察与研究 [M]. 2 版. 北京：人民教育出版社，2021.

王定华. 美国基础教育：观察与研究 [M]. 2 版. 北京：人民教育出版社，2021.

王定华. 中国基础教育：观察与研究 [M]. 北京：人民教育出版社，2021.

王定华. 中国教师教育：观察与研究 [M]. 北京：人民教育出版社，2020.

王沛. 中亚五国概况 [M]. 乌鲁木齐：新疆人民出版社，1997.

王晓辉. 比较教育政策 [M]. 南京：江苏教育出版社，2009.

王义高. 苏俄教育 [M]. 长春：吉林教育出版社，2000.

王治来. 中亚通史：古代卷，上 [M]. 2 版. 乌鲁木齐：新疆人民出版社，2007.

王治来. 中亚通史：古代卷，下 [M]. 2 版. 乌鲁木齐：新疆人民出版社，2007.

王治来. 中亚通史：近代卷 [M]. 2 版. 乌鲁木齐：新疆人民出版社，2007.

乌本. 校长创新领导力：引领学校走向卓越 [M]. 8 版. 王定华，译. 上海：华东师范大学出版社，2021.

吴宏伟. 中亚地区发展与国际合作机制 [M]. 北京：社会科学文献出版社，2011.

吴宏伟. 中亚人口问题研究 [M]. 北京：中央民族大学出版社，2004.

吴宏伟. 新丝路与中亚：中亚民族传统社会结构与传统文化 [M]. 北京：社会科学文献出版社，2015.

吴式颖，等. 马卡连柯教育文集：上卷 [M]. 北京：人民教育出版社，2005.

吴式颖，等. 马卡连柯教育文集：下卷 [M]. 北京：人民教育出版社，2005.

吴式颖，李明德. 外国教育史教程 [M]. 3 版. 北京：人民教育出版社，

2015.

习近平．论坚持推动构建人类命运共同体 [M]．北京：中央文献出版社，
2018.

习近平．习近平谈"一带一路"[M]．北京：中央文献出版社，2018.

项英杰．中亚：马背上的文化 [M]．杭州：浙江人民出版社，1993.

谢维和．教育活动的社会学分析：一种教育社会学研究 [M]．修订版．北
京：教育科学出版社，2007.

谢维和．我的教育觉悟 [M]．北京：人民教育出版社，2016.

谢文庆，李越．中亚五国 [M]．北京：军事谊文出版社，1995.

刑广程．中国和新独立的中亚国家关系 [M]．哈尔滨：黑龙江教育出版社，
1996.

徐辉．国际教育初探——比较教育的新进展 [M]．成都：四川教育出版社，
2005.

徐亚清．中亚五国转型研究 [M]．北京：民族出版社，2003.

许序雅．中亚萨曼王朝史研究 [M]．增订本．北京：商务印书馆，2017.

薛君度，邢广程．中国与中亚 [M]．北京：社会科学文献出版社，1999.

杨波．塔吉克斯坦国家发展与社会文化研究 [M]．广州：世界图书出版广东
有限公司，2015.

杨汉清．比较教育学 [M]．3 版．北京：人民教育出版社，2015.

杨恕．转型的中亚和中国 [M]．北京：北京大学出版社，2005.

耶律楚材．西游录 [M]．北京：中华书局，1981.

裔昭印，徐善伟，赵鸣歧．世界文化史 [M]．增订版．北京：北京大学出版
社，2010.

苑大勇．终身学习视角下英国高等教育扩大参与政策研究 [M]．北京：高等
教育出版社，2013.

曾天山，王定华．改革开放的先声——中国外语教育实践探索 [M]．2 版．

北京：外语教学与研究出版社，2019.

扎里菲. 世代相传的塔吉克民族实用装饰艺术 [M]. 吴喜菊，尼约佐夫，译. 北京：民族出版社，2011.

张娜. 中亚现代民族过程研究 [M]. 北京：中央民族大学出版社，2008.

张蓉. 比较教育学 [M]. 南京：南京师范大学出版社，2009.

张真真. 塔吉克斯坦独立后的政治经济发展 [M]. 上海：上海大学出版社，2016.

赵华胜. 上海合作组织：评析和展望 [M]. 北京：时事出版社，2012.

赵华胜. 中国的中亚外交 [M]. 北京：时事出版社，2008.

赵会荣. 中亚国家发展历程研究 [M]. 北京：社会科学文献出版社，2016.

郑通涛，方环海，陈荣岚. "一带一路"视角下的教育发展研究 [M]. 广州：世界图书出版广东有限公司，2017.

郑羽. 俄罗斯东欧中亚国家的对外关系 [M]. 北京：中国社会科学出版社，2007.

中国教育学会教育史分会. 教育史研究与评论：第 6 辑 [M]. 北京：人民教育出版社，2019.

《走进塔吉克斯坦》编委会. 走进塔吉克斯坦 [M]. 北京：石油工业出版社，2018.

祖雪晴，冀蕊，闫瑾. 塔吉克斯坦 [M]. 大连：大连海事大学出版社，2018.

二、外文文献

RAHIMOV D. Intangible cultural heritage in Tajikistan [M]. Editor of Tajik texts: Sharif Komilzoda, Editor of English: Parviz Abduvohidov. Dushanbe: R-Graph, 2017.

АБДУЛЛАЕВ С.А., Холджураев Х.Х. Худжандский государственный университет: История, документы, факты и его люди [M]. Худжанд: Рахим Джалил, 1997.

АЙНИ С. Воспоминания (Перевод с таджикского Анны Розенфельд) [M]. М. Л.: Изд. АН СССР, 1960.

АЙНИ С. Рабы [M]. М.: Художественная литература, 1975.

АЙНИ С. Старая школа [M]. Душанбе: Маариф, 1975.

АЛИМОВ Р. К. Таджикистан и Китай: опыт и возможности соразвития [M]. М.: ИДВ РАН, 2011.

АЛИМОВ Р. К. Таджикистан - Китай: на пути друг к другу: возможен ли равноправный и взаимовыгодный диалог? [M]. М.: ИДВ РАН, 2012.

АЛИМОВ Р. К. Шанхайская организация сотрудничества. Становление, развитие, перспективы [M]. М.: Издательство «Весь Мир», 2017.

АЛИМОВ Р. К. Шанхайская организация сотрудничества. Глобальный профиль в международных отношениях [M]. М.: Издательство «Весь Мир», 2018.

АЛПАТОВ В. М. 150 языков и политика. 1917-2000. Социолингвистические проблемы СССР и постсоветского пространства [M]. Изд. 2-е . М.: Крафт+, Институт востоковедения РАН, 2000.

АРЕФЬЕВ А. Л. Русский язык на рубеже XX-XXI веков [M]. [Электронный ресурс]. М.: Центр социального прогнозирования и маркетинга, 2012.

БЕЛОЗЕРЦЕВ Е. П. Образование. Историко-культурный феномен [M]. СПб.: Изд-во Р. Асланова «Юридический центр Пресс», 2004.

ВАЧНАДЗЕ Г. Н. Деловой Таджикистан [M]. М.: ООО «ПОЛПРЕД Справочники», 2008.

ГАФУРОВ А. История таджикского народа. Том 6. Новейшее время. 1941-

2010 [M]. Душанбе: Дониш, 2011.

ГАФУРОВ Б. Г, ПРОХОРОВ Н. Таджикский народ в борьбе за свободу и независимость своей родины [M]. Сталинабад: Госиздат при СНК Тадж. ССР. 1944.

ГАФУРОВ Б. Г. История таджикского народа в кратком изложении. Т. 1: С древнейших времен до Великой Октябрьской социалистической революции 1917 г. [M]. 3-е изд., испр. и доп. М.: Госполитиздат, 1955.

ГАФУРОВ Б. Г. Таджики. Древнейшая, древняя и средневековая история. Книга первая [M]. Издание второе. Душанбе: Ирфон, 1989.

ГАФУРОВ Б. Г. Таджики. Древнейшая, древняя и средневековая история. Книга вторая [M]. Издание второе. Душанбе: Ирфон, 1989.

ГРИДНЕВ И. Таджикистан: 1000 ответов на один вопрос [M]. Душанбе : Ирфон, 1990.

ДОНИШ А. Трактат. «История мангитской династии». (Перевод, пре¬дисловие и примеч. И.А. Наджафовой) [M]. Душанбе: Дониш, 1967.

ДОНИШ А. Путешествие из Бухары в Петербург [M]. Душанбе: Ирфон, 1976.

ЖУКОВ С. В., РЕЗНИКОВА О. Б. Центральная Азия в социально-экономических структурах современного мира [M]. М.: МОНФ, 2001.

ЖУКОВ С. В., РЕЗНИКОВА О. Б. Центральная Азия и Китай: экономическое взаимодействие в условиях глобализации [M]. М.: ИМЭМО РАН, 2009.

ИВАНОВ П. П. Очерки по истории Средней Азии (XVI - середина XIX вв.) [M]. М.: Изд-во восточной литературы, 1958.

КАЗАЧКОВСКИЙ В. А. От феодализма до победы социализма [M]. Душанбе: Ирфон, 1966.

КАТАЕВ А. Х. Характерные особенности получения высшего образования в условиях инновационной деятельности вуза [M]. Душанбе: Ирфон, 2006.

КРУПСКАЯ Н. К. Больше внимания дошкольной работе [M]. М.: Учпедгиз, 1837.

КРУПСКАЯ Н. К. Педагогические сочинения. В 10-ти томах. Том 1. Автобиографические статьи. Дореволюционные работы (1899—1917гг.) [M]. М.: Изд-во Академии педагогических наук, 1957.

КРУПСКАЯ Н. К. Педагогические сочинения. В 10-ти томах. Том 2. Общие вопросы теории педагогики. Статьи и выступления по вопросам организации дела народного образования в СССР[M]. М.: Изд-во Академии педагогических наук, 1958.

КРУПСКАЯ Н. К. Педагогические сочинения. В 10-ти томах. Том 3. Учебно-воспитательная работа в школе и детских домах. Статьи об учителе [M]. М.: Изд-во Академии педагогических наук, 1959.

КРУПСКАЯ Н. К. Педагогические сочинения. В 10-ти томах. Том 4. Вопросы трудового воспитания и политехнического обучения [M]. М.: Изд-во Академии педагогических наук, 1959.

КРУПСКАЯ Н. К. Педагогические сочинения. В 10-ти томах. Том 5. Детское коммунистическое движение. Пионерская и комсомольская работа в школе. Внешкольная работа с детьми [M]. М.: Изд-во Академии педагогических наук, 1959.

КРУПСКАЯ Н. К. Педагогические сочинения. В 10-ти томах. Том 6. Вопросы преддошкольного и дошкольного воспитания детей. Вопросы семейного воспитания и быта [M]. М.: Изд-во Академии педагогических наук, 1959.

КРУПСКАЯ Н. К. Педагогические сочинения. В 10-ти томах. Том 7. Политико-просветительная работа [M]. М.: Изд-во Академии педагогических наук, 1959.

КРУПСКАЯ Н. К. Педагогические сочинения. В 10-ти томах. Том 8.

Библиотечное дело. Организация работы клубов и изб-читален [М]. М.: Изд-во Академии педагогических наук, 1960.

КРУПСКАЯ Н. К. Педагогические сочинения. В 10-ти томах. Том 9. Вопросы ликвидации неграмотности. Организация работы школ взрослых и самообразования [М]. М.: Изд-во Академии педагогических наук, 1960.

КРУПСКАЯ Н. К. Педагогические сочинения. В 10-ти томах. Том 10. Рецензии, отзывы, замечания [М]. М.: Изд-во Академии педагогических наук, 1962.

КУЗЬМИНА Е. М. Геополитика Центральной Азии [М]. М.: Наука, 2007.

ПУЛАТОВ Д. П., ДЖУРАЕВ К. Ш. География Таджикской ССР [М]. Душанбе: Маориф, 1985.

МАКАРЕНКО А. С. Флаги на башнях [М]. СПб.: Азбука СПб, 2018.

МАКАРЕНКО Л. С. Педагогическая поэма [М]. М.: АСТ, 2019.

МАРСАКОВ К. П. История культурного строительства в Таджикистане (1917-1977 гг.) Т. 1. [М]. Душанбе: Дониш, 1979.

ОБИДОВ И. О. История развития народного образования в Таджикской ССР (1917-1967гг.) [М]. Душанбе: Ирфон, 1968.

ОСТРОУМОВ Н. П. Константин Петрович фон-Кауфман - устроитель Туркестанского края: личные воспоминания Н. Остроумова (1877-1881 гг.). (К истории народного образования в Туркестанском крае) [М]. Ташкент: Типо-лит. Ф. и Г. бр. Каминстких, 1899.

ПАНАГИН Ф. Г. Педагогическое образование в СССР [М]. М.: Педагогика, 1975.

ПИРУМШОЕВ Х. История таджикского народа. Том 3. XI-XV века [М]. Душанбе: Дониш, 2013.

РАДЖАБОВ З. Ш. Из истории общественно-политической мысли

таджикского народа во второй половине XIX и в начале XX вв [M].
Сталинабад: Таджикгосиздат, 1957.

РАДЖАБОВ З. Ш. Маорифпарвар Ахмади Дониш [M]. Душанбе: Ирфон,
1964.

РАДЖАБОВ З. Ш. О «Политическом трактате» Ахмада Дониша [M].
Душанбе: Дониш, 1967.

РАДЖАБОВ З. Ш. Туркестан на страницах большевистских газет периода
первой русской революции (1905-1907 гг.) [M]. Душанбе: Дониш, 1970.

РАДЖАБОВ З. Ш. Поэт- просветитель таджикского народа Асири [M].
Душанбе: Дониш, 1974.

РАДЖАБОВ З. Ш. Дорогой знаний (Из воспоминаний) [M]. Душанбе: Ирфон,
1975.

РАДЖАБОВ З. Ш. Страницы прошлого. (Из воспоминаний ветерана
культурного строительства в Таджикской ССР) [M]. Душанбе: Ирфон, 1986.

РАХМОНОВ А. А. Профессионально-техническое образование и образование
для устойчивого развития. Материалы Международной Конференции 14-16
мая 2009. Минск. Республика Беларусь [C]. Минск：УО "Республиканский
институт профессионального образования"，2009.

СУЛТАНОВ Ш.М. Расцвет культуры Советского Таджикистана [M]//
Масов Р.М. Великий Октябрь в исторических судьбах таджикского народа.
Душанбе: Ирфон, 1987.

СУХАРЕВА О. А. Бухара XIX - начала XX вв. [M]. М.: Наука, 1966.

ТОИРОВ Т. Из истории народного образования в северных районах
Таджикистана в дореволюционный период // Ученые записи ДГПИ им. Т.Г.
Шевченко. [M]. Душанбе: Ирфон, 1964.

ХАСАНОВ К. Г. Становление и развитие профессионально-технического образования Таджикской ССР [M]. Душанбе: Ирфон, 1985.

ХОДЖИЕВ В. Традиционная и современная таджикская кухня [M]. Душанбе: Ирфон, 1990.

ХОЛДЖУРАЕВ Х.Х., ШАГАЛОВ Е.С. Таджикскому сельскохозяйственному институту 50 лет [M]. Душанбе: Ирфон, 1981.

ХОМИДОВ Р. Я. Старейший институт Таджикистана [M]. Душанбе: Ирфон, 1966.

ШУКУРОВ М. Р. История культурной жизни советского Таджикистана (1917-1941 гг.). Часть 1. [M]. Душанбе: Ирфон, 1970.

ШУКУРОВ М. Р. Культурная жизнь Таджикистана в период развитого социализма [M]. Душанбе: Ирфон, 1980.

ШУКУРОВ М. Р. Культурная жизнь Таджикистана в годы Великой Отечественной войны (1941-1945 гг.) [M]. Душанбе: Ирфон, 1985.

ШУСТОВ А. В. Центральная Азия: особенности этнодемографического и социального развития в советский период. Центральная Азия. Человек - общество – государство [M]. М.: Изд-во Института всеобщей истории РАН (ИВИ), 2013.

ШУСТОВ А. В. Формирование этнонациональной структуры независимых государств Средней Азии: 1990-е - начало 2010-х гг. [M]. М.: Товарищество научных изданий КМК, 2016.